工程管理研究

Study on Engineering Management

刘人怀　著

科学出版社

北　京

内 容 简 介

本书由著者在工程管理领域 20 多年中所发表的文章以及案例报告汇编而成,内容涉及工程管理基本理论、信息化管理、上海浦东新区建设工程案例、公共安全工程案例、东水西调工程案例和垃圾治理工程案例等方面,既有理论分析,又有解决办法。

本书适合于高等学校工程管理专业的教师和学生作为科研、教学和学习的参考资料,也适合于政府、企业有关工程管理人员作为借鉴之用。

图书在版编目(CIP)数据

工程管理研究/刘人怀著 . —北京: 科学出版社,2015
ISBN 978-7-03-045077-7

Ⅰ.①工… Ⅱ.①刘… Ⅲ.①工程管理-文集 Ⅳ.①F40-53

中国版本图书馆 CIP 数据核字(2015)第 132180 号

责任编辑:李 莉 / 责任校对:鲁 素
责任印制:肖 兴 / 封面设计:蓝正设计

科 学 出 版 社 出版
北京东黄城根北街 16 号
邮政编码:100717
http://www.sciencep.com

北京彩虹伟泽印刷有限公司 印刷
科学出版社发行 各地新华书店经销

*

2015 年 6 月第 一 版 开本:720×1000 1/16
2015 年 6 月第一次印刷 印张:16 3/4
字数:338 000
定价:82.00 元
(如有印装质量问题,我社负责调换)

前　言

从 1978 年年底改革开放以来，30 多年，我们伟大的祖国实现了从经济弱国到经济大国的飞跃，走上了中国特色社会主义道路，这让全世界震撼！伴随着祖国的繁荣昌盛，中国管理科学仅仅 30 年就走向了辉煌。在管理科学的分支学科中，工程管理是较年轻的学科，还不到 20 年，也十分亮丽。1998 年，工程管理才作为一个专业出现在国家教育部普通高等学校本科专业目录中，短短十几年，培养出众多人才。2000 年，工程管理学部成为中国工程院新增的学部，肩负着重大使命，应运而生。

随着 21 世纪人类工程科学技术的飞跃发展，工程管理会显得更加重要。笔者从事管理科学教学和研究已 30 年，有幸成为工程管理学部院士，参与了工程管理学部一些工作，承担了一些工程管理课题，发表了一些文章。现将这些课题作为案例，连同文章一起汇编成书出版。借此机会，感谢在这些工作中与我合作的同事、朋友、助手和学生。

书中难免存在疏漏与不足，诚恳希望读者批评指正。

刘人怀

2014 年 8 月 9 日于暨南大学明湖苑

目　　录

第1章 工程管理基本理论

1.1 工程管理是管理对国民经济的深度介入 *

长城称得上是中国历史上最宏伟的工程，它延绵万里，横亘千古，让后人惊叹那个时代意志力的博大。长城虽然宏伟，却不是民心工程，孟姜女的眼泪让它千百年来经受着人文和道德的双重拷问。中国历史上还有一个工程，它没有显赫的名声，也没有突出的形象，却至今仍在发挥着原有的作用，它"润物细无声"，至今仍在灌溉着天府之国。它就是都江堰水利工程。

不但历史上的重大工程有优劣高低之分，在新中国的国民经济建设中，不同工程的作用更是有着天壤之别。我们经历过、看到过太多的豆腐渣工程、政绩工程、面子工程。

《中国固定资产投资统计年鉴》[1] 显示，1958~2001 年我国投资项目失误率接近投资项目的 50％！我国的建设投资最近几年增长迅速，据测算，"十一五"期间，平均每年将超过 10 万亿元。如果按照这种失误率，我国今后平均每年要在建设投资上损失 5 万亿元，人均损失约 3800 元，而 2005 年农村居民人均年纯收入为 3255 元。

造成这种浪费和损失的主要原因是，管理工作跟不上形势的要求。因此，为了提高管理水平，工程管理领域迫切需要大量既精通管理业务又具有战略眼光的工程管理人才，让管理深度介入国民经济，成为中国经济建设的迫切需要。

历史上，管理对国民经济的介入，曾经产生过许多激动人心的成果：古典管理理论造就了英国、法国，这是第一代经济强国；科学管理和行为科学管理造就了美国，这是第二代经济强国；而企业文化理论造就了日本，这是第三代经济强国。

有时，甚至一种新的管理方法或技术、一种新的生产管理制度，也能造就一次飞跃。例如，甘特发明的甘特图，即生产计划进度图，以及在它的基础上发展起来的计划评审法、关键线路法等，是当时管理思想的一次革命，极大地促进了工程建设的科学性和时效性；再如，亨利·福特的标准化制造方式、流水式装配线在汽车行业的应用，成为日后大规模生产的里程碑。

---

* 本节内容原载《中国工程管理环顾与展望》(首届工程管理论坛论文集锦)，北京：中国建筑工业出版社，2007：260-262。

尽管管理世界日新月异，各种流派精彩纷呈，但知识和信息呈几何级数的激增，现代经济建设的一日千里，令人目不暇接，更使管理学科的主流有从行为科学演变为管理理论丛林、使管理学科逐步沦为学问家的学问的危险。我们不少硕士研究生、博士研究生甚至教授所从事的研究，不乏从文献到文献的研究，所构建的数学模型往往是纯理论的模型，既未能从实践中来，更不能到实践中去。

美国学者威尔·杜兰特[2]在评价哲学时说过这么一段精辟的话：哲学这门一度把所有学科汇集在它的大旗之下、为这个世界树立一个井井有条的形象并绘出一幅诱人的图景的学问，曾几何时已经没有勇气再去承担协调如此艰巨的任务，而是从所有的这些为真理而战的沙场上退避三舍，躲进深奥、狭窄的小胡同里，小心翼翼地回避起人世的问题和责任来了。

管理学科如果也这样"躲进小楼成一统"，势必会沦为和哲学一样的下场。因此，威尔·杜兰特继续说：哲学都躲起来，如果管理学再躲起来，这意味着人类的活动都成了没有思想的活动，这也许是人类正在面临或将要面临的最恐怖最可怕的问题。

现实虽然不容乐观，但也还没有悲观到威尔·杜兰特所担心的地步。

第二次世界大战以后，人类在科学技术和经济建设的突飞猛进，尤其是核能、计算机、新材料、空间技术以及生物工程的开发、应用和发展，给人类的生产和生活方式带来了革命性变化，现实使人们认识到，良好的管理在国民经济中起着日益重要的作用。

工程管理就是那个时代科学技术发展的产物，也是社会需要的结果。这是因为，系统学为人们提供了认识工程内在复杂性以及内外环境相关性的可能性，运筹学使人们能够进行多方案的优化，给人们提供科学决策的工具，此外，工程规模大型化、工程技术复杂化迫切需要一个专业化的组织或群体来完成这些任务，所有这些都催生了工程管理技术及其相应教育的诞生。

美国工业工程学会的调查发现，70%的工程师在40岁之后都要承担工程管理的工作。美国的工程管理教育已有50多年的历史，它的工程管理专业硕士研究生的数量，近20年来在逐年增长，到20世纪末，工程管理学科已在美国取得了成熟的发展。

进入21世纪，工程管理更是被世界范围内的工业界、企业界广泛认可、推广，时代在呼唤管理对国民经济做深度介入，尤其是对我们中国而言，管理比在许多发达国家中显示出更大的重要性。在这个时候大力开展工程管理教育，显得十分及时和必要。

我国工程管理作为一个专业，出现在1998年国家教育部颁布的普通高等学校本科专业目录中，工程管理目前是我国管理科学与工程学科下设的 6 个学科方向之一。

由中国工程院院士朱高峰、王众托担任负责人的《中国新型工业化进程中工程管理教育问题研究》[3] 咨询课题，把工程管理定义为一门关于计划、组织、资源分配以及指导和控制带有技术成分经济活动的科学和艺术。可见，工程管理教育培养的是既掌握工程技术又具有管理知识和技能的复合型人才，工程管理专业是管理学、经济学的基本理论与工程技术的有机结合而形成的，具有交叉学科的特点。

其实，人类科学技术发展史就是一个各种学科和技术互动融合、交叉发展的历史过程。科学发展的历史更是表明，科学经历了综合、分化、再综合的过程。

在科学萌芽时期，人类只能直观地认识自然界，这种从直观上对自然界的认识是综合性的。

18 世纪开始，科学发展沿着分科治学的途径迈进，科学分化为众多学科，它们又不断产生新的亚学科，呈现出一种日趋精细化和逻辑严谨的形态。

然而，科学在继续分化的同时，也呈现交叉和综合的趋势。科学的整合始于 20 世纪初的维也纳学派，20 世纪五六十年代后发展加快。

"科学是内在的整体，被分解为单独的部门不是取决于事物的本质，而是取决于人类认识能力的局限性。"物理学家、量子论的创始人 M. 普朗克的这段话代表了很多学者的态度。

人们越来越认识到，人类面临的很多重大的、复杂的科学问题、社会问题以及全球性问题，不是一门学科的学者所能单独解决的，而是需要会同相关学科的学者共同努力。相关学科间共同的奋斗目标、共同的工作假设、共同的理论模型、共同的研究方法和共同的技术语言，构成科学整合的基础，它是科学技术飞跃发展的产物，是人类文明发展的必然要求。

管理和其他学科的整合，在人才教育实践中已经有了成功的先例。像 MBA（工商管理硕士教育）、MPA（公共管理硕士教育），为从事工商管理、公共管理并有实践经验的人员提供在职或脱产学习机会，满足了国家建设发展中对工商和公共管理人才的迫切需要。为此，大力提倡 MEA（工程管理硕士）的培养，让 MBA、MPA、MEA 这三驾马车齐头并进，共同为国民经济建设提供合格人才，应该提上我国教育事业的议事日程，并且需要在近期大力开展。

如果说 MBA 是管理对工商业的深度介入，MPA 是管理对公共事务的深度介入，那么，MEA 则是管理对国民经济的一种深度介入，它介入的强度和深度与 MBA、MPA 相比，可以说是有过之而无不及。

为此，工程管理专业培养出来的毕业生首先应该是科学严谨的工程师，具有技术和专业知识的底蕴；其次是精打细算的经济师，懂得如何实现工程的成本最小化和效益最大化；再次是具有人文情怀的管理者，我们强调管理者的人文情怀，因为工程往往是百年大计，要经得起人民和历史的考验，缺乏人文关怀的决策，往往经不起时间的考验。像一座高架桥的架设绕过候鸟栖息的一片红树林、一条铁路的铺设为藏羚羊留出迁徙的后路，都是人文情怀的温暖表现。

我们今天所处的时代是激动人心的时代，改革开放以来，我国的经济发展举世瞩目，我们所从事的事业是前所未有的事业，建设中国特色社会主义的伟大实践，正在摸着石头过河，我们的理论界、哲学界没有躲起来。在这样的国民经济建设浪潮中，社会和百姓期待千千万万的工程是民心工程、科学工程、合理工程。管理学界在这样的时代也没有理由躲起来。寻常一样窗前月，才有梅花便不同。工程管理在这个时候介入国民经济，不是锦上添花，而是雪中送炭！

1.2　坚持走可持续发展的工业化道路[*]

长期以来，发展中国家的工业化一直是大家普遍关心的一个重要问题，这不仅因为发展中国家的工业化水平在较大程度上关系到人类社会的工业化水平，而且因为发展中国家的工业化道路成功与否，直接影响到世界的进步和繁荣，影响到世界的和平与稳定。工程师肩负着发展工业文明的神圣使命，自工业社会至今，工程师为人类社会的进步和繁荣已经做出并且仍在做出重要的贡献。在努力创造发达的工业文明、积极探索适合发展中国家的工业化道路中，工程师更是责无旁贷。"发展中国家的工业化道路"论坛的开通，又为工程师做出新的贡献创造了有利的契机。

作为由世界工程组织联合会以及联合国教科文组织发起的"2004年世界工程师大会"的重要组成部分，"发展中国家的工业化道路"论坛对于在借鉴历史和现实经验的基础上，发挥工程技术界促进人类和平与发展的整体作用，使人类社会拥有可持续发展的未来，具有重大而深远的意义。希望国内外工程界的技术人员、研究人员以及工程相关专业的大学师生踊跃参加，积极讨论，在遵守一切适用互联网的相关法律、法规及条例的前提下，对发展中国家的工业化道路及工程师队伍的自身建设问题，进行深入而又有针对性的探讨。例如，面对当前资源（能源）、环境等问题，发展中国家的工业化道路怎么走；在三个产业结构中，发

＊　本节内容是2004年世界工程师大会"发展中国家的工业化道路"论坛主席的开坛词，广州，2004年5月8日。

展中国家服务业的比重仍然偏低，怎样使三个产业更合理地协调发展；信息化怎样有效地带动工业化；温室气体的问题；工程师的社会地位；工程技术人员的择业问题；工程技术人员的伦理道德问题及成长道路问题；工程师的责任问题；怎么考虑大学中工科学生的动手能力，工程教育的实践环节又怎么建设；等等。

相信在广大工程师及相关人员的积极参与和大力支持下，本次论坛一定能够取得令人赞叹的成果！一定能为发展中国家的工业化道路提出诸多有益而深刻的见解！也必定能在探索适合发展中国家可持续发展的工业化道路方面做出论坛应有的贡献！

1.3　发展中国家的工业化道路 *

"发展中国家的工业化道路"论坛分为中文论坛和英文论坛两大板块，设立了 8 个议题，于 2004 年 5 月 8 日正式开通，9 月 30 日结束，为期 145 天。在广大工程师及相关人员的积极参与和支持下，本次论坛取得了较好的成果：有 970 个注册会员，论坛点击 43 634 人次，发表主题 290 个，回帖 706 篇，共计 503 549 字（具体情况见表 1.1）[4]。

表 1.1　论坛的基本数据

论坛	点击人次	发表主题数	回帖数	论坛字数
中文论坛	38 035	266	657	494 233
英文论坛	5 599	24	49	9 316

表 1.2 的数据表明，大家对"发展中国家的工业化道路如何走？""信息化如何有效带动工业化？"两个专题的讨论比较热烈，点击人次分别占总量的 36% 和 24.5%，发帖数分别占总量的 40.7% 和 19.6%。具体情况如下。

表 1.2　中文论坛中 8 个专题的讨论情况

专题名称	点击人次	发帖数	字数
发展中国家的工业化道路如何走	13 679	376	270 567
信息化如何有效地带动工业化	9 325	181	84 804
如何克服温室气体带来的问题	1 205	55	21 181
工程师的责任和工程师的社会地位	1 567	45	20 790
工程教育的实践环节如何建设	2 764	108	49 419

---

* 本节内容是世界工程组织联合会和联合国教科文组织发起的"2004 年世界工程师大会"分组会上的主题演讲，上海，2004 年 11 月 5 日。

专题名称	点击人次	发帖数	字数
工程技术人员的择业问题（现在中国的普遍现象学理工科的人中有许多人选择与专业无关的工作）	3 251	99	27 107
工程技术人员的伦理道德和工程技术人员成长的道路	1 724	33	10 819
中国的三个产业结构中，服务业比重仍然偏低，而工业比重仍在持续增长，怎样使我国三个产业更合理地协调发展	4 520	26	9 546
总计	38 035	923	494 233

1.3.1　发展中国家的工业化道路如何走

1. 发展中国家的工业化道路

大家的观点颇为一致：绝对不能走一些发达国家"先污染后治理"的路子，需要寻找一条适合本国国情、科技含量高、经济效益好、资源消耗低、环境污染少、人力资源优势得到充分发挥、人类与环境和谐共生、可持续发展的新型工业化道路。

2. 可持续发展的工业化道路的措施

1）增强自身科技力量，营造工程创新环境

"科学技术是第一生产力"。国家的工业化程度，终将取决于本国的科技发展水平和工程师的创新能力。政府需要对科技的发展方向进行宏观引导，加大绿色科技的创新力度和政策支持，建立工程应用研基地，大力培养工程科技精英，重视科技研究与工程制造技术的衔接，鼓励有利于环境保护的工程技术的生成，并尽快转化成生产力。

2）摒弃传统的工业化发展途径，开拓可持续发展的经济增长模式

（1）推行清洁生产，鼓励建立生态工业，将综合预防的环境策略持续应用于生产全过程，构建经济效益、社会效益、环境效益同步规划、同步实施和同步发展的循环经济增长模式。

（2）大力扶持和加快发展信息技术、新材料技术、新能源技术、生态技术等高新技术产业，丰富工业化的结构。并运用信息技术提升传统产业，提高我国工业化水平和国际竞争力，走新型工业化模式。

（3）强调"开源节流"，大力开发推广可再生资源，并提高综合利用和优化配置水平，走"节约而不吝啬、集约而非粗放"的经济增长道路。

3）妥善解决制约发展中国家工业化道路的突出问题

妥善解决在国际社会分工格局下，进行经济结构的调整、优化和升级问题；地区之间的均衡发展和资源禀赋优势的充分发挥，及其功能互补与竞争的关系问题；第二产业、第三产业的迅速发展与农业的关系，以及新型工业化与农民合法权益的关系问题；新型工业化与发展服务业的关系，以及提高劳动生产率和扩大劳动就业的关系问题；工业化过程中因贫富分化加剧而产生的社会问题，等等。

1.3.2　信息化如何有效地带动工业化

主要观点有：

（1）正确理解信息化的内涵及其和工业化的相互作用。信息化涉及国民经济和社会生活众多领域，是社会发展过程的特定阶段。以人为本的信息化过程，反映经济发展形态由粗放型向集约型方式过渡。对业界而言，其主要内容表现在产业信息化、企业信息化和产品信息化三个方面。

信息化产生于工业化，反过来又极大地促进工业化的发展。两者相互作用，共同前进。

（2）要充分利用信息化加速工业向"技术经济模式"的转移，使新型工业的科技含量高，并实现传统产业结构的优化升级。形成以高新技术产业为先导、基础产业和制造业为支撑、服务业全面发展的产业格局，带动工业化发展。

（3）大力发展信息产业，特别是加速发展具有自主知识产权的信息产业，形成发展中国家的核心竞争力，以及国民经济的先导产业和新的成长链，以实现较快并有效的发展。

（4）加强信息基础设施的建设，大力开发不同层次、系统和种类的信息资源，加快建设"信息高速公路"，实现共享和利用。重视网络环境下企业信息系统软硬件产品的开发和企业信息化咨询服务体系的建设，为我国经济发展服务。

（5）在全社会广泛推广和使用信息技术，特别是推进电子商务、电子政务建设，重视培养信息人才，营造有序运行的信息环境，形成信息时代经济发展和管理的新机制。

1.3.3　如何克服温室气体带来的问题

大家讨论的焦点是：第一，如何减少温室气体的产生；第二，减少温室气体排放遇到的障碍。

1. 减少温室气体的产生

（1）减少石化燃料的燃烧，从根本上控制二氧化碳、甲烷等温室气体的产生。采用节能技术，逐步减少高能耗的加工行业；开发利用新能源，并转向低碳和可再生物质燃料，改善农村家庭燃料和能源管理，提高热能利用率；采用零排放技术，减少工艺过程中有毒物质的排放，提倡清洁生产等。

（2）以生物或工程措施将二氧化碳固定储存，如进行碳分离和储存；或者在利用排出气体的余热时，同时回收二氧化碳作为化工原料。

（3）增加温室气体的吸收。大力开展植树造林，利用处理后的生活污水作为绿化用水，加大城市立体空间绿化力度。

（4）由政府采取一定的经济和管制政策，经济政策手段包括征收排放税、碳税或能源税，以及可排放许可等；强制性政策手段涉及技术或性能标准，产品禁令等。

2. 减少温室气体排放的主要障碍

（1）由于科技、经济、政治、文化、社会、行为和体制上的种种壁垒，阻碍了各地区、各部门温室气体减排技术潜力的实现。

（2）国际的政策协调对于降低减排成本、避免碳泄漏等有着十分积极的意义。《京都议定书》中规定的排放贸易、联合履行（JI）、清洁发展机制（CDM）等措施，主要目的在于降低减排成本。但由于没有一个有效的国际政府，这些措施的实施比较困难。

1.3.4　工程师的责任和工程师的社会地位

讨论主要围绕对工程师责任、社会地位的界定，以及两者的相互关系进行。

1. 工程师责任和社会地位的界定

工程师的责任就是按时按质地完成自身负责的项目。工程师不但要积极发挥自己的主观能动性，而且要富于创新精神，促进团队合作，引领技术潮流，指引人类前进。

工程师的社会地位不仅仅是指工程师的福利待遇，还应包括工程师对其从事领域技术问题的权威性及其承担的责任，从而引导经营者或领导者用科学的手段去管理或施政。

2. 工程师的责任和社会地位的相互关系

（1）由于特殊国情和教育体制，我国的工程师总量不少，总体质量却不是很高，这无疑影响工程师的整体素质，也影响到他们在社会中的地位。

（2）由于当前的企业主要依靠技术引进，对工程技术的消化吸收不重视，对科技成果转化不积极，因此工程师的责任感降低，在一定程度上影响到工程师的社会地位。

（3）由于工程技术专家的工作在相当大程度上接受经营者管理，自主权存在局限性，因此工程师的责任非常有限，影响创新能力的发挥，社会作用也有所减弱。

（4）工程师要更好地完成社会赋予自身的责任，提高社会地位，必须能综合运用现代科学理论和技术手段，精通经济、善于管理，兼备人文精神和科学精神（而不仅是科学知识），努力使自己成为复合型人才，才能在奉献中获得社会的认可。

1.3.5　工程教育的实践环节如何建设

大家讨论的焦点在于：第一，为什么工科学生动手能力差；第二，如何改变这种现象。

1. 工科学生动手能力差的原因

1）教育体制方面

（1）现代科技的发展使大学生在校期间需要学习的知识越来越多，造成一些学校理论课程所占比重加大，而教学方法和考试方法未能与时俱进，不利于学生把所学知识用于实践。

（2）传统的实践性教学体系存在工业社会特征，它既建造了实践教育的“流水生产线”，又塑造了人才培养的“单向模式”，妨碍学生综合性实践能力和个性化创新能力的提高，无法适应信息化发展要求。

（3）大部分学校的实验室追求“小而全”，资源不能共享，出现高投入、低效能的现象，相关学科无法融会贯通与相互渗透，抑制了学生的发散思维和动手能力的培养。

2）社会方面

（1）当前社会上用人单位往往只重文凭，不太注重考察毕业生的实践能力，使工科学生过于追求分数，而忽视动手能力的培养。

（2）社会媒介的评价较少，每天在媒体上宣传的工程技术方面的学者屈指可数，也在一定程度上挫伤了工科学生学习的积极性。

3）学生方面

当前学生的优越感太强，没有足够的学习压力和自制力，浪费了许多宝贵的可以动手实践的时间。

2. 加强工程教育实践环节的建议

（1）建立实践教学和理论课程紧密衔接，工程应用和研究能力相互补充，综合素质和创新精神逐层深化的工程教育实践环节的新型培养模式。

（2）构建教师、设备和环境等实践教学资源可以共享、管理运作机制合理高效、实践教学体系和教育技术创新先进的开放式实践基地，为学生营造一片开拓思维、发挥科学想象力、提供工程能力的广阔天地。

（3）加大实践课时的比重，在实践教学内容中增加综合性和设计性实验类型，设置"基本实践"和"扩展实践"教学模块，提供学科交叉和技术组合的实践环境，为学生发展个性、鼓励创新预留空间。

（4）强化生产实习和毕业设计环节的训练，从中注入工程科技发展动态及学科前沿知识，系统地培养学生科技探索意识，铸造工程创新能力，让学生置身于运用已知、发现不知、探索未知的创新环境下，实现知识深化、能力突破和素质升华。

1.3.6　工程技术人员的择业问题

现在，中国学理工科的人中有许多人选择与专业无关的工作。大家深入剖析了出现这种现象的原因。

1. 教育存在的问题

（1）一方面是社会发展使技术更新加快，学生在校学习的知识有的已被淘汰；另一方面是学生必须将较多时间放在英语、计算机等公共课程的学习，导致学科知识和实际需要不配套，解决不了具体的工程问题。

（2）大学教育与职业联系不够紧密。一些专业课程设置陈旧、特色不明显，与社会需求脱节，学生觉得"读了几年的专业知识派不上用场"，无法以最快速度在毕业后适应并进入高科技信息社会的发展浪潮中，成为有作为的弄潮儿。

2. 社会就业形势的影响

在市场经济条件下，社会上对经管类人才的需求有时也大于对理工科人才的需求。

3. 学生自身方面的原因

（1）目前就读理工科的部分学生，理论知识虽然较为丰富，但由于动手能力相对较差，显示不出优势，不得不另寻他业。

（2）当前不少选择理工科专业的学生是迫于升学压力，并不是自己真心喜欢，在就业时跳槽也就不足为奇了。

（3）在市场经济大潮中，"不以专业限制择业"是绝大部分毕业生的心态和观点，很多人为了追求高薪而找了不对口的工作，这也是无可厚非的现象。

1.3.7　工程技术人员的伦理道德和成长的道路

讨论的焦点是：第一，是否要制定工程技术人员的伦理道德标准；第二，工程技术人员的伦理道德与工程技术人员成长的关系。

1. 工程技术人员的伦理道德标准的制定问题

（1）第一种观点认为应该制定一部道德标准，用以规范工程技术人员的伦理道德和责任心，在此基础上，再充分发挥行业协会的自律监督作用。

（2）第二种观点认为，与其制定道德标准，不如制定完善的工程管理机制。因为工程技术人员的伦理道德是个人的行为，而重要的是当工程技术人员做出违背伦理道德行为时，必须将其对工程造成的损失降到最低。因此，应该建立一套完善的工程管理机制，使工程技术人员的行为可控。

（3）第三种观点认为，制定一部道德标准以及完善的工程管理机制都是非常必要的，但更重要的是工程技术人员道德修养的提高。因为工程管理机制对工程技术人员所起的只是一种保险作用，是治标不治本的做法。如果工程技术人员能提高自身的道德修养，违背伦理道德的行为自然会减少。

2. 工程技术人员的道德修养与其成长道路的密切关系

一方面，学校的教育是其形成良好的基本道德观的重要因素；另一方面，工程技术界的氛围及老一辈工程技术人员对年轻一代的影响非常重要。所以，要提高工程技术人员自身的道德修养必须把好这两关。

1.3.8　怎样使我国三个产业更合理地协调发展

中国目前的三个产业结构中，服务业的比重仍然偏低，而工业的比重仍在持续增长。本小节讨论的内容集中在两个方面：第一，服务业比重偏低的原因；第二，三个产业合理协调发展的有效措施。

1. 服务业比重偏低的原因

（1）我国服务业对外开放程度不高，城市化的总体水平也不高，制约了服务业的发展。

（2）居民收入差距加大，高收入阶层的收入更多地转化为金融资产和投资行为，造成消费结构的脱节。

（3）外资倾向于工业，对其投资比重大于服务业，也影响了服务业的发展。

（4）尽管工业的比重不断加大，但由于自动化程度加深，可提供的就业机会并不是很多，而且相当一部分的工资水平仍然较低，对普遍提高消费水平作用不大，对服务业的发展无法起到推动作用。

（5）服务业的支撑体系不完善，人力资本和工程技术方面的投资不够，服务基础设施跟不上需要，影响了现代服务业的发展。

（6）当前我国服务业主要集中在商贸、餐饮、仓储等传统服务业上，金融、电信、房地产、信息服务、物流等现代服务业发展不足，导致服务业仍处于低层次的结构水平。

2. 三个产业合理协调发展的措施

（1）采取有效措施，大力发展服务业，进而提高第三产业的比重。①国家应该在经济管理政策方面对服务业给予优惠，鼓励银行对服务产业的资金投入，搞活服务业的经营机制。②加快旅游、会展、饮食业等行业的发展，并建立有效的预警应急机制，以防范一些紧急情况带来的风险。③服务业发展的当务之急是优化结构，提高水平。重点发展现代服务业；积极开拓新兴服务业，形成新的经济增长点；改造传统服务业，运用现代经营方式和服务技术，提高经营效率。

（2）根据我国人力资源丰富的特点，在大力发展资金技术密集型产业的同时，既要继续发展为生活服务的第三产业，也要大力发展为生产服务的第三产业，如金融、保险、法律咨询等各类中介服务，使我国的人力资源优势得到充分发挥。

（3）改变就业结构，降低第一产业所占比重，通过工业化和与此相联系的城市化进程，把大批农村剩余劳动力转移到第二产业、第三产业中去，使其变成城市和乡镇的居民。

以上就是本次论坛的基本情况，供大家参考。

1.4　绿色制造与学科会聚 *

制造业是我国国民经济的主要组成部分，但是环境的污染和资源的匮乏是我

---

* 本节内容原载《学科会聚与创新平台——高新技术高峰论坛》，杭州：浙江大学出版社，2006：15-18。

们国家制造业必须面对的两大课题，因此绿色制造就成了中国制造业的必由之路。学科会聚是一种新的研究范式，在绿色制造中有着不可替代的作用，是制造业绿色化的必要手段。我想先讲绿色制造，然后再讲学科会聚。

1.4.1　中国创造业的困境和前进方向

近年来，当人们把浪漫主义应用到科学工程领域，大唱知识经济和网络经济的赞歌，并扬言传统的制造业必然被新技术革命淘汰的时候，我们的制造业却仍然像一个任劳任怨的母亲，在默默无闻地把一碟碟美味佳肴端上饭桌，供这些夸夸其谈的孩子享用。

因为这个调子太高，就好像制造业没用了，但是实际上制造业还在干主要的活。我们要看清楚这一现实。如果说完美的设计、漂亮的方案和伟大的设想是上层建筑的话，那么一向科学严谨、兢兢业业、一丝不苟的制造业，则是实实在在的经济基础，它在任何国家还是占有主导地位的，各国国民生产总值 80% 以上还是与物质生产和消费紧密相连的。

在今天的中国，制造业工业产值占了国内生产总值（GDP）的 1/3，占整个工业生产的 4/5。1/3 的国家财政来自制造业，8000 多万就业岗位在制造业。制造业是我们国家国民经济的主要组成部门，是出口的主力军，是就业的重要市场。

但是，事物总是有它的正反两面，正如我们常说的科学是一把双刃剑，制造业在制造它的辉煌的同时，也在侵蚀污染着我们赖以生存的环境。统计的数字非常触目惊心：我们国家的制造业每年产生约 55 亿 t 无害废弃物和 7 亿 t 有害废弃物，造成环境污染的排放物有 70% 归咎于制造业；每年全国大城市有 17.8 万人死于污染；每年全国因为大气污染损失 740 万个工作日；世界银行估计，环境污染给中国带来相当于 3.5%～8%GDP 的损失。

我国是人口众多、资源相对不足、生产率相对低下的国家。我们国家的人均水资源是世界人均水量的 1/4，单位面积的污水负荷量是世界平均数的 16 倍多；我国制造业的劳动生产率为年均 3.82 万元/人，非常可怜，是美国的 4.38%、日本的 4.07%、德国的 5.56%。这些数据显示了我们跟发达国家的差距，并且我们国家制造业单位产品能耗平均比国际先进水平高出 20%～30%。

我们国家制造业虽然 50 多年来有了巨大的发展，但仍然没有走出资源型的经济增长模式。传统的以"高投入、高消耗、高污染、低效益、低产出，追求数量增长而忽略质量"为特征的发展方式不可能长期维持下去。环境污染和资源匮乏是悬在我国制造业头上的两把利剑。由于中国的市场潜力、劳工价格等方面有着相对优势，所以发达国家制造业已经或正在向中国实行梯度转移。出于就业压力、经济发展和学习经验的考虑，目前我国制造业承接转移不失为一个良策。但是我们不能因为长期落后，就被永远锁定在欠发达状态。相信通过绿色制造这个路径，使生态和经济协调发展，我们应该并且能够达到发达国家水平。

如果说全球化是中国制造业面临的经营环境，那么绿色化似乎是一种生存哲学、一种价值取向，它充满着温暖的人文关怀。

绿色制造概念最先是由美国制造工程师学会在 1996 年所发表的绿色制造的蓝皮书 *Green Manufacturing* 里提出来的。绿色制造的内涵是：它是一种综合考虑环境影响和资源效率的现代制造模式，它的目标是使产品从设计、制造、运输、使用到报废处理的整个产品生命周期中，对环境的负作用最小，资源效率最高。简单地说，绿色制造要综合考虑制造、环境和资源三大问题。在技术层面上，绿色制造包括：绿色产品设计技术、绿色制造技术、产品的回收和循环再制造技术，它是智能生产、精益生产、柔性生产、敏捷制造的延伸和发展。绿色制造是一种大制造、大过程，它学科交叉、观念现代，它不断吸收机械、材料、物理、化学、信息、生物和现代管理技术等方面的最新成果，并不断推动制造科学的发展。

1.4.2　学科会聚的重要性

其实，人类科学技术发展史就是一个各种学科技术互动融合、交叉发展的历史过程。科学发展的历史更是表明科学发展经历了综合、分化、再综合的过程。在科学萌芽时期，人类只能直观地认识自然界，这种直观地对自然界的认识是综合性的。

18 世纪开始，科学发展沿着分科治学的途径迈进，科学分裂为众多学科，它们又不断地产生亚学科，呈现出一种日趋精细化和逻辑严谨的形态。然而，科学在继续分化的同时，也呈现交叉和融合的趋势。科学的整合始于 20 世纪初的维也纳学派，20 世纪五六十年代后发展加快了。正如伟大的物理学家、量子论的创始人 M. 普朗克所说："科学是内在的整体，被分解为单独的部门不是取决于事物的本质，而是取决于人类认识能力的局限性。实际上存在着由物理学到化学、通过生物学和人类学到社会科学的链条，这是一个任何一处都不能被打断的链条。"这也代表很多学者的态度。人们越来越认识到，解决人类问题的很多重大的复杂的科学问题、社会问题和全球性的问题，不是一门学科就能够单独解决的，而是需要会同相关学科的学者共同努力。相关学科间共同的目标、共同的工作假设、共同的理论模型、共同的研究方法和共同的语言构成科学整合的基础。它是科学技术飞跃发展的产物，是人类文明发展的必然要求。至于现代科学技术，就更是既高度分化又高度交叉。分化向着更精细、更深入方面前进，而交叉又集分化与综合于一体，实现了科学的整体化。学科会聚在分化和综合的方面已经发挥着不可替代的作用。

1.4.3　绿色制造和学科会聚的要点

绿色制造要求从产品的初期设计开始就必须考虑学科会聚的特点，从材料的选择、产品的结构功能、生产加工的过程设计、包装和运输的方式都必须考虑资源优化和环境影响。这个过程涉及经济学、计算机科学、机械制造学、材料学、管理学、社会学和环境学等诸多学科内容。简单地说，就是要进行 3P 和 3E 的分析。3P 分析是指生产率（productivity）、可制造性（producibility）、可预测性（predictability）的英文的 3 个首字母；3E 分析是指环境（environment）、能源（energy）、经济性（economy）的英文的 3 个首字母。通过 3P 和 3E 的分析达到 4R 目标，也就是减量化（reduce）、再利用（reuse）、再循环（recycle）、再制造（reproduce），将这 4 个 R 作为绿色制造的目标。

至于减量化和再利用，大家都很清楚，因为我们要减少污染，减少资源的消耗。绿色制造要求在产品的生产制造过程中，采用的生产工艺势必最大限度地减少资源的消耗和环境的污染，这对我们中国是特别重要的。去年我们国家统计，我们消耗了世界上总量 30% 多的煤炭、10% 的石油、40% 多的水泥，我们国家的 GDP 高速增长，但是我们国家的资源消耗过大。我们应该通过绿色制造来减少资源的消耗，减少环境的污染，要提高材料和能源的循环利用。

这种大制造应该包括：光机电产品的制造、工业流程的制造、材料的制备等。从制造的方法来看，它包括了机械加工方法、高能束加工方法、硅微加工方法、电化学加工方法等。学科和亚学科的会聚，在绿色制造的过程中表现得更为具体和精细。这种大制造涉及：管理学科关于可重组企业和可重组制造系统的理论、企业管理方法和工业工程理论；计算机学科、半导体学科中的微电子器件和计算机器件的设计与制造；自动化学科的制造过程和制造系统控制理论和方法；光学和光电子学科的器件和仪器的设计与制造、光电测试理论和方法；物理学科中的纳米科学；力学学科中的机电系统动力学问题；机械工程学科中的零件和机器的设计制造理论与方法、机械构件及机电系统性能的模拟仿真；材料学科中的新材料制备科学；冶金学科中的材料成型科学；化学工程中的化工流程科学和化工产品的制造科学；与生物科学交叉的仿生科学和仿生机械学以及会聚技术"NBIC"中的纳米科技、生物技术、信息技术和认知科学。

关于会聚技术，这里再多说一句话。2001 年 12 月美国商务部技术管理局、美国国家科学基金会、美国国家科学技术委员会几个部门组织了一个圆桌会议，由著名的科学家、工程师、政府官员参加，提出了会聚技术概念。从 2001 年开始，美国政府每年都在组织这个会议。美国现在把这个会聚技术称作美国在 21 世纪要继续在科技经济领域领先的着力点和基础。美国强调的会聚技术是讲 4 个方面，即纳米科学技术、生物技术、信息技术和认知科学，也就是把以上四大科学技术集中会聚在一起。美国把这个作为整个科学技术最核心的东西，和我们今天讲的学科会聚是很一致的。会聚技术的目标是：如果认知科学家能够想到它，纳米科学家就能够制造它，生物科学家就能够使用它，信息科学家就能够监控它。从这个循环，我们看到了美国 21 世纪的重点，我想我们也该重视它。

1.4.4 "政产学研"合作

对绿色制造而言，学科会聚固然需要多学科的参与，但绝不只是强调各学科对制造业面临的困境以及未来发展目标从不同学科的视野的简单介入。绿色制造的学科会聚是一种新的研究范式，在方法论上必须有所发展。不同学科、不同技术领域以及不同专业背景的科学家、学者、工程技术人员、伦理专家、政策分析家、政策制定者要突破学科的壁垒和打破科研机构的条块分割、各自为政的体制上的限制，要根据自己的学术背景、研究方法提出对问题的特定看法，彼此间广泛交流和密切合作，使参与的学科之间没有固定的边界，使研究摆脱单一视野的限制，构成一个多维视野、深层次的体系。

学科会聚是个抽象的概念。它在绿色制造的具体表现是：科研机构、高等学校、产业界和政府间的合作，简称为"政产学研"合作。

绿色制造对全世界漫长而又波澜壮阔的制造历史来说，还是一个概念，而中国制造业的绿色化道路更是刚刚起步，任重道远。即便如此，学科会聚对中国制造业来说，并不是一个遥不可及的梦想。正如制造业的特长便是把图纸变成实物一样，在 21 世纪之初，如何发挥学科会聚的巨大潜力，如何把绿色制造这一崭新的概念变为现实，如何化解环境的危机，如何坚持走可持续发展的道路，中国制造业面临着前所未有的挑战，承载着责无旁贷的义务，更孕育着无限的生机。

1.5 建设低碳社会关键在制造创新*

2009 年 12 月，哥本哈根气候大会向全世界七十亿人民宣布：要保护地球！全球随即进入低碳经济时代。

冰冻三尺非一日之寒！

地球在茫茫宇宙中，是人类赖以生存的唯一的一个得天独厚的乐园，一万年

---

* 本节内容是第二届深港澳节能减排论坛的开幕式主题演讲，深圳，2010 年 4 月 24 日。

来，人类与自然一直和谐相处。

但是，18 世纪以来，人类进入工业时代以后，就进入了一个新时期，人类从大自然的手中夺得了权力，成为地球的主人，雄心勃勃地宣告：向大自然宣战，要战胜自然，要征服自然！我国还出现"与天斗，其乐无穷"的誓言和行动。

200 年后的今天，全球能源告急！资源告急！环境告急！全球七十亿人的需求几乎要把自然拖向崩溃的边缘。

再看看我们国家，从 1978 年年底党的十一届三中全会以来，在改革开放的旗帜下，我国获得了举世瞩目的成就，经济持续高速发展，经济总量跃升为世界第三，即将登上世界第二的宝座，中华民族终于再次站起来了。

但是我国经济的高速发展，主要靠物质投入的传统发展方式，在一定程度上，是以环境资源的巨大牺牲以及经济发展的扭曲与不合理为代价的。以推动国家经济增长的消费、投资、出口这三驾马车为例，长期以来，我国经济越来越严重依赖出口这一驾马车的拉动。外贸依存度高达 60%，珠三角尤为严重。特别是我国的外贸出口，主要依赖大量廉价劳动力，大量资源、能源的消耗以及随之而来的环境污染的巨大代价。农民是廉价劳动力，目前用度已到顶。我国的资源十分有限：我国的石油储量仅占世界的 1.8%，天然气占 0.7%，铁矿石占 9%，铜矿石占 5%，铝土矿占 2%。在人均资源方面，我国人均 45 种主要矿产资源为世界平均水平的 1/2，人均耕地、草地资源为 1/3，人均淡水资源为 1/4，人均森林资源 1/5，人均石油资源仅为 1/10。以污染造成全球变暖为例，我国面临减排二氧化碳温室气体的严峻形势。2003～2006 年，我国四年能耗增量超过了以前 25 年能耗增量的总和。2003 年以前，我国发电能力不到 2 万亿 kW。现在已经增加到 7 万亿 kW，2003 年钢产量为 2 亿 t，现在高达 7 亿 t。这些都要大量耗费碳资源。随之，我国二氧化碳排放量激增，2007 年超过美国成为世界第一排放国，排放量为 59.6 亿 t，占全球排放量的 21%，与 1990 年相比，几乎翻了两番。我国的排放量激增，最大的推动力是发电、交通运输和制造业等。

大量的研究表明，大气中的二氧化碳是地球升温的祸首，世界著名气候科学家、美国宇航局戈达德空间研究所詹姆斯·汉森认为："我们的排放水平早在 20 年前就已超标。"

超过临界点并不意味马上发生重大的灾难，但意味着一种从"可能"到"必然"的转变。

如果全球气温上升 5℃，风暴和干旱等极端天气出现的概率会急剧增加，海平面将上升 10m，海中的一些岛屿与大陆沿海地带特别是一些大城市会被淹没，全球一半物种可能面临灭绝。

如果气温上升 6℃，地球上的生命将会遭到毁灭性打击。

我国是升温最为严重的国家之一，近 100 年来平均升高气温 1.1℃，略高于同期全球平均升温幅度，近 50 年来变暖尤其明显。发生极端天气与气候事件的频率和强度出现了明显变化。因此我们应尽快行动起来，节能减排，建设低碳社会。

建设低碳社会，必须全国每个人都要参加。我们的首要任务是要建设以低碳排放为特征的产业体系和消费模式。要改变高能耗、高污染的粗放型增长方式，形成有利于我国可持续发展的经济发展模式。

要建设低碳社会，关键是将制造业改造为先进制造业，成为创新型企业。因此应在以下制造创新上做文章：

企业可以通过节能、提高能效实现低碳生产过程。

企业可以通过可再生能源开发利用进行能源结构调整、参与低碳能源发展。

企业可以通过提供低碳产品，引导全社会消费者进行低碳消费。

然而我国原有的企业与创新型企业差得很远，大多没有自主知识产权产品。在世界市场中，我国商品量大面广，其占有率年年增加，表面现象十分喜人，但是成绩背后的隐忧却不能忽视。因为这些产品大多不是低碳产品，同时产生的利润中仅 10% 属于中国企业，其余 90% 的利润都被国外企业拿走。

因此，企业必须建立自己的科研机构，坚持产学研合作，才有望成为创新型企业，这应该是国家层面上的一项战略性举措。

产学研结合是一个跨行业、跨部门、跨地区合作的系统工程。实际上，还应在产学研结合三方面的两头，分别加上政府和金融机构，即应改为政、产、学、研、金的合作。政府应负责营造科技创新的良好环境，强化政策的激励引导作用，为企业、高等院校、研究所人员营造有利于科技创新的政策环境，引导创新要素向企业集聚。在科技投入、成果奖励、创新平台建设等方面加大扶持力度，同时还应强化考核的促进保障作用。企业是主体地位，应提升自主研发和技术利用的创新能力，使企业成为研发投入的主体，成为科技创新主体，成为创新成果主体。这将大力提升企业的核心竞争力，使企业健康发展。高等教育既培养科技创新人才，又提供科技创新成果，研究院、所主要是提供科研创新成果，它们是企业的坚强后盾，它们将为企业源源不断地输入人才和成果，是创新型企业的生命源泉和基础。金融机构可为产学研结果投入提供风险管理服务，这是产学研的强大支柱。

目前，政产学研金合作的核心问题是要完善联盟的组织模式和运作方式。政府起引领作用，金融机构起支柱作用，产学研三个方面组成一个平台，五个方面均要受益才算成功。由于五个方面紧密联系，一损俱损，因此每个方面都要尽力，都要注意协调，在这里，和为贵是至理名言。

1.6　大型工程项目管理的中国特色*

笔者正在开展以现代管理科学的中国学派[5-7]为主题的两个管理科学研究项目，一个是国家自然科学基金项目，一个是广东省科技厅项目。两个项目互相结合，一方面进行理论探讨，旨在提出现代管理科学的中国学派的框架体与研究规划，另一方面选择若干领域开展中国学派的试验性研究，大型工程项目管理（简称工程管理）就是其中的首选。

笔者虽然提出了工程管理的中国学派，但需要循序渐进，即先研究工程管理的中国模式。笔者认为：中国模式是中国学派的实践形式，中国学派是中国模式的学术形式或理论形式。实践在前，理论随后。理论不会自动生成，不会从天上掉下来，需要有心人、有志者去研究和创建。

而研究中国模式，又需要先研究许多典型案例，同时还要与其他国家如苏联和美国进行比较研究，从众多案例中加以归纳、总结、提炼、提高，以得到中国模式，再进一步上升到中国学派。

研究工程管理的中国模式和中国学派，其基本途径是：洋为中用，古为今用，近为今用，综合集成。近为今用是重点，即重点研究我国近期的大型工程项目及其管理的典型案例。所谓典型案例，既包括成功案例，也包括失败案例，研究前者主要是总结经验，研究后者主要是汲取教训。

1.6.1　洋为中用的典型案例

1. 苏联的案例及评述

（1）世界上第一颗人造地球卫星。1957 年 10 月 4 日，苏联成功发射了世界上第一颗人造地球卫星（Спутник-1），表明人类跨出了地球，开始了航天时代。第一颗人造地球卫星呈球形，直径 58cm，重 83.6kg。它沿着椭圆轨道飞行，每96min 环绕地球一圈。1 个月后，1957 年 11 月 3 日，苏联又发射了第二颗人造地球卫星，它的重量增加了 5 倍多，达到 508kg。这颗卫星呈锥形，卫星上有 1个密封生物舱，舱内有 1 只进行实验的名叫"莱卡依"的小狗。

（2）世界上第一艘宇宙飞船。1961 年 4 月 12 日，苏联成功发射了世界上第

---

* 本节内容原载《科技进步与对策》，2009，26（21）：5-12，合作者：孙凯、孙东川。

一艘绕地球轨道飞行的载人飞船"东方1号"（Восток-1），宇航员尤里·加加林少校成为飞出地球大气层进入外层空间的第一人，绕地球飞行1周。

同年8月6日至7日，苏联宇航员格尔曼·季托夫在跨越两天的25h飞行中，环绕地球17圈，飞行中他首次启动了宇宙飞船的人工控制系统。

（3）对苏联案例的评述。"国际悲歌歌一曲，狂飙为我从天落。"苏联在人类航天事业上建立了开创性的不可磨灭的功勋，尽管苏联已经于1991年解体，但是，它作为开创者的业绩永远令人缅怀。但没有安定团结的社会局面，就会影响科学研究。苏联解体前后，曾经发生这样的故事：航天员上天的时候还是苏联人，返回时苏联已经不存在了，"返回不了苏联"。事实上，苏联解体之后，俄罗斯的航天事业受到了很大的挫折，它的经费不足，一些发射场地不在俄罗斯境内，苏联的加盟国都成为独立国家，相互之间的关系很复杂，经常产生一些纠纷。有人认为：苏联是被美国的"星球大战计划"拖垮的。是否如此，可以存疑。但有一点是可以肯定的：美苏两霸的军备竞赛和航天领域的激烈竞争，消耗了大量的人力财力物力，如果说美苏两霸的人口和人力（包括科技人才）相差无几，那么苏联的财力比美国就逊色多了。苏联还有东欧华约诸国的负担沉重，所以在经济上两霸是不对等的。还有人认为，美国并没有真正启动星球大战计划，只是虚张声势引诱苏联"中招"，把苏联拖垮。我们可以从中得到启示：不要争霸，要量力而行，有所不为而有所为，使自己立于不败之地。

2. 美国的案例及评述

（1）曼哈顿工程。第二次世界大战后期，在著名科学家爱因斯坦的推动下，美国总统罗斯福决定研制原子弹，取名为曼哈顿工程。为了先于纳粹德国制造出原子弹，曼哈顿工程集中了当时西方国家最优秀的核科学家，动员了10万多人参加这一工程，其中技术人员1.5万人，历时3年，耗资20亿美元，于1945年7月16日成功地进行了世界上第一次核爆炸，接着造出两颗实用的原子弹投放于日本的广岛与长崎，促使日本宣布投降。

（2）北极星计划。1957～1960年，美国海军开展研制导弹核潜艇系统的工程项目，称为北极星计划。它由8家总承包公司、250家分包公司、3000家公司承担，其协调事务非常繁杂。为了加快进度，在顾问公司的协助下，发明了一种控制工程进度的先进的管理方法：program evaluation and review technique（PERT），使得整个计划提前两年完成。

PERT即计划协调技术，在我国又称为网络计划技术和统筹法。著名数学家华罗庚生前带领"双法"小分队在全国积极推广优选法、统筹法，取得很大成效。

　　(3) 阿波罗登月计划 (project Apollo)。1961 年 5 月 25 日，美国总统肯尼迪提出要在 10 年内将美国人送上月球。他声称：苏联人把我们击败在地球上，我们要把苏联人击败在月球上。于是，美国宇航局制订了阿波罗计划。

　　从 1961 年 5 月至 1972 年 12 月，阿波罗计划历时 11 年半，耗资 300 多亿美元，参加研制的美国与外国企业达 2 万多家，大学与研究机构 120 所，使用大型计算机 600 多台，参加研制工作的人员达 400 多万人，其中高级技术人员 42 万人。

　　1969 年 7 月 20 日（美国时间 20 日，北京时间 21 日），乘坐阿波罗 11 号，人类第一次登上了月球。宇航员尼尔·阿姆斯特朗和巴兹·奥尔德林踏上了月面，第三名宇航员迈克尔·科林斯留在指挥舱内，继续沿着环月轨道飞行。两名登月宇航员在月面上展开了太阳电池阵，安设了月震仪和激光反射器，采集月球岩石和土壤样品 22kg。

　　阿姆斯特朗说：“（踏上月面）对一个人来说，这是小小的一步，但对人类来说，这是一个巨大的飞跃。”表 1.3 是 1969 年 7 月阿波罗 11 号在登月的主要环节上，实际时间与计划时间的比较。

表 1.3　阿波罗 11 号宇宙飞船登月的主要环节上，实际时间与计划时间的比较

登月主要环节	计划			实际			相差	
	日	时	分	日	时	分	小时	分钟
飞船发射	16	20	32	16	20	32		0
进入飞向月球轨道		23	16		23	16		0
进入绕月球的椭圆轨道	20	0	26	20	0	22		4
登月舱进入接近月面轨道	21	2	10	21	2	08		2
登月舱在月面登陆		3	19		3	17		2
宇航员走出登月舱踏上月面		13	19		9	56	3	23
宇航员回到登月舱		15	42		12	11	3	31
登月舱离开月面开始上升	22	0	55	22	0	55		0
宇航员进入返回地球的轨道		11	56		11	55		1
在太平洋中部溅落	24	23	51	24	23	50		1

　　注：表 1.3 时间是北京时间。另据资料，“宇航员走出登月舱踏上月面”是美国东部夏令时 1969 年 7 月 20 日 22 时 56 分 20 秒，据此可以进行时间换算

　　后来发射的阿波罗飞船又多次载人登月，共计有 18 名宇航员登上月面，进行科学考察与实验。

　　阿波罗计划也采用了 PERT，并且发展成为 GERT (graphical evaluation and review technique)，GERT 可以处理多种复杂的随机因素。

　　阿波罗登月计划是举世公认的工程运用系统工程方法的范例。阿波罗计划的

成功，当然是很高的科学技术成就，但是它的总指挥小韦伯说："阿波罗计划中没有一项新发明的自然科学理论和技术，而是现成技术的应用，关键在于综合。"

"关键在于综合"，综合就是创造，这是系统工程的基本观点之一。每一个大型工程项目，都是多种技术的综合集成，技术与管理的综合集成，技术、经济、环境、政治等多种因素的综合集成。

（4）对美国案例的评述。曼哈顿工程和阿波罗计划都是总统亲自决策的，是计划机制而不是市场机制在发挥主要作用。如果不是这样，工程是推不动的。

竞争可以促进科技进步。美国的 Apollo 计划在于抢先登上月球，"把苏联人击败在月球上"，它实现了竞争领先之后就改弦易辙，转向研制航天飞机和探测火星。今天，美国人提出"要重返月球"，为什么？因为中国启动了登月工程，日本、印度等国也争先恐后，美国有可能被超越，于是美国人着急了，要重返月球。

几个美国案例，都是系统工程案例，案例的成功是系统工程的胜利。我国大力宣传、推广和研究系统工程是很有必要的。事实上，系统工程对我国的"两弹一星"研制也发挥了巨大作用。

1.6.2　我国古为今用的典型案例[8]

（1）都江堰。都江堰位于四川省成都平原西部的岷江上，始建于公元前 256 年，是秦太守李冰及其儿子李二郎率领当地老百姓修筑起来的。它由鱼嘴岷江分水工程、飞沙堰分洪排沙工程、宝瓶口引水工程三大主体工程和百丈堤、人字堤等附属工程构成，加上一系列灌溉渠道网，形成一个完整的水利系统。它科学地解决了江水自动分流、自动排沙、控制进水流量等问题，消除了水患，使川西平原成为"水旱从人"的"天府之国"。李冰父子还总结了"深淘滩，低筑堰"六字口诀，指导人们进行养护维修工作。它是全世界迄今为止年代最久、唯一留存、以无坝引水为特征的宏大水利工程。两千多年以来，都江堰一直发挥着防洪灌溉作用，造福于四川人民。

都江堰不仅是举世闻名的中国古代水利工程，也是著名的风景名胜区。1982年，都江堰被国务院批准列入第一批国家级风景名胜区。2007 年 5 月 8 日，都江堰旅游景区经国家旅游局正式批准为国家 5A 级旅游景区。2000 年联合国世界遗产委员会第 24 届大会上都江堰被确定为世界文化遗产。都江堰主体工程在 2008年汶川大地震中安然无恙，只是附属建筑物如二王庙有些损伤，不难修复。

（2）丁渭工程。丁渭工程不是很出名，但是很典型。宋真宗时期（公元 998～1022 年），有一次宫殿被毁于火。大臣丁渭受命限期修复皇宫。这项工程怎样进行？丁渭提出：首先把皇宫旧址前面的一条大街挖成沟渠，用挖沟的土烧制砖瓦；然后把附近的汴水引入沟内形成航道，从外地运输砂石木料；最后，皇宫修复好了，把沟里的水排掉，用建筑垃圾填入沟中，恢复原来的大街。这是一个杰出的工程方案，它把皇宫修复全过程划分成几个阶段，统筹兼顾，综合考虑。

中国古代的城市建设和宫殿、园林、庙宇建筑等都是很出色的，还可以找到许多案例，这里不再赘述。

（3）对于中国古代案例的评述。都江堰作为水利工程，至今仍然发挥当初设计建造时赋予的功能，这在全世界是绝无仅有的。相类似的水利工程还有：郑国渠（今天河南境内）、灵渠（今天广西境内）。京杭大运河也是杰出的水利工程，今天仍然发挥着运输、灌溉、排洪等作用，造福于运河两岸的人民群众。中国还有大禹治水的传说，那是更加遥远的年代里的大型水利工程，它强调了在大自然的灾难面前不悲观、不退缩、不消极等待，事在人为，顺应客观规律改造山河，劳动创造世界。

"不到长城非好汉"。万里长城，工程浩大，两千年中多次修建。在历史上，它是汉族防御北方民族进攻的最重要的军事设施。今天它虽然不再具有军事功能，但却充分发挥着旅游功能。

今天，古迹和文物保护工作得到了空前的重视，但也有一些似是而非的现象，有些提议不见得可取。例如，北京圆明园遗址的断垣残壁见证了英法联军的罪行，记录了中国人民的灾难和屈辱，留着它是个不可多得的教材，可以进行爱国主义教育，比在教室里上政治课要生动有力得多。但是，有人提出重建圆明园，谋取商业利益，笔者认为不可取。重建就把爱国主义教育基地毁掉了。即便重建，要不要"原汁原味"？不搞"原汁原味"没有意思，即便"原汁原味"也有难处，如大水法，在当初是世界顶级喷泉，但是，它比今天很多地方的音乐喷泉已经逊色多了。画虎不成反类犬。

有学者提出"管理没有新问题"，其理由是中国作为几千年的文明古国，历朝历代从朝廷到基层，大大小小的管理问题都经历和处理过了，有过多次太平盛世，所以，到今天，管理已经没有新问题了。这种说法不完全正确，但也有一定的道理。我们应该以史为鉴，古为今用，但是这还不够。事实上，管理既有老问题，也有新问题，新问题要研究和解决，老问题也要在新形势下用新观点、新技术、新办法加以研究和解决。更全面的提法是：洋为中用、古为今用、近为今用、综合集成，创建现代管理科学的中国学派，把中国的管理搞得更好。

1.6.3 近为今用的典型案例[9]

（1）两弹一星（原子弹，氢弹，人造卫星）。早在 1955 年冬天，时任哈尔滨军事工程学院院长的陈赓大将移樽就教，会见刚刚回国不久的著名科学家钱学森，问他："中国人能不能搞导弹?"钱学森说："为什么不能搞? 外国人能搞，我们中国人就不能搞? 难道中国人比外国人矮一截?"陈赓大将说："好!"在周总理、聂荣臻元帅的支持下，组建了第五研究院等研究机构。

1964 年 10 月 16 日，我国第一颗原子弹爆炸成功;1967 年 6 月 17 日，我国第一颗氢弹爆炸成功;1970 年 4 月 24 日，我国第一颗人造地球卫星发射升空，全球响彻悦耳的"东方红"乐曲。卫星直径约 1m，重 173kg，沿着近地点 439km、远地点 2384km 的椭圆轨道绕地球运行，运行周期 114min。

从原子弹到氢弹，我们仅用两年零八个月的时间，比美国、苏联、法国所用的时间要短得多。在导弹和卫星的研制中所采用的新技术、新材料、新工艺、新方案，在许多方面跨越了传统的技术阶段。"两弹一星"是中国人民艰苦奋斗和创造活力的产物。

值得一提的是日本的竞争。日本于 1970 年 2 月 11 日抢先发射了第一颗人造地球卫星"大隅"号。卫星重约 9.4kg，近地点 339km，远地点 5138km，运行周期 144.2min。

(2) 神舟飞船。1999 年 11 月 20 至 21 日，中国第一艘"神舟"无人试验飞船飞行试验获得了圆满成功。2001 年年初至 2002 年年底又相继研制并发射成功了神舟二号、神舟三号和神舟四号无人试验飞船，获得了宝贵的试验数据，为实施载人航天打下了坚实的基础。

2003 年 10 月 15 日上午 9:00，神舟五号飞船从我国酒泉卫星发射中心成功发射升空，飞船载有中国第一名航天员杨利伟，在轨运行 1 天，环绕地球 14 圈后在预定地区成功着陆。

2005 年 10 月 12 日上午 9:00，神舟六号飞船从我国酒泉卫星发射中心成功发射升空，费俊龙和聂海胜两名中国航天员进入太空，飞行 5 天，成功返回地面。

2008 年 9 月 25 日 21 点 10 分 04 秒，搭载 3 名航天员的神舟七号从我国酒泉卫星发射中心载人航天发射场发射升空，飞行 2 天 20 小时 27 分，于 2008 年 9 月 28 日 17 点 37 分成功着陆于中国内蒙古四子王旗主着陆场，实现了中国历史上宇航员第一次的太空漫步，中国成为第三个有能力把航天员送上太空并进行太空行走的国家。

还有嫦娥一号与探月工程、三峡工程、青藏铁路等典型案例，也有 1958 年的大炼钢铁等失败的典型案例。

1.6.4　中国工程管理的特色

美国的工程管理具有美国特色，苏联的工程管理也很有特色，中国的工程管理则具有显著的中国特色。中国工程院院士、国家自然科学基金委员会管理科学部主任郭重庆教授说："中美两个核弹之父，一个邓稼先，一个奥本海默，两种管理思维，两个都成功了。也有人说，若两人互换位置，可能都不成功。"[10] 据此，笔者尝试总结中国工程管理的特色如下。

1. 决策机制与宏观管理方面

（1）高瞻远瞩，战略决定成败。中国为什么能在一穷二白的条件下搞出"两弹一星"？首先是因为当时有毛泽东主席和中央领导集体的坚强决心和英明决策，同时，有一批具有使命感的顶尖科学家的追求，还有全体参加人员的忘我奉献，全国上下齐心协力。

我国要实现到 21 世纪中叶的新三步走战略，还需奋斗 40 年。现在世界上既有人叫喊"中国威胁论"，也有人在吹捧中国，"鼓励"中国做这做那，指望中国做"冤大头"承担过多的责任，到处花钱，到处树敌。对于这些，中国要保持清醒的头脑，永远不做超级大国，不搞霸权主义。我们仍然需要韬光养晦，埋头苦干，实实在在做工作，一步一个脚印前进，才能比较顺利地实现强国梦。

（2）集中力量办大事是显著的中国特色。在 20 世纪 60～70 年代，如果不是集中力量办大事，"两弹一星"是搞不出来的。今天，中国比以前富裕了许多、强大了许多，能够做的事情也比较多了。但是，仍然需要集中力量办大事，要有所不为才能有所为。所以，选择重点、确保重点是非常重要的。

美国一直号称是"世界上最富有的国家"，就 Apollo 计划而论，在 40 多年前也只有美国才有财力搞得起。但是，美国的富有也是有限的，不可能想花多少钱就花多少钱。美国既然已经登上了月球，"把苏联人击败在月球上"了，已经耀武扬威了，与其继续在月球上逞能，不如换一个角度、换一个场所更加荣耀。于是，美国转向探测火星，转向研制航天飞机，前者可以使它继续大幅度领先世界各国，后者可能带来商业价值。所以，美国改变战略是有道理的，是精打细算的。即便"最富有"它也量入为出，讲究资源优化配置、最佳配置，这是管理工作的一项基本原则。

（3）高起点、跨越式发展。在"两弹一星"项目中，在神舟飞船项目中，在嫦娥一号项目中，我国都是高起点、跨越式发展的，这是很值得赞扬的。跟在人家后面爬行"克隆"一个东西来"填补空白"，没有什么意思。只有高起点、跨越式发展，才能较快地赶上世界先进水平，争取领先地位。

（4）坚持科学发展观，按照科学规律办事。1958 年"大炼钢铁"的闹剧，再也不能重复上演了。它违反客观规律——炼钢的规律、经济发展的规律，违背科学的决策机制。

科学技术不是政治，不能以政治口号代替科学技术。"人有多大胆，地有多高产"之类的口号，纯属主观唯心主义。工程项目不能搞成"政治任务"。苏联的航天事业多次发生可怕的灾难，近百人丧生，大多是不按照科学规律办事。例如，1960年10月24日，为了执行长官意志，苏联宇航局高层官员、太空科学家们对"东方1号"飞船搞突击调试，飞船火箭突然发生爆炸，当场炸死54人，大多是精英人物。

在香港回归之前，曾经有一些人上书中央领导，提议把探月工程的火箭作为"礼炮"提前发射。中央领导认为，当时准备工作尚未做好，发射毫无科学意义，因此，予以否定。这是按照科学态度办事，不把科学事业混同于"政治任务"。

（5）民主集中制是行之有效的决策机制。办大事必须以政府行为和计划机制为主导。不但中国如此，美国也是如此。曼哈顿工程、北极星计划、阿波罗计划，都是政府行为和计划机制主导的。美国应对金融危机的一系列措施也是政府主导的，以至于有人说"奥巴马搞社会主义"。

"民主是个好东西"[11]，但是民主也有其不足之处，如拖延时间、错失良机；消耗许多社会资源，特别是容易形成不同的利益集团，互相否定、制造对立，使得好事办不成。民主集中制的真正好处是它行之有效的决策机制，它是我们的传家宝。首先必须发扬民主，然后在民主的基础上集中。不发扬民主不行，光是发扬民主不集中也不行。

（6）领导者尤其是决策者要有哲学思维。领导人和管理者，尤其是决策者，要有较高的文化素养，要有较好的哲学思维能力。

钱学森院士指出："应用马克思主义哲学指导我们的工作，这在我国是得天独厚的……马克思主义哲学确实是一件宝贝，是一件锐利的武器。我们搞科学研究时（当然包括搞交叉科学研究），如若丢掉这件宝贝不用，实在是太傻了。"[12]他在给朋友的信中说："我近30年来一直在学习马克思主义哲学，并总是试图用马克思主义哲学指导我的工作。马克思主义哲学是智慧的源泉！"[12]

《矛盾论》不仅是一般哲学（general philosophy）的经典著作，而且是重要的管理哲学，值得从事大型工程项目管理的管理人员和一切人员认真学、积极用。

近几年有两本书很畅销，一是《战略决定成败》，一是《细节决定成败》，后者比前者更畅销。笔者认为，战略是最重要的，战略错了，大局失败了，细节再好又有多少用处呢？但是，在战略是正确的、好的情况下，要把它落到实处，还必须有一整套规划、计划、政策、措施来加以保障，计划和措施之中就要解决细节问题，有可能"一着不慎，满盘皆输"。一颗螺丝钉的松动、脱落，可能引起发动机故障，那就影响大局了，可能决定成败了。

　　这两本书的矛盾，只有用《矛盾论》来分析和调解。《矛盾论》说：当有诸多矛盾的时候，其中必有一种矛盾是主要矛盾，它的存在和发展，影响其他所有矛盾的存在和发展，所以必须用全力抓住主要矛盾，解决主要矛盾，如同牵牛要牵牛鼻子一样；主要矛盾解决了，其他矛盾就迎刃而解了；当主要矛盾解决之后，原来的某种次要矛盾可能上升为主要矛盾，这时还是要抓主要矛盾。一颗螺丝钉之所以影响大局，是因为它成了主要矛盾，否则，在这颗螺丝钉影响大局之前，大局已经被其他矛盾影响了，"轮不着"这颗小小的螺丝钉来表演。

　　(7) 全国一盘棋，实现可持续发展。中国科学院院士、中国探月工程首席科学家欧阳自远[13] 2006 年 7 月在第 36 届世界空间科学大会上说：包括建造、发射、运行，嫦娥一号的总费用是 14 亿元人民币，只相当于在北京修建约 2 公里地铁所需的费用；探月工程第二、第三阶段可能会多花一些钱，但是绝不会拖中国人民全面建设小康社会的后腿，只能是促进和推动。

　　全国一盘棋，各行各业各地区的发展要统筹兼顾。不搞重复建设，不搞政绩工程、形象工程、面子工程。要确保工程质量，杜绝豆腐渣工程。

　　有些大型项目，可以一步到位；有些大型项目，则要分步实施。具体问题具体分析，不搞一刀切。不要好大喜功、贪大求洋，动不动就要成为"世界第一"。有些事情，当个世界第二、第三也可以。例如，万里长江就是世界第三大河。我国 960 万 km² 的陆地面积，也是世界第三。有些"世界第一"，当了不如不当。例如，中国要不要建造"世界第一高楼"？恐怕不一定。至于近几年一些地方刻意"创造"的吉尼斯纪录如万人弹古筝、万人吃火锅、万人齐洗脚、万人齐唱歌，以及 200 m 长的婚纱、22.5km 长的鞭炮……有什么意义？大国要有大国风范，不要小家子气、搞哗众取宠的事情。

　　(8) 保持安定团结的社会局面。工程问题不光是技术问题，工程系统存在于社会经济系统之中，工程管理是社会经济系统管理的组成部分。

　　前面说过，苏联解体对俄罗斯的航天事业造成了很大的挫折。

　　我国在"文化大革命"中的教训十分惨重。除了"两弹一星"以外，几乎所有的科研项目、科研活动都停止了。"文化大革命"拉大了我国科学技术与世界先进水平本来已经在不断缩小的差距。

　　三峡工程大移民百万人，如果没有全国许多地方热情接受、妥善安置，三峡工程就难以开展了。现在常常看到一些建设项目遇到"钉子户"，搞得很尴尬。无理取闹的钉子户应该绳之以法，但是确有一些问题是因为建设项目方面（开发商）做得不合理、不周到而造成的，弱势群体利益受损，于是成为"钉子户"。简单粗暴地对待"钉子户"，会酿成社会问题，影响安定团结的社会局面。

2. 运作机制与管理方面

（1）把大型工程项目作为系统工程来搞。《组织管理的技术——系统工程》，这是 1978 年 9 月 27 日钱学森、许国志、王寿云三位学者联名发表在上海《文汇报》上的一篇重要文章的题目，被誉为系统工程在中国第一声嘹亮的进军号。这是 30 年来系统工程在中国发展的基本定位和主要流派。系统工程在中国得到了很大的发展，可谓是家喻户晓、人人皆知，这是因为系统工程在中国得到了两个方面人士的大力支持和推动：一是以钱学森院士、关肇直院士、张仲俊院士、许国志院士等为代表的学术界的德高望重人士；二是改革开放以来的历任中央领导人以及各部门各地区领导人。

系统工程有一系列理论与方法，重视定性研究与定量研究相结合，实现从定性到定量的综合集成。西方有 Hall 系统工程方法论、切克兰德软系统方法论，中国有钱学森院士等提出的综合集成方法论、顾基发研究员等提出的"物理—事理—人理（WSR）系统方法论"[10]。

系统工程强调系统观点，如宏观着眼，微观着手；统筹兼顾，综合集成。"战略上藐视敌人，战术上重视敌人"，这句名言在工程管理上也是非常适用的。战略着眼系统的宏观、大局和长远发展；战术在战略的指导下，研究解决各种微观问题。

（2）总体设计部是行之有效的工作方式。总体设计部的工作方式在研制"两弹一星"中建立和完善起来。钱学森院士指出："我们把处理开放的复杂巨系统的方法定名为从定性到定量综合集成法，把应用这个方法的集体称为总体设计部。总体设计部由熟悉所研究系统的各个方面专家组成，并由知识面比较宽广的专家负责领导，应用综合集成法（或综合集成研讨厅体系）对系统进行总体研究。总体设计部设计的是系统的总体方案和实现途径。总体设计部把系统作为它所属的更大系统的组成部分来进行研究，对它们的所有要求都首先从实现这个更大系统相协调的观点来考虑；总体设计部把系统作为若干分系统有机结合的整体来设计，对每个分系统的要求都首先从实现整个系统相协调的观点来考虑，对分系统之间、分系统与系统之间的关系，都首先从系统总体协调的需要来考虑，进行总体分析、总体论证、总体设计、总体协调、总体规划，提出具有科学性、可行性和可操作性的总体方案。"[10]

研制"两弹一星"的经验、研制神舟飞船和嫦娥一号的经验，用于造大飞机、造航空母舰，相信也是行之有效的。

（3）推行现代化管理体制。大型工程项目都要推行现代化管理体制。神舟飞船、奔月工程属于国家高科技项目，涉及国防与军事，要有特别的现代化管理体制。三峡工程、青藏铁路等工程项目则可以按照市场化运作，实行现代公司制度。

经国务院批准，中国长江三峡工程开发总公司（简称中国三峡总公司）于 1993 年 9 月 27 日成立。中国三峡总公司是国有独资企业，注册资本金 39.36 亿元；截至 2008 年 12 月 31 日，总资产达到 2241 亿元，2008 年利润总额为 113 亿元，它的战略定位是以大型水电开发与运营为主的清洁能源集团，主要经营范围是水利工程建设与管理、电力生产、相关专业技术服务。中国三峡总公司全面负责三峡工程的建设与运营，实行总经理负责制，设立总工程师、总经济师、总会计师，协助总经理工作；设有科学技术委员会、投资委员会、预算委员会 3 个专业委员会，作为公司技术、经济决策咨询机构；设有总经理工作部、资产财务部、计划发展部、人力资源部、信息中心、科技环保部、党群工作部、新闻宣传中心等职能部门；设有三峡枢纽建设运行管理局 3 个建设管理部门，并在北京设有代表处。

青藏铁路的建设与运作，成立了青藏铁路公司，网上可以找到有关资料。

（4）精心设计，精心施工。工程管理一环扣一环，不容许任何环节马虎大意。精心设计、精心施工是我国大型工程项目运作与管理的成功经验。发现不合格的环节，坚决推倒重来，不能"带病运作"。若埋下隐患，可能酿成大祸。

（5）奖优罚劣，奖勤罚懒。管理学基本原理之一就是要建立激励机制，对员工实行奖优罚劣，奖勤罚懒。

改革开放以来，"取消大锅饭"，"端走铁饭碗"，实行按劳付酬，收入与直接业绩挂钩。这些措施是很有效的，但收入差距不能拉得太大。现在有一些既得利益者，片面强调"与国际接轨"来为自己谋利益。他们向消费者收钱是高水平的，服务却是低水平的，群众意见很大。企业家是社会精英，具有不可推卸的社会责任。共产党员企业家是党的干部，要全心全意为人民服务，"先天下之忧而忧，后天下之乐而乐"。2009 年 5 月，王岐山副总理在伦敦当着数百位银行家的面直言金融危机的起因是金融人士的贪婪，全场顿时鸦雀无声。这说明击中了他们的要害。社会上贪婪的不只是银行家，任何缺乏高尚道德的人员都可能贪婪，人类要警惕贪婪、拒绝贪婪。陈毅元帅的诗句"手莫伸，伸手必被捉"应该作为官员们的座右铭。

（6）"两弹一星精神"。1985 年，诺贝尔物理学奖得主杨振宁在看望身患癌症的两弹元勋邓稼先时，问起国家为两弹研发有功人员颁发奖金的事情。邓稼先说："奖金 20 元，原子弹 10 元，氢弹 10 元。"原来，由于国家经济困难，发给整个"两弹"科研队伍的奖金总数仅 1 万元，受奖机构自身又拿出一部分钱，按照 10 元、5 元、3 元的级别分下去。邓稼先当时拿到了最高的奖励级别，但每一个"弹"只有 10 元钱。

"两弹一星精神"就是虽欠缺良好条件仍忘我地从事科学技术开发研究的精神，是爱国主义、集体主义、社会主义精神和科学精神的集中体现，是中国人民在 20 世纪为中华民族创造的宝贵的精神财富。要发扬光大这一伟大精神，使之成为全国各族人民在现代化建设道路上奋勇开拓的巨大推动力量。"人是要有一点精神的"。在金钱至上、物欲横流的时候，要有抵抗力，能够抵御"挡不住的诱惑"。

(7) 学习人民解放军。中国人民解放军是人民子弟兵，在我国大型工程建设中发挥了巨大的作用。解放军的战斗作风在工程建设与管理中发挥了巨大的作用，建立了不朽的功勋。从"两弹一星"的研制到汶川大地震的抗震救灾工作，全世界有目共睹，交口称赞。

解放军的优良传统和战斗作风，内容丰富，形象生动。例如，全心全意为人民服务，一不怕苦、二不怕死，雷厉风行、不折不扣，召之即来、来之能战，攻无不克、战无不胜，等等，这些对于大型工程项目及其管理都是十分有用的。

3. 监督与防范机制及其管理方面

(1) 警惕大型工程项目的负面效应。大型工程项目在追求正面效应的同时，应该尽量避免负面效应。未雨绸缪，对于可能出现的负面效应要有切实可行的防范措施。负面效应往往需要很长的时间才能显露出来。例如，埃及的阿斯旺大坝，我国的围湖造田、三门峡水利工程，其负面影响现在尽人皆知，当初却缺乏认真研究。现在有不少人担心：三峡工程、南水北调工程有没有负面效应？现在还看不出来，有待于时间的考验。

(2) 建立阳光机制，严厉打击贪官污吏，严格禁止挥霍浪费。事实表明，大型工程项目滋生了不少贪官污吏，如在高速公路建设中，倒下了一批交通厅厅长，以及处长、科长等。

全社会都呼吁建立阳光机制，落实信息公开制度。阳光机制和信息公开制度可以杜绝暗箱操作，杜绝少数人以权谋私、权钱交易、贪污腐败。

阳光机制和信息公开制度得到了广大老百姓的拥护，却受到了贪污腐败涉嫌者的顽固抵制。应该尽快在全国推行各级官员财产申报制度，尤其是领导干部。

4. 评估机制与管理方面

(1) 大型工程项目上马之前一定要认真开展可行性研究。可行性研究一定要具有客观性、公正性、科学性，要实事求是地找出项目的优缺点、上马或不上马的理由、上马以后的利弊得失，要计算工程项目全寿命周期总费用。可行性研究否定的项目一定不能上马，或者要作重大修改之后重新开展可行性研究。

可行性研究不能变成"可批性研究"。为了使得某项目能够上马，有关部门和人员隐瞒项目的缺陷与弊端，甚至昧着良心编造虚假情况和"理由"，使项目骗取上级部门审批通过，这种现象应该杜绝。

按照国际惯例，一个大型工程项目的可行性研究，至少要由两家具有资格的可行性研究机构来承担，其中至少一家机构与项目承担单位及其上级部门没有任何利害关系。

（2）建立必要的评估制度和综合评估指标体系。大型工程项目要定期检查，消除隐患。评估是需要的，评估泛滥则不好。评估泛滥使得评估走了样、变了味，但是"倒脏水不能把孩子也倒掉"。

综合评估需要科学合理的评估指标体系。评估者与被评估者不能有利害关系。"拿了人家的手短，吃了人家的嘴软"，评估者要拒绝被评估者的威逼利诱。

5. 管理伦理、道德及其他方面

（1）发扬革命传统，争取更大光荣。前面说了"两弹一星精神"，这里重点说说勤俭节约、艰苦奋斗，这是共产党人的革命传统。要发扬延安作风，杜绝贪污与浪费。奢靡之风不可长，办公楼、办公室搞豪华装修能够提高工作效率、保证工作质量吗？恰恰相反，豪华装修可能引起群众公愤。试看中石化的"天价吊灯"，把中石化推上了舆论的风口浪尖，后来的一句"仅 156.16 万元"的推卸之辞，导致了更大的被动。

（2）全心全意为人民服务。管理者、领导者应该牢牢树立公仆意识，全心全意为人民服务；应该"关心群众生活，注意工作方法"，自觉接受群众监督。

（3）"中学为体，西学为用"。洋务运动提出的"中学为体，西学为用"思想，从理论上说是合理的，洋务运动的失败是因为清王朝那个"体"太腐败了，当时的传统文化太保守了，中国社会与科学技术和民主制度隔阂太大了。今天的"体"已经截然不同。改革开放 30 年后的中国，是朝气蓬勃的社会主义市场经济，正在构建社会主义和谐社会。中国已经而且止在继续阔步前进和迅速发展，中国的国际地位已经而且还要大幅度提高。总之，中国今天的"体"是健康之"体"、强壮之"体"、生机盎然之"体"，"中学为体，西学为用"这个原则完全适用于今天的中国。

（4）学习"洋办法"不要鄙视"土办法"。"土办法"大有可为，如走群众路线，群策群力做事情，这是一条行之有效的经验。现在美国奥巴马政府宣布要采取全民反恐战略，搞群众反恐，这与我国的做法相类似。共产党历来相信群众，发动群众，依靠群众。美国的金融危机给人以启示：在金融管理方面美国"闯了大祸"；中国尽管受到美国的牵连，但是并无大碍。"已是悬崖百丈冰，犹有花枝俏。俏也不争春，只把春来报。待到山花烂漫时，她在丛中笑。"这正是中国的写照。

"洋办法"不一定先进，"土办法"不一定落后。以其"出生地"在中国还是在外国来判定落后与先进是不妥当的。"洋办法"其实是西方的"土办法"，有的也很落后。中国的"土办法"到了外国也是"洋办法"，有的也很先进。西方开始掀起"中国热"，孔子学院在全世界受到热烈欢迎，就是有力的证明。

（5）"两参一改三结合"。"两参一改三结合"是鞍钢宪法的核心内容：干部参加劳动，工人参加管理；改革不合理的规章制度；实行干部、技术人员和工人三结合。今天看来，哪一条没有现实意义呢？不能轻易废弃，而要充分珍惜。

（6）学好用好《矛盾论》，正确处理矛盾，做好管理工作。根据《矛盾论》的观点，工作中时时有矛盾，处处有矛盾，旧的矛盾解决了，新的矛盾又会产生。作为管理者、领导者，不是回避矛盾，而是要正确处理矛盾，积极解决矛盾，推动工作前进。

（7）重视思想政治工作。思想政治工作是革命的传家宝，一定要重视。领导要与群众心连心，深入群众，与群众打成一片，同甘共苦。

计算机网络发挥着越来越大的作用，要充分利用网络传递信息，宣传和发动群众，正确引导群众。不要惧怕网络监督，不要试图愚弄群众，搞什么"躲猫猫"、"欺实马（70码）"一类的把戏。

（8）共产党员要发挥模范带头作用。大型工程项目的领导者、管理者大都是共产党员，要发挥共产党员的模范带头作用。干部带头了，党员和群众就会跟上来。

（9）与时俱进。领导者、管理者要与时俱进，包括在思想观念上、业务技术上，以及在业余的娱乐活动中，否则就会和群众格格不入，脱离群众。

（10）积极反思与总结经验。大型工程项目及其管理工作应该提倡积极的反思。包括在项目开展过程中进行阶段性回顾、小结与总结，以及项目完工以后的回头看。

反思有个人的、自发的反思，有集体的、组织的回顾总结。从创建现代管理科学的中国学派而言，进行反思与总结，才有可能做到近为今用，提炼中国模式，打造中国学派。

1.6.5　案例研究的意义

本文研究了洋为中用、古为今用、近为今用3个方面的若干案例，分别进行了简单的评述，然后重点研究了中国工程管理的特色，归纳成5个主要方面：决策机制与宏观管理方面；运作机制与管理方面；监督与防范机制及其管理方面；评估机制与管理方面；管理伦理、道德及其他方面。相信进一步的研究可以提炼出大型工程项目管理的中国模式，并上升为工程管理的中国学派，它是现代管理科学的中国学派的重要组成部分。

参 考 文 献

[1] 固定资产投资统计司. 中国固定资产投资统计年鉴. 北京：中国统计出版社，2001.

[2] 威尔·杜兰特. 哲学的故事. 北京：中国档案出版社，2001.

[3] 朱高峰，王众托. 中国新型工业化进程中工程管理教育问题研究. 中国工程院咨询课题总报告，2006.

[4] 暨南大学编写组. 发展中国家的工业道路（世界工程师大会专题论坛观点汇编），广州，2004.

[5] 刘人怀，孙东川，孙凯. 三谈创建现代管理科学中国学派的若干问题. 中国工程科学，2009，11（8）：18-23，63.

[6] 刘人怀，孙东川. 二谈创建现代管理科学中国学派的若干问题. 中国工程科学，2008，10（12）：24-31.

[7] 刘人怀，孙东川. 谈谈创建现代管理科学中国学派的若干问题. 管理科学，2008，5（3）：323-329.

[8] 孙东川，林福永，孙凯. 系统工程引论. 第2版. 北京：清华大学出版社，2009.

[9] 常平，刘人怀，林玉树. 20世纪我国重大工程技术成就. 广州：暨南大学出版社，2002.

[10] 郭重庆. 中国管理学界的社会责任与历史使命. 管理学报，2008，5（3）：320-322.

[11] 俞可平. 民主是个好东西. 学习时报，2006，（12）：28.

[12] 卢嘉锡. 院士思维. 合肥：安徽教育出版社，1998.

[13] 钱学森. 论系统工程（新世纪版）. 上海：上海交通大学出版社，2007.

第2章　工程管理信息化

2.1　工程管理信息化的内涵与外延探讨[*]

在国家的"信息化与工业化融合"战略中，工程管理信息化是其中的重要组成部分。随着现代计算技术、网络技术和通信技术的快速发展及其在工程管理领域中的广泛应用，对工程管理信息化进行全面与深入的研究显得日益迫切和重要。

工程是人类为了生存和发展，实现特定的目的，运用科学和技术，有组织地利用资源所进行的造物或改变事物性状的集成性活动[1]。工程管理信息化是指为了更好更有效地实施工程管理，利用信息技术，构建信息系统，并在工程管理实践中加以应用的过程[2]。

大中型工程的投资较大，对社会及环境的影响广泛。通过工程管理信息化有效降低工程管理中的协作成本和重复投资，实现资源共享，对工程的设计、建设、运行和维护等各阶段实施有效控制，将使得整个工程全生命周期的总投入降低，工程质量及运作效率提高，同时也可以使得工程的环保效益及民生满意度得到改善，使得工程的经济效益与社会效益得以大幅度的提升。

在特定工程从论证、设计、施工、运行直至报废的全生命周期过程中，不同阶段的参与方不同，工程管理信息化所面对的主要矛盾也有所区别。在工程设计与建设期间，由于技术涉及面广，参与的协作单位多，信息沟通复杂，社会影响面广，信息系统需要支持跨组织、跨地域、跨时间段的协作，需要实现多层次的综合系统集成，建立合作伙伴之间有效沟通的信息化模式。在工程运行和维护期间，通过信息化的途径对人力、物力、能源等的投入进行合理控制、有序安排，可以提高运行效率，降低运行成本，延长运行寿命，使工程产生更大的综合效益。

由于特定工程生命周期的各阶段是相对独立的，不同阶段的组织管理形式及所采用的信息技术平台可能存在着较大的差异。如何保证工程不同阶段的平稳过渡，确保信息资源共享的延续性是工程管理信息化所要研究的重要问题。更进一步讲，相关及同类工程之间的信息资源共享与知识创新平台的建立也是工程管理

---

　　* 本节内容原载《科技进步与对策》，2010，27（10）：1-4，合作者：孙凯。

信息化所面对的重大课题。

2.1.1　工程管理信息化的概念框架

信息化建设不仅是信息技术系统建立的问题，同时也是与之相适应的组织架构与沟通机制、信息共享与知识创新模式不断调整、不断完善的过程。涉及不同组织内部、相关组织之间、不同工程之间以及工程与政府和社会公众之间的信息沟通问题。对工程的全生命周期进行分析，工程管理信息化的内涵可以归结为 4 个方面：运营管理、伙伴协作、公众服务与集成创新，其概念框架见图 2.1。

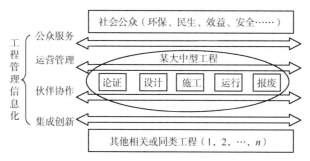

图 2.1　工程管理信息化概念框架

在工程的整个生命周期之中，工程管理信息化的实现涵盖了业主、施工、监理、设计、运营、供应商、客户等经营伙伴，以及工程相关企业与社会公众和政府部门之间的信息采集、信息处理、信息存储和信息交互等一系列相关问题；在信息技术应用过程中所涉及的各组织内外架构的调整、沟通机制的形成与完善等组织管理问题。

1. 运营管理

运营管理是工程管理信息化的核心。以工程运行期的运营管理为主线，可将其简单划分为运营系统和管理系统两部分。前者主要用于支持工程的日常运营，实现计划调度、自动控制、远程监控、设备维护等，以确保工程日常运行的一系列工作。后者则主要用于应对工程运营企业的财务融资、人力资源、市场开拓等管理活动。

对于管理多个大中型工程的企业来说，一般存在多个工程运营系统并存的情况。这些系统的实现方式、技术水平、设备状况等可能存在较大的差别。实现多个运营系统的相互集成和资源共享，并与管理系统之间实现有效的数据交互是工程整体运营效率提高的重要途径。

2. 伙伴协作

对伙伴协作的支持是工程管理信息化的重要特征。鉴于特定工程的阶段性和局限性，其所涉及的人力资源、设备资源及数据资源等大都是与其他工程共享的，在工程的不同阶段对这些资源的需求和具体使用方式也会有所不同，工程资源的调配需要有高效率的信息系统平台予以支持。

工程的所有者或管理者为确保工程的顺利运营而建立的沟通协作平台，通过及时的信息沟通和有效的信息共享，可以确保工程的设计方、施工方、供应商、运营商等一系列与工程直接相关的组织之间有效协作，提升工程的运作效益，实现对工程的全方位的管理。

3. 公众服务

无论是公益性工程还是经营性工程，其目的都是为社会公众服务。建立工程的公众服务平台可以使得工程的所有者或管理者与社会公众之间的沟通更加有效，使得受工程影响的社会公众群体，如水利工程的移民、交通工程的乘客、房地产工程的拆迁户等，以及环境影响等的受益者或受害者都能及时准确地获取信息，形成信息公开与透明的机制，接受社会公众的建议与监督。在这一点上，电子政务方面的相关理论是可以充分借鉴的。

对于经营性的项目而言，如交通、能源、商业服务等设施在建成之后，此平台还可以与电子商务功能相结合，满足工程日常运营的需要，并借此带来可观的经营效益。作为工程管理信息化的重要组成部分，建立工程的公众服务平台，一方面为公众提供功能性的服务，另一方面，通过对社会公众及时发布信息，实现信息的公开透明，接受社会监督。

4. 集成创新

集成创新是把已有的知识、技术创造性地以系统集成的方式创造出前所未有的新产品、新工艺、新的服务方式或新的经营管理模式，其新颖性表现在系统的集成思想和方式上[3]。任何一个工程都不是独立存在的，在全生命周期的工程管理中，需要不断吸收类似及相关工程的方法、经验和教训；同样，该工程的信息和知识资源也可以为其他工程所借鉴。通过不同工程之间的信息共享可以形成新的知识财富，使今后的工程项目受益。

更进一步讲，建立国家或行业层面的信息交换标准和信息共享机制，完善相应的信息技术基础设施的建设，建立为众多工程所共享的信息资源平台，以实现与其他相关或同类工程之间的资源共享，提升工程的知识管理水平。通过建立知识库、案例库、专家系统等，并在此基础上结合人工智能方法实现集成创新的途径，是工程管理信息化研究的重要内容之一。

2.1.2　工程管理信息化与企业管理信息化的区别与联系

工程管理信息化与企业管理信息化之间既有区别也有联系。区别在于，其所针对的组织形式、任务目标及管理对象等有着很大的差异，两者的研究对象不同。企业是假设永续经营的，而工程则是有生命周期的；企业规模是不断变化的，而工程规模是在一定时期内保持不变的；企业的经营状况是波浪式的，而工程的运行状况是相对稳定的；企业的组织机构和管理体制是持续变革的，而工程的管理机构和管理体制是相对稳定的。

从管理理论的角度而言，工程管理与企业管理的概念范畴和研究对象有着较大的区别，两者在信息化的实现方式上会有所不同。企业管理信息化更注重于组织自身的信息化，侧重于组织内部的信息基础设施建设与业务流程的优化，是以运营与控制为主的组织内部平台。而工程管理信息化则更侧重于不同组织之间的信息资源共享与相关业务流程的整合，在信息基础设施建设上更偏重于对公共基础设施的有效利用，是以协作和共享为主的跨组织平台，是典型的跨组织信息系统。

工程管理信息化与企业管理信息化具有很强的联系。从信息化应用的角度进行分析，两者在信息化实现上基于同样的技术方式和理论基础，在研究上可以相互借鉴、取长补短，在共同的规划框架基础上实现各自的应用模式。从信息技术实现的角度而言，信息化问题尽管面对的对象不同，实现的方式有差异，但归根结底都是如何更好地实现信息沟通与共享的问题，两者具有同样的理论基础和技术基础。

一个工程涉及多个企业，广义的工程管理信息化还包括工程施工企业及运营企业在内的各类相关组织的信息化，这也是两类信息化的联系所在。工程管理信息化实现的重点之一，就是在工程生命周期的不同阶段、不同企业之间的信息系统集成、数据交换和信息共享。例如，在工程设计与施工期间，工程业主、施工、设计、监理等相关企业之间的集成，在工程运行期间，运营商和供应商、客户之间的集成。工程管理信息化整体水平是与工程相关各方自身信息化水平的高低密切相关的，没有相关企业信息化的实现就没有工程管理信息化的实现。

2.1.3　工程管理信息化的知识体系

工程管理信息化知识体系的建立有两条途径：一是对企业管理信息化等相关领域的理论借鉴；二是对各类工程管理案例的分析研究与归纳整理。

目前与信息化相关的研究大都集中在企业管理信息化、电子商务及电子政务等领域。对相关领域的研究成果进行借鉴，是研究工程管理信息化的有效途径。以工程交付使用为分界点，各类相关理论可大致分为两个部分。

在工程交付之前的设计、招标、建设等环节中，包括项目管理、成本控制、风险管理、招标管理、楼宇信息建模等理论已大量应用于工程管理的实践，在当前的工程管理信息化相关研究中也得到了较多的关注。对这些理论及相关应用案例进行归纳整理，结合信息化的基础理论和方法，是建立此阶段工程管理信息化整体应用模式的有效途径。

在工程交付之后的运行环节中，很多相关领域的研究如设备管理、资产管理、公用设施管理、基础设施管理、物业管理等都有着很完善的理论体系和丰富的应用案例，其研究对象及应用范畴有着很大的相似之处，但这些理论都专注于各自所应用的领域，将其有效借鉴和整合，以形成工程管理信息化在工程运行直至报废后期处理过程的理论体系。

在此基础上，将两部分理论进行合理的整合，将可形成工程管理信息化的知识体系框架。在知识体系建立的过程中，应对工程交付前后的信息系统转换问题，以及工程生命周期结束之后信息系统的后期处理问题予以关注；还应对信息资源处理、存储、转换、查询等的组织机制和技术方案进行研究，以保障信息资源的延续性和长期可用性。

除了理论上的整合与借鉴之外，对以往及现有各类工程的实际工作成果进行分析、整理和挖掘，建立相应的工程管理信息化案例库，可以为建立工程管理的知识化体系做出贡献。通过将理论研究成果与实际应用案例相结合，探讨适合的实施方式和实现途径。工程管理信息化应用模式的研究将为其提供有效的理论支持和方法选择。

从信息系统规划的战略视角对工程管理中的信息化问题进行系统研究，使得工程管理中的信息技术从单一环节的控制，分散及单体运行的模式发展为全过程的管控，多流程、多环节的并行应用模式，将分散的"信息孤岛"纳入一个整合、统一的集成信息平台之上，形成跨组织的信息共享、业务数据的高度集成、运作流程的互联互通，以实现对工程全生命周期管理中的任务协同、资源协同、组织协同、地域协同和流程优化，促进工程管理信息系统向集成化发展。

工程管理信息化的具体实现是将特定工程及与之相关的各类组织纳入整体的信息系统架构之中，通过制定统一规划并付诸实施的过程。一个有效的战略规划可以使信息系统与用户有良好的关系，可以做到信息资源的合理分配和使用，从而可以节省信息系统的投资，还可以促进信息系统应用的深化[4]。通过对诸如企业资源规划（ERP）、客户关系管理（CRM）、供应链管理（SCM）、全生命周期评价（LCA）等信息系统理论，以及协同管理、知识管理等组织管理理论进行归纳和整理，在有所选择和甄别的基础上，将其全部或部分应用于工程管理信息化的研究，可以充实和完善工程管理信息化的理论体系。

2.1.4　对未来研究的展望

工程管理信息化的具体实现是将特定工程及与之相关的各类组织纳入整体的信息系统架构之中，通过制定统一的规划并付诸实施的过程。未来的研究趋势将主要体现在以下几个方面。

（1）从对工程单一阶段的研究拓展到全生命周期的工程管理信息化研究。有针对性地将信息化基础理论与工程管理的实际结合，形成具有通用性的工程管理信息化理论框架。对包括工程论证、设计、施工、运行直至报废的工程管理信息化问题进行系统研究，强调针对工程的整个生命周期运作制定统一的、分层次的信息系统规划。建立包括基础设施、信息资源、应用系统及服务交互等的分层次信息化架构，在整体规划的指导下实现对特定工程的信息化管理，保持信息系统的延续性、动态适用性和可扩展性。

（2）从对单一管理平台的研究拓展到包括协作平台、创新平台、服务平台集成的信息系统研究。从工程的本质出发，通过分析其参与者和使用者的需求，将工程管理信息化的单一运营管理平台应用模式拓展到包括伙伴协作、公众服务及集成创新功能在内的整体信息化应用模式。在信息化的研究中引入知识创新及服务创新的相关理论，以期通过工程管理信息化的实现，提高工程参与者之间的协同与交互，提升系统的整体运行效益；提高工程使用者及利益相关者的满意度，提升工程的社会经济效益。

（3）从基于特定技术平台的研究拓展到对通用技术平台与组织业务相匹配的综合集成研究。在特定工程的应用中，首先从分析工程业务需求出发，结合工程参与者的综合信息系统能力，以及项目所拥有的信息资源来制定相应的信息系统规划。摆脱从特定技术方案出发研究信息化的传统模式。以信息技术与组织业务的匹配关系为重点，建立工程管理信息化应用模式的原型，以实现理论的技术无关性和业务通用性，进而在统一的规划指导下，结合当前信息技术发展的最新成果，有针对性地选择技术平台和确定信息化解决方案。

（4）基于"现代管理科学中国学派"框架的中国特色工程管理信息化研究工程管理（信息化）的中国模式和中国学派，其基本途径是：洋为中用，古为今用，近为今用，综合集成。近为今用是重点，即重点研究我国近期的大型工程项目及其管理的典型案例。所谓典型案例，既包括成功案例，也包括失败的案例，研究前者主要是总结经验，研究后者主要是汲取教训。研究中国模式，又需要先研究较多的典型案例，同时还要与其他国家如苏联和美国的案例进行比较研究，从众多案例中加以归纳、总结、提炼、提高，以得到中国模式，再进一步上升到中国学派[5]。

2.2　工程管理信息化架构研究*

工程管理信息化是指为了更好更有效地实施工程管理，利用信息技术，构建信息系统，并在工程管理实践中加以应用的过程[2]。由于大中型工程的投资较大，所以对社会及环境的影响广泛。通过信息化实现资源共享，能够有效降低工程管理中的协作成本和重复投资，有效监控工程的设计、建设、运行和维护等各阶段。这将有助于降低工程全生命周期内的总投入，提高工程质量及运作效率，同时促进工程环保效益的实现和改善民生满意度，使得工程的经济效益与社会效益得以大幅度提升。

信息化建设不仅是信息技术系统的建立问题，同时也是与之相适应的组织架构与沟通机制、信息共享与知识创新模式不断调整、不断完善的过程。它涉及不同组织内部或组织之间、不同工程之间，以及工程与政府和社会公众之间的信息沟通等一系列问题。基于对工程的全生命周期分析，工程管理信息化的内涵可以归结为 4 个方面，分别是运营管理、伙伴协作、公众服务与集成创新[6]。

文章在以前研究的基础上，对工程管理信息化的架构进行了探讨。工程管理的信息化架构是用于描述在工程管理实现信息化过程中，其涉及的所有要素及要素间关系的一般框架。其中，要素包括与工程建设及运营相关的各类组织、业务流程、信息系统及人员。

2.2.1　工程管理信息化的利益相关者分析

工程管理信息化的实现涉及与特定工程相关的多个组织和社会公众，是典型的跨组织信息系统应用。一项工程，特别是大中型工程，往往具有实体设施投资巨大、技术标准复杂、建设及运营周期长等特点，且大都属于高耗能项目，对环境、社会民生及国民经济等都有着较大的影响。通过对特定工程利益相关者的分析，可以将工程管理信息化架构所涉及的各类组织及人群划分为 5 类角色，分别是运营组织、建设组织、政府部门、公共资源和社会公众。

（1）运营组织。工程运营组织是在工程的全生命周期之中，对不可移动的实体设施进行经营、维护和升级的组织。这类组织有明显的地域特征，大都拥有或

---

　*　本节内容原载《中国工程科学》，2011，13（8）：4-9，合作者：孙凯。

管理着庞大的固定资产。运营、管理实体设施是该组织的主要业务，贷款偿还、资产折旧和能源消耗在其运营成本中占有较大比重。

针对特定工程而言，工程运营组织是工程管理信息化的主体。工程的所有者或管理者为确保工程的顺利运营，建立沟通协作平台。及时的信息沟通和有效的信息共享，可以确保工程设计方、施工方、供应商、运营商等一系列与工程直接相关的组织之间进行有效协作，以提升工程的运作效益，实现对工程全方位的管理[7-9]。

对于管理多个大中型工程的企业来说，一般存在多个工程运营系统并存的情况。这些系统的实现方式、技术水平、设备状况等可能存在较大的差异。实现多个运营系统的相互集成、资源共享，并与管理系统之间实现有效的数据交互，是提高工程整体运营效率的重要途径。

(2) 建设组织。建设组织主要指在工程交付之前，受业主委托完成工程的设计、建设及监理等一系列工作的组织，它也可以包括相关的物流企业等。

工程建设组织自身的信息化建设，是工程管理信息化建设的重要组成。没有相关企业信息化的实现，就没有工程管理信息化的全面实现。在工程设计与施工期间，工程业主、施工方、设计方、监理方等相关企业之间的信息系统集成、数据交换和信息共享水平是与工程相关各方自身的信息化水平密切相关的。

(3) 政府部门。在实现工程管理信息化的过程中，政府部门扮演的是政策引导、规划、监管、标准制定及应急指挥的角色。政府进行工程规划和监管的不同模式，对工程建设的进度和质量有着深远的影响[5]，也间接地决定了工程管理信息化的实现模式。

此外，建立国家或行业层面的信息交换标准和信息共享机制，完善相应的公共信息技术基础设施建设，建立为众多工程所共享的信息资源平台，通过建立知识库、案例库、专家系统等，提升各类工程的知识管理水平，也是研究工程管理信息化的重要内容之一。

(4) 公共资源。与工程管理信息化建设相关的公共资源包括：金融保险、能源交通、教育科研、设备租赁、电子商务及交易平台等相关组织。有效利用公共资源，可以降低工程的重复投资率和风险强度，实现不同组织、不同工程项目之间的资源共享，有利于更加高效地完成财务融资、人力资源培养、市场开拓等管理活动。

任何一个工程都不是独立存在的，在全生命周期的工程管理中，需要不断吸收相关及类似的工程方法、经验和教训；同样，该工程的信息和知识资源也可以为其他工程所借鉴。知识在今后的生产和社会活动中的重要性是与日俱增的，通过不同工程之间的信息共享，可以形成新的知识财富，使今后的工程项目受益。

（5）社会公众。社会公众是工程的受益群体，是工程的服务对象和工程质量的最终评判者。在国民经济建设浪潮中，社会和百姓期待千千万万的工程是民心工程、科学工程、合理工程[10]。无论是公益性工程还是经营性工程，其目的都是为社会公众服务。建立公众服务平台，可以使工程的开发者或管理者与社会公众之间形成有效的沟通，并使得受工程影响的社会公众群体，如水利工程的移民、交通工程的乘客、房地产工程的拆迁户等，以及环境影响的受益者或受害者都能及时准确地获取信息，形成公开与透明的信息机制。

2.2.2　传统的工程管理信息化架构

工程管理信息化的实现涉及多个组织信息系统的有效集成。各组织现有的信息系统是在其不断发展的过程中逐步引入的，且大都是为适应特定需要而建立的专用系统。早期的信息技术在安全措施及传输速率等方面具有一定的局限性且大都造价昂贵，加之系统只能根据即时的需求，在遵循成本与效益对等的原则下逐步引入和更新，这些在客观上造成了技术应用的局限性。

由于没有统一的信息系统规划来进行指导，各组织的信息系统建设存在很大的无序性、重复性和局部性，工程整体的信息化架构在事实上是不存在的，所有的系统大都以孤立的方式运作，即通常所说的"信息烟囱"（information silo）或"信息孤岛"（information island），如图 2.2 所示。

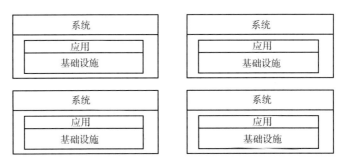

图 2.2　传统的信息化架构

图 2.2 也可视作孤立运作状态下的工程管理信息化架构。这种孤立运作的信息系统状态已无法适应现代工程建设的需要，主要源于以下几个方面的问题。

（1）系统目标不一致。各类系统都是根据特定时期的需求，由不同组织或部门根据自身需求而建立的。系统建立与运作的目标大都从属于业务单元的局部利益，而非工程管理的总体目标。

（2）技术体系缺乏标准化。由于缺乏统一的整体规划，各系统的网络、硬件、软件都是专用的，具有各自不同的技术标准、运行流程及维护团队，因此系统的互联互通性较差。

（3）信息交互渠道不畅。不同组织之间、不同信息系统之间的信息交互无法实时进行，很多环节依赖人工操作。数据的重复录入不仅会导致运营成本的增加，而且会导致错误概率的提高。

（4）风险隐患难以消除。没有统一的网络管理和监控措施，具有较大的风险隐患。因为独立的网络大都只能实现设备级的安全管理和较低层次的容错机制，所以安全性完全由设备决定，如硬件发生设备故障，可能导致所属网络发生瘫痪，并可能影响到其他系统的运作。

（5）潜在的安全问题。缺乏集中的安全管理，不能对网络、安全、数据、业务等进行统一管理，不能识别网络业务和用户行为。由于网络边缘安全设施的不足，各类终端技术标准不一，安全事件不可见、不可控，也无法预防。

（6）数据存储问题。各系统的数据存储方式和存储标准不一致，数据可靠性不足，资源共享性差，存储系统的可用性欠缺，不利于建立统一的备份和灾难恢复机制。

以上问题制约着工程管理信息化的实现，并与现代工程的建设与运营要求不相适应，因此应逐步过渡到具有一体化的系统应用、集中的数据存储、基于 IP 的统一网络，以及全面深入的安全机制和高效智能管理的模式，从而建立设施共用、数据共享、应用集成及服务统一的完善体系。

2.2.3　工程管理信息化的二层架构

在工程的全生命周期中，工程各利益相关者之间存在广泛的联系，任何一方的变化都会对其他组织产生一定的影响；重大的业务流程、运营模式及技术架构的变革只能在一定时期内，以相对平稳的方式发生。对旧系统的改造需要一个渐进的过程，二层架构的实现具有重要的现实意义，如图 2.3 所示。

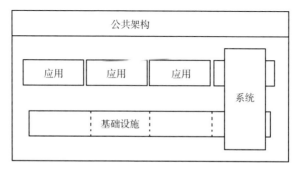

图 2.3　二层信息化架构

二层架构可视为由孤立到全面整合的信息化过渡架构，其突出特点是实现了信息技术基础设施的互联互通。二层架构能对各组织的信息技术基础进行集成。在技术实现上，二层架构是在不改变网络拓扑结构及应用范围的情况下，对各个孤立的网络进行连接，对各网络的外部出口进行整合和规范。相比于系统孤立运作的方式，其特点十分突出，分别叙述如下。

（1）统一的信息系统规划。基础设施的互联互通使得整体工程的管理信息化架构得到了初步建立，为实现统一的信息系统规划创造了物质条件；在此基础上，相关业务流程的优化及运作模式的变革成为可能。

（2）单一的技术标准和维护体系。各组织间的网络优化、单一标准体系的建立，以及统一的系统维护等都可以在网络互联互通的过程中实现，这是技术架构进一步完善的基础步骤。

（3）充分利用社会公共资源。不同工程建设和运营阶段的信息化需求是不同的，很多系统是临时建立的，且是短期使用的。基础设施层的互联互通，为充分利用社会公共网络及信息资源提供了便利，减少了工程建设中的信息化投入成本，加快了信息化实现的进度。

（4）安全措施得到了极大的完善。基础设施整合的两个重要指标分别是内部网络的连通和外部接口的统一。内部网络的连通，使得安全标准得以统一、网络安全监控得以实现、各组织的网络安全水平得以提高。外部接口的整合将跨组织的数据交换纳入统一的管理之下，可以有效地杜绝各类信息安全隐患。

（5）实现的难度相对较低。相比较而言，基础设施的技术标准更加通用，比直接进行应用系统层面的集成更容易实现；且基础设施与具体业务的关联度也小于应用系统，集成过程对整体运作的影响程度较小。

（6）为各类系统的迁移和集成创造了条件。在系统孤立运作状态下，信息系统的升级往往需要更新大量硬件设备及延伸各自的网络。基础设施的整合则为网络和设备共用创造了条件，降低了系统更新方面的投资强度。

（7）降低了新系统引入的投资门槛和技术难度。在系统孤立运作状态下，新系统的建立必须考虑网络建设、设备采购、维护机制等一系列相关问题。基础设施的整合为降低新系统的投资规模和技术难度、缩短系统实施周期，创造了条件。

（8）使用效率提高，产生环保效益。信息系统大都是按照最高承载标准和快速应对突发事件的原则建立的。在日常运作中，很多设备都处于较低的使用率状态。基础设施的整合可以实现跨组织的资源共享，使得整体系统冗余有所降低，而能源方面损耗的降低可以带来直接的环保收益。

就不足而言，二层架构只是整合了基础设施层面，系统在应用层面仍是独立运作的。因为相比于基础设施集成的单纯技术实现而言，应用系统直接与业务运作相关，由其变化产生的影响远大于基础设施的。此外，应用系统的种类繁多，各类接口标准的变化很大。相比于基础设施，应用系统的整合难度较大。鉴于此，二层架构还无法实现各组织内部及外部资源的充分整合，架构的整体性、灵活性或可扩展性都还有待加强。

2.2.4　工程管理信息化的四层架构

工程管理信息化实现涉及不同组织的多个业务系统。由于各类应用系统种类繁多，建设年代先后不一，技术标准有异，供应商也各不相同，因此直接对应用系统进行集成的难度和所耗费的成本较大；而且应用系统间的两两集成，会造成系统的灵活性下降，对于某些外部购买的系统，可能还会因为供应商的软件升级而变更集成方案。此外，不同业务流程之间的数据交换有时是临时性的，为此设置专门的集成方案则过于低效。因此，在充分保持现有应用系统状态的情况下，通过建立集成式的公共平台完成系统是比较合理的选择。

四层架构在二层架构的基础上增加了资源层和服务层：通过资源层，实现数据的集中传递和备份，借此实现数据的专门存储和建立灾难恢复机制；通过服务层，进行不同系统之间的数据交换和消息传递，形成跨组织沟通和远程应用。架构的 4 个层分别是：服务（service）、应用（application）、资源（resource）和基础设施（infrastructure），取各层的第一个字母，将其称为 SARI[11]，如图 2.4 所示。

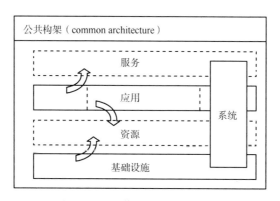

图 2.4　四层信息化架构（SARI）

1. 四层架构概述

SARI 可以适应工程全生命周期中多组织进行有效协作及持续变革的需求。

相比较而言，二层架构只是基础设施层面的整合，而 SARI 则是各个层面的全面集成和共享，因而架构的整体性、灵活性、可扩展性和可操作性有了较大的提升。

（1）基础设施层（infrastructure layer）。基础设施层为技术架构的其他层面提供统一的支持。作为供多个流程及系统共享的物理平台，基础设施层主要包括网络及共用设备两部分。基础设施的网络部分包括由有线、无线及其他特殊网络构成的园区网络，它涉及各类线路及相关的软件及硬件设备。园区网络与外部网络的整合能够采用虚拟专用网络（virtual private network，VPN）和虚拟局域网（virtual local area network，VLAN）等技术，通过构建虚拟网络来支持各类系统的运作，即在互通互联的基础上，通过建立单一的技术标准和规范，按照统一的规划对相关的网络进行分期分步合并，将各类外部网络接口纳入统一管理，进行物理上的集中，从而形成真正意义上的基础设施共享平台。随着技术的发展，诸如自动识别、楼宇控制、媒体传输、通信设备等都可以采用基于网络协议（internet protocol，IP）的技术进行改造。基于 IP 的技术，意味着这些设备可以运行于公共平台之上，相互之间的数据传输可以不再依赖于专门的网络。同时，这也意味着这类设备不再被特定的系统所独占，并可以为多个信息系统或业务流程提供支持。

（2）资源层（resource layer）。资源层实现对工程相关数据资源的集中管理，在具体实现上，它包括支持日常运作的运营数据库（operation data base，ODB）、支持管理事务的管理数据仓库（management data warehouse，MDW）及与之相关的存储、备份及灾难恢复的硬件、软件及专用网络，以及数据格式、数据接口标准等内容。ODB 与 MDW 有着很强的联系，前者是后者主要的数据源。两者基于相同的数据库技术，都需要对数据存储、传输、备份等相关的设施进行物理上的集中。两者的数据都来自多个不同的信息系统，因此，需在数据结构等方面进行逻辑上的集中，才能够有效共享。无论在物理上还是逻辑上，ODB 与 MDW 都不是一个单一的数据库。而是由一系列主题数据库构成的数据库体系。ODB 与 MDW 所不同的是，ODB 的主题数据库一旦确定将长期存在，不会轻易修改，而 MDW 中的主题数据库则可以根据不同的需要而动态设置；ODB 只存储与运作有关的内部数据，而 MDW 不仅包括内部数据，还包括经过整理汇总的外部数据。从数据备份及灾难恢复的角度而言，ODB 的重要程度更高一些。

（3）应用层（application layer）。与其他 3 个层次都是作为公共平台所不同的是，应用层可看作一系列应用系统的集合。应用层是一种分散的结构，各系统可根据业务的需要灵活配置、增减或升级，保持了系统组合的灵活性、动态性和可升级性。应用系统的划分与业务流程划分相对应；在业务流程内部，各类相关系统应逐步整合为单一的系统；业务流程之间的数据交互和消息传递分别通过资源层和服务层实现。

（4）服务层（service layer）。服务层在整个信息架构中起着重要的作用，既是应用系统界面集成及消息集成的技术平台，又是组织与合作伙伴之间的信息交流渠道。运营系统的远程应用，呼叫中心、办公自动化及知识管理都可以基于此平台实现。服务层主要包括两部分：企业服务总线（enterprise service bus，ESB）和公共服务平台。前者主要完成对应用层系统的消息集成及界面集成，并作为后者的技术提供支持平台。

公共服务平台结合电子商务及远程协作办公等相关技术手段，通过整合应用层的各项远程服务及信息发布功能，为各组织提供包括在线服务、信息共享、远程应用、协同办公、电子商务等功能的在线基础应用平台。

2. 四层架构的优势

集成与共享是 SARI 建立的核心原则。SARI 面向工程的全生命周期，提供对各类业务流程的整体支持，实现全面的信息资源共享。与二层架构相比，四层架构有以下四方面变化。

（1）设施共用。在基础设施层面，通过统一规划基础设施，由简单的互联互通过渡到基于 IP 协议的整合网络，降低了网络的复杂程度，使得二层架构的各项优点得到了进一步的提升。

（2）数据共享。将从属于基础设施的数据库硬件及网络资源进行物理集中，将从属于应用系统的数据库资源进行逻辑集中，两者结合形成独立的数据资源层。并在此基础上建立统一的数据存储、备份与灾难恢复机制。

（3）应用集成。对各类应用系统按照业务流程的优化和调整进行合并，通过资源层实现数据集成，通过服务层实现消息集成。这一方面实现了系统之间的有效交互，另一方面又保持了系统的灵活性和独立性。

（4）服务统一。对各类应用系统的操作界面进行统一，形成基于浏览器的操作界面，提高了组织间的交互能力；对各类信息沟通渠道进行整合，形成统一的信息沟通渠道，避免了跨组织交互过程中可能产生的信息混乱和无序状态。

SARI 是一种通用架构，可以为工程管理信息化建设提供借鉴[12]。在应用过程中，需要对各组织自身的信息化模式做出较大的调整，由完全分散的模式调整为集中与分散相结合的模式。在业务流程方面，SARI 的实现要求将与信息技术应用有关的各类事项整合为一个独立的业务流程，以便为其他的业务流程提供统一的支持和服务。

工程管理者需要制定适用于各组织协作的技术标准与规范、日常维护机制，以确保各组织之间的有效联系，建立统一的系统集成标准。它具体包括两方面：一是自有标准的确定，包括硬件设备的选择标准、软件接口标准、软件存储标准、网络协议等；二是通用标准的采用，对有关国际标准、地区标准、国家标准、行业标准、组织标准的选取。两者结合构成组织范围内适用的单一标准体系。

统一的技术保障体系是工程管理信息化架构的重要组成，具体包括整体的技术保障体系和支持团队的建设。技术保障体系包括对所有硬件、软件、网络及与之相关的弱电系统等其他设施的维护、更新等，以及用户的定期培训机制。团队建设则包括与信息技术有关的人力资源方面的工作，以及形成信息技术人员间相互沟通、资源共享、协作创新的氛围。

2.2.5　集成与共享模式

本章探讨了构建工程管理信息化架构的缘由、构成和实现方式。架构的实现不仅包括单纯的技术方面，而且还包括与之相关的运作模式变革及业务流程优化等相关内容。整合与协调运作的信息系统集合，能够为工程项目的实施提供有效的技术支持和资源保障。

SARI 架构的核心是集成与共享，涉及网络、数据、流程、界面等各个方面；集成包括物理上的集成和逻辑上的集成，具体为由物理集成形成共用平台，逻辑集成形成各类系统；各类系统在不同的层面通过共用平台进行交互，共享平台的各类资源。

从纯技术的角度而言，工程管理信息化的实现并不需要特定的专有技术，所有用到的技术都是现有的成熟与通用的技术。SARI 架构所关注的并不是追求先进的技术设施，而是关注如何选择合适的技术，如何确定适用的技术组合，以及如何更有效地使用相关技术的问题；更重要的是，信息化架构应该关注与技术应用相关的组织运作模式变革及业务流程优化所带来的一系列问题。工程管理信息化的实现过程是各利益相关团体有效协作与资源充分共享的过程，这也是信息化架构逐步由专用与独占模式演变到集成与共享模式的过程。

2.3　工程管理信息化应用模式研究[*]

工程管理信息化贯穿于论证、设计、施工、运行直至报废的工程全生命周期中，其内涵与所起的作用可以归结为 4 个方面：运营管理、伙伴协作、公众服务

---

[*] 本节内容原载《科技进步与对策》，2012，29（18）：1-6，合作者：孙凯。

与集成创新[6]。工程管理信息化能够有效降低工程管理中的协作成本和重复投资，实现资源共享，有效监控工程的设计、建设、运行和维护等各阶段。这将有助于降低工程全生命周期内的总投入，提高工程质量及运作效率，同时促进工程环保效益的实现并改善民生满意度，使得工程的经济效益与社会效益得以大幅度提升。

工程管理是指为实现预期目标，有效地利用资源，对工程所进行的决策、计划、组织、指挥、协调与控制，具有系统性、综合性和复杂性[13]。尽管信息化是工程管理的方法和工具，但两者之间的关系并非单向，而是双向互动的关系。信息化的健康发展和有效应用，会影响工程管理本身[2]。信息化过程并不是追求最先进的技术设施，而是如何选择合适的技术，如何确定适用的技术组合，以及如何更有效地使用相关技术的过程。信息化过程不仅是简单的信息技术应用过程，更应关注与技术应用相关的组织运作模式变革及业务流程优化所带来的一系列问题。

工程管理信息化过程涉及工程全生命周期各个阶段、各参与方的业务流程、管理模式及组织架构等各个方面的调整和优化，是多个组织信息系统能力与需求相匹配的过程，是跨组织信息共享的实现过程，是各利益相关团体有效协作与资源充分共享的过程。

2.3.1　工程管理信息化的特征分析

工程管理信息化不同于企业信息化，其区别主要体现在：在规划和实施的过程中，企业信息化以考虑组织自身资源的充分应用为主要特征，工程管理信息化的规划过程则呈现出跨组织信息系统规划的特征。虽然两种信息化过程在方法上是相通的，但二者看待资源的角度则有所不同，前者强调组织内部的沟通与控制，后者则更强调跨组织的协调与匹配。二者的对比如表 2.1 所示。

表 2.1　企业信息化与工程信息化的对比

比较因素	企业信息化	工程信息化
业务目标	相对模糊	比较明确
技术规范	单一	多个
规划周期	较长	较短
信息共享	容易、完全共享	较难、不完全共享
技术因素的影响	考虑较多	相对较弱
规划终止处理	不考虑	要考虑
组织结构	单一	多种

比较因素	企业信息化	工程信息化
规划方式	战略选择	跨组织匹配
信息系统类型	集成系统	公共平台
规划层次	公司/企业单元	全生命周期/项目
涉及资源	内部资源	内部及外部资源
系统所有权	单个组织	多个组织或第三方
规划形式	统一指导	通过协商形成
参与人员	分工明确，角色固定	人员分散，角色不固定

工程管理信息化过程也不仅限于单纯的项目信息系统规划：①信息化以工程全生命周期的效益最优为原则，而不是阶段最优，尤其不是建设阶段最优；②要对工程的利益相关者进行充分分析，一方面是深入了解各方的需求，另一方面也是对各类可用资源进行调查，基于可利用资源进行信息化规划，而不是仅基于自身资源进行规划；③工程管理信息系统规划属于跨组织规划，应充分考虑工程不同阶段、不同地域、不同组织、不同部门之间的协作和沟通。

现代工程管理的实现离不开信息技术的支持，技术的日新月异也对工程信息系统的更新换代起到了强有力的推动作用。但从纯技术的角度而言，工程管理信息化并没有其特定的专有技术，所有用到的技术都是现有的成熟与通用的技术。信息化不仅是单纯的技术进步，也是对组织的业务流程进行优化，对现有资源进行合理配置的过程。在规划过程中应通过充分明晰、寻找和挖掘可被利用的组织内部及外部的各种有效资源，使得组织获得最大竞争优势。

2.3.2　工程管理信息化架构

基于四层架构（SARI）实现工程管理信息化是较为可行的途径之一[14,15]。

四层架构（SARI）作为一种通用架构，具有一体化的系统应用、集中的数据存储、基于IP的统一网络，以及全面深入的安全机制和高效智能管理的模式。可以为工程管理信息化建设提供借鉴，以实现设施共用、数据共享、应用集成及服务统一。

信息化对组织的影响涉及两个层次：战略管理和项目管理。项目应用如何与组织的战略相结合以形成统一的信息系统应用模式，是信息化过程中需要面对的重要问题。

在战略管理层次，组织的信息系统规划应该充分考虑现在与未来可能与外部发生的联系，对基础设施、网络安全、信息资源和人力资源等方面进行统一规划。对组织中的所有信息系统应用项目集中管理，如采用通用的技术标准、建立单一的数据交换平台，以及柔性的组织结构等，对组织中的各类项目进行统一管理。

在项目管理层次，应围绕项目的生命周期进行管理。在此过程中，需要与合作伙伴确定相应的应用模式，如项目由谁主导，投资如何进行，资源如何分配等。在不同的组织合作关系中，各合作伙伴投入的资源不同，以及对各组织的影响不同导致每个项目的沟通机制、协调机制和激励机制等都有所不同，与之对应的应用内容和重点也就有所不同。

四层架构（SARI）的核心理念是集成与共享，涉及网络、数据、流程、界面等各个方面。集成包括物理上的集成和逻辑上的集成，由物理集成形成共用平台，逻辑集成形成各类系统。各类系统在不同的层面上通过共用平台进行交互，共享共用平台整合的各类资源。如图 2.5 所示。

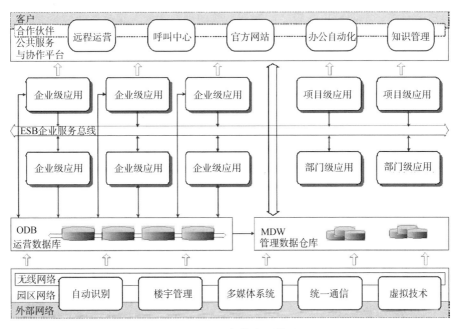

图 2.5　四层架构应用模型

四层架构（SARI）建立的原则是最大限度地保持各类应用系统的现状，将具体的系统应用归入应用层；在资源层实现数据的集中传递和备份，借此实现数据的专门存储并建立灾难恢复机制。在服务层进行不同系统之间的数据交换和消息传递，形成跨组织沟通和远程应用。在基础设施层实现网络整合及设备共用，以提高各类信息技术基础设施的使用效率，避免重复建设。

2.3.3　信息化公共平台

工程管理信息化的实现涉及不同组织的多个业务系统。由于各类应用系统种类繁多，建设年代先后不一，技术标准有异，供应商也各不相同，因此直接对应用系统进行集成的难度和所耗费的成本较大。而且应用系统间的两两集成会造成系统的灵活性下降，对于某些外部购买的系统，可能还会因为供应商的软件升级而变更集成方案。此外，不同业务流程之间的数据交换有时是临时性的，为此设置专门的集成方案则过于低效。

除应用层之外，四层架构（SARI）的其他层都是支持各类信息化应用系统的公共平台。公共平台除了整合各类实体或虚拟设施之外，社会公共基础设施也是其重要的组成部分。在具体的技术应用和功能实现上，可充分借鉴"物联网"和"云计算"的理念，通过建立集成式的公共平台实现资源共享和协作支持，以使得不同组织、不同应用系统之间实现高效的信息沟通。这样既可以降低系统集成难度，同时又可以最大限度地保持现有系统的当前运行状态，保持各应用系统之间的相对独立性，以便根据工程管理的需要随时进行拆分和组合。

1. 基础设施层

基础设施层作为供多个流程及系统共享的物理平台，为四层架构（SARI）的其他层提供统一的支持。基础设施层的特点是网络整合与设备共用，二者是相辅相成的，前者是后者的基础，后者则可视为"物联网（the internet of things）"概念的具体实现。

由于历史原因，很多大型工程并没有真正意义上的园区网络，各类网络设施都是从属于应用系统的专门网络，都是自行规划、布线和拓展延伸的。各网络之间相互独立，没有统一的安全体系和监控机制，无法实现有效的信息共享。

网络整合的关键是实现与工程运营相关的各类网络的互联互通，包括由有线、无线及其他特殊网络构成的园区网络及相关的外部网络等。更进一步，通过统一规划网络基础设施，由简单的互联互通过渡到基于IP协议的整合网络，以降低网络的复杂程度。设备共用则是指在网络整合的基础上，引入物联网概念，实现通用硬件设备的共用，使其不再由单一的业务流程或应用系统所独占，而是作为多个流程及系统共享的物理资源而存在。

网络整合不仅要实现互联互通，还应将各类外部网络接口纳入统一管理，并进行物理上的集中。一方面，各信息系统可以充分共享接口整合之后带来的带宽提升和设备共用方面的效率优势；另一方面，外部接口的整合可以使得对外的所有数据交换纳入统一的安全标准及监控体系之中，确保网络的整体安全。

在传统的信息化架构中，各类设备属于特定系统的一部分，如多媒体网络中的监控网络；或是在封闭的体系独立运作，如统一通信网络中的电话网络；或是只是一些应用系统的附属设备，如自动识别中的条码和 RFID 及各类楼宇电气控制设备等。这类设备的特点是日常运行的自动化程度较高，大都不需要频繁的人工干预，既可以独立运行，又可以为其他系统提供支持。在系统整合之前，这些设备都有各自的专有技术和网络协议，各自完全孤立运作。

在应用范围上，基于通用性和广泛适用性，这类设备可以为多个信息系统和业务流程提供支持。通过虚拟网络等技术，可以灵活及动态地划分区域和时段来承担不同的任务，为多个信息系统和业务流程提供信息读取、传输、发布及自动控制等方面的支持，使得工程的整体运作更加高效，运营成本更低。

随着相关技术的不断进步，计算机网络、电信网络和有线电视网络出现了统一到基于 IP 的计算机网络的趋势。各类设备都已经向基于 IP 的新的应用模式转化，单一的网络平台使得这些设备的覆盖范围可以随着公共网络的扩展而延伸。

在基础设施层，各信息系统共享的只是物理资源，而在数据传输上则是分开独立运行的。设备共用基于虚拟网络实现，各信息系统运行于独立的逻辑子网之中，这样在保证系统安全性的同时，又可以获得共享基础设施所产生的效益和便利性。基于园区网络与外部网络的整合，远程应用得以实现，从而将运作延伸到实体边界以外。

2. 资源层

资源层包括中央数据库、各类数据仓库，以及与之相关的存储、备份及灾难恢复机制等。资源层是多业务流程和应用系统共享的基础平台。在具体实现上，该层面包括支持日常运作的运营数据库（operation data base，ODB），支持管理事务的管理数据仓库（management data warehouse，MDW），相关的存储、备份及灾难恢复的硬件、软件及专用网络，以及数据格式、数据接口标准等内容。

ODB 与 MDW 有着很强的联系，前者是后者主要的数据源。两者基于相同的数据库技术，都需要对数据存储、传输、备份等相关的设施进行物理上的集中。两者的数据都来自多个不同的信息系统，在数据结构等方面进行逻辑上的集中才能够有效共享。

无论在物理上还是逻辑上，ODB 与 MDW 都不是一个单一的数据库，而是由一系列主题数据库构成的数据库体系。所不同的是，ODB 的主题数据库一旦确定就将长期存在，不会轻易修改。而 MDW 中的主题数据库则可以根据不同的需要而动态设置。ODB 只存储与工程运作有关的内部数据，而 MDW 不仅包括内部数据，也包括经过整理汇总的外部数据。从数据备份及灾难恢复的角度而言，ODB 的重要程度则更高一些。

ODB 中的各主题数据库一般与特定的业务流程相关联，完成整个业务流程的信息系统集成和业务流程各环节之间的协作。不同的业务流程之间通过 ODB 中主题数据库之间的交换机制进行数据交换，完成系统的集成。

由于在 ODB 的各主题数据库之间建立了默认数据交换机制，信息系统之间的大部分数据交互都可以利用此机制完成。通过这一机制实现了不同系统的集成，避免了在应用层面集成的复杂性和不规范性，提高了可靠性和安全性。

MDW 在数据来源上不仅包括来自 ODB 的内部数据，还包括专门收集及整理过的外部数据，多种数据的综合才能提升分析结果的价值。MDW 是由一些根据特定需要而动态建立的主题数据库组成，在技术实现、管理机制和设施共享等方面与 ODB 是一致或相似的。

数据安全性是信息系统安全关注的首要内容。资源层建立的核心原则是形成数据资源在地理上的集中和形成统一的管理机制，以最有效的方式保障数据的安全。同时，由于数据交换是在不同主题数据库之间进行的，这样就避免了信息系统故障或业务流程变更对工程整体信息系统的影响。

3. 服务层

工程管理信息化是建立在合作伙伴之间良好的分工协作和利益共享的基础之上的，服务层在整个信息架构中起着重要作用，既是应用系统界面集成的技术平台，又是各类信息资源的共享平台，同时也是工程管理方与社会公众之间的信息交流渠道。

服务层的核心是公共服务与支持平台，为相关组织、合作伙伴、顾客等提供包括在线服务、信息共享、远程应用、协同办公、电子商务等功能的技术支持与信息整合平台。基于四层架构（SARI）的分布性、灵活性和可扩展性，平台的实现与"云计算（cloud computing）"的理念非常符合。通过整合各项远程服务及信息发布功能，为电子商务及远程协作办公等提供一体化的应用平台。

工程管理方与外部进行信息沟通的两个主要渠道是官方网站和呼叫中心。这两大系统的建立可以提供完善的信息资源和业务支持平台，可以使得信息查询、业务办理、预订服务、评价投诉等一系列功能通过电子化和网络化的方式实现，建立公众广为认可的信息沟通、查询、共享平台，优化与外界的沟通，借此提高影响力与知名度。

各类管理系统如人力资源、文档管理、财务报表、项目管理、市场分析、决策支持系统等多是局限于企业内部及部门内部的局部应用系统。这类系统可以结合公共服务与沟通平台提供的各类功能和信息共享机制完善系统的功能，实现不同系统之间的信息交互。远程应用除技术方面的功能实现外，还需要建立相应的配套机制以确保系统的正常运作及安全防护。

对于很多成功运作多年的工程管理组织来说，它们积累了丰富的管理经验，建立了行之有效的运作模式。对这些经验进行发掘整理，系统化的总结和归档，对未来的发展具有十分重要的意义。有效地利用这些资源，不仅可以提高工程的知识管理水平，也可以使工程成为对外知识输出的平台。

2.3.4　应用系统参考模型

应用层可看作是一系列应用系统的集合，各相关系统通过企业服务总线（ESB）、资源层及服务层实现集成，避免了系统之间的直接连接，有助于消除安全隐患，方便相关部门及合作伙伴间的信息共享。与其他 3 个层次都是作为公共平台所不同的是，应用层是一种分散的结构，各系统可根据业务的需要灵活配置、增减或升级，保持了系统组合的灵活性、动态性和可升级性。应用层中的系统可分为部门（项目）级系统和企业级系统两种类型，如图 2.6 所示。

部门（项目）级系统用于支持部门或项目内部的流程。此类系统一般在应用层实现，在符合统一技术标准及不影响网络安全的前提下，系统可以根据实际情况进行灵活配置，与其他系统的交互一般通过企业服务总线（ESB）实现。

企业级系统的划分与业务流程划分相对应：在业务流程内部，各类相关系统应逐步整合为单一的系统；在业务流程之间，各系统基于基础设施层的公共网络平台运作，通过运营数据库（ODB）实现数据传递，通过企业服务总线（ESB）进行交互或实现消息传递，通过服务界面的公共平台与外部进行沟通并实现远程应用。企业级系统不仅要实现工程运营流程之间的互联互通，还要与外部组织及社会公众进行联络和沟通。对四层架构（SARI）而言，每个信息系统都会与架构的 4 个层有不同程度的关联。

由于工程管理涉及的系统种类繁多、供应商及技术标准不一，如采用两两连接的集成方式，其实现的难度较大且成本过高。而采用企业服务总线（enterprise service bus，ESB）方式可以较好地解决不同应用系统之间的消息传递，ESB 是面向服务的体系结构（service-oriented architecture，SOA）的核心特征。ESB 在企业消息系统上提供一个抽象层，提供服务接入、协议转换、数据格式转换、基于内容的路由等功能，屏蔽了服务的物理位置、协议和数据格式。在一个使用 ESB 的架构中，应用将通过总线交互，而总线扮演着应用间的信息调度角色。这种方法的主要优点是减少了应用间交互所需的点对点连接的数量，降低了应用系统集成的难度。ESB 起着贯通整个信息化四层架构（SARI）的作用，实现应用层与资源层及服务层的数据交换，以实现界面共用、数据共享和业

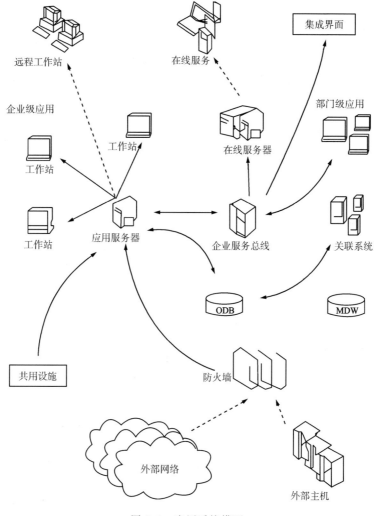

图 2.6   应用系统模型

务流程自动化的应用模式。

　　应用层采用分散结构可以充分利用现有系统，而不必重新构建整个业务系统，不因系统集成的难度而延缓系统更新或大规模的系统更换。降低集成和管理复杂性，将因单一业务系统变更而对其他系统或日常运作的影响降至最低，更快完成整合。通过利用现有的系统和设施，可以减少人员的培训成本，平滑地过渡到新的运作模式。可以根据业务要求更轻松地使用和组合服务，灵活变更业务功能，减少成本和增加重用。通过松散耦合的方式提供业务服务，可以更轻松地创建、修改和管理，以满足不同时期的需要。

2.3.5　工程管理信息化的主要目标

工程管理信息化实现过程中面临两个主要问题：①对工程全生命周期管理的支持；②对合作伙伴间跨组织协调的支持。无论是工程设计建设阶段，还是运营阶段，都涉及相关组织间的合作。如何降低工程管理中的组织协作成本，通过技术与管理手段支持不同地区、不同组织、不同部门间的有效协作，是工程管理信息化实现的主要目标。

在工程管理的全生命周期中，工程运营管理经历时间周期最长，所占总成本比例最大（约 80%），工程运营期即对社会公众的服务期，其所产生的环境影响和社会经济效益都是巨大的。在工程运营阶段的成本投入中，能源、人力资源及设备更新占了很大比重，对这些成本的有效控制是信息化管理的重要目标之一。对工程运营管理期间的信息化应用相关问题进行系统而深入的研究的意义是显而易见的。

本研究主要针对信息化如何有效支持工程管理，特别是工程运营阶段的管理进行了探讨，并通过实际的案例研究进行了分析。希望能对工程管理信息化的进一步研究有所促进，并为有关的日常工作提供参考和借鉴。

2.4　工程管理信息化的继承与创新[*]

工程管理信息化是基于企业管理信息化的继承与创新，通过信息化的有效实现，可以使得工程参与各方之间通过信息共享实现高效的沟通与协作，没有相关企业信息化的实现就没有工程管理信息化的实现[16]。

从继承的角度而言，工程管理信息化与企业管理信息化基于同样的技术方式和理论基础，在理论研究上可以取长补短、相互借鉴，在通用的规划实施框架基础上实现各自的具体应用。从信息技术实现的角度而言，两类信息化问题尽管面对的对象不同，实现的方式各异，但归根结底都是如何更好地解决信息沟通与共享的问题，二者具有相似的实现途径和应用模式。此外，一个工程往往涉及多个企业，因而广义的工程管理信息化还包括工程建设企业及工程运营企业在内的各类相关组织的信息化，这也是两类信息化的联系与继承所在。

从创新的角度而言，企业管理信息化更注重自身的信息化，侧重于对组织自身的信息基础设施建设与内部业务流程的优化，是以运营与控制为主要目标的组

---

* 本节内容原载《中国工程科学》，2013，15（11）：12-18；《Frontiers of Engineering Management》，2014，1（1）：76-82，合作者：孙凯。

织内部平台的实现过程。而工程管理信息化则更侧重于多组织之间的信息资源共享与相关业务流程的整合，在信息基础设施建设方面更侧重于对外部公共基础设施的利用，是以协作和共享为主的跨组织平台实现过程，是典型的跨组织信息系统应用。

工程管理信息化的特点主要表现为：信息化以工程全生命周期的效益最优为原则，而不是阶段最优，尤其不是建设阶段最优。工程管理信息化规划属于跨组织规划，应充分考虑工程不同阶段、不同地域、不同组织、不同部门之间的协作和沟通[14]。

企业信息化或单个组织的信息化以内部规划为主，在规划与实施的过程中，以考虑组织自身资源的充分应用为主要特征；而工程管理信息化的规划实施过程则呈现出外部规划的特征。信息化过程要通盘考虑，对工程的各利益相关者进行充分的调查分析，这样不仅可以深入了解各方的需求，也可以对各类可用资源进行调查；信息化是基于工程各利益相关者的可利用资源进行规划实施的过程，而不是仅基于单个组织的资源实现。内部规划与外部规划在理论和方法上是相通的，但二者看待资源的角度则有所不同。前者更强调组织内部的沟通与控制，后者则更强调跨组织的协调与匹配。

2.4.1 工程管理信息化的跨组织匹配问题

信息化工作贯穿于特定工程从论证、设计、施工、运行直至报废的工程全生命周期过程之中，不同阶段的参与方不尽相同，信息化所面对的主要矛盾也有较大的区别。在全生命周期的不同阶段，由于参与各方的组织战略不一致，利益点有所不同，对相关概念的定义和理解也不尽相同，因而在工程管理中就会出现不匹配的现象[17]。

1. 问题的提出

在工程的全生命周期之中，工程的各参与方因组织战略不同，利益出发点不一致，管理的重点有所区别。以工程运营组织与工程建设组织为例，两类组织对于目前在工程管理中广泛采用的多项目管理、生命周期管理、界面管理等方法的运用是有所区别的，对其中管理要素的定义也不尽相同。

工程运营组织以采用项目群管理方法为主，按照项目管理协会（PMI）的定义：项目群是一组相互关联并需要进行协调管理的项目，用于获取单个项目无法获得的效益。项目群管理是以项目管理为核心，对多个项目进行的总体控制和协调。

而工程建设组织则主要采用项目组合管理，PMI将项目组合管理定义为：在可利用的资源和企业战略计划的指导下，进行多个项目或项目群投资的选择和支持。项目组合管理是通过项目评价选择、多项目组合优化，确保项目符合企业的战略目标，从而实现企业收益最大化。

由上述定义可以清楚地看出，对于工程运营组织而言，其管理目标是保证单一工程项目群的参与各方之间有效协作，按时、按质、按量地完成工程目标。而对于工程建设组织而言，则是在该组织参与的多个工程之间合理有效地调配资源，降低运营成本。

对于全生命周期管理而言，工程运营组织将其定义为一项实体工程，即由设计、施工、运营到最终报废的全过程。而工程建设组织则将其定义为所参与工程项目的合同周期。

对于界面管理而言，工程运营组织不仅关注工程参与各方之间的组织界面协调管理，也关注工程不同阶段过渡的时间界面管理；工程建设组织关注与运营组织以及其他相关组织之间的界面协调管理，同时也关注组织内部不同项目之间的协调管理和资源共享。

2. 跨组织匹配

跨组织匹配问题研究对提升工程管理信息化水平有着积极的意义。信息化实现过程强调各组织之间、组织的业务与信息系统之间达成较高的匹配程度。不匹配的程度越大，跨组织协调的成本就越高，对工程的负面影响就越大，进而也会影响到各方的组织绩效。如何尽早识别工程全生命周期中各阶段的不匹配因素，有效消除组织间的不匹配现象，如何对跨组织匹配程度进行充分的分析评价，以及如何规划合理的工程管理组织架构以最大限度避免不匹配现象的产生等，这些都是信息化过程中要予以重点关注，并致力于解决的关键问题[18]。

工程管理信息化离不开信息技术的有效应用。在信息技术高速发展并臻于完善的今天，各类技术解决方案日趋成熟，成熟的信息技术处理能力已经可以在相当程度上满足工程各方面的需要。在工程全生命周期中，信息化过程中产生的问题大都是非技术原因导致的管理问题，而这些管理问题又大都可以归结为不同领域、不同单元之间的匹配问题。对于工程管理信息化而言，匹配问题就扩展到了多个组织、多个部门、多个项目之间的相互调整与配合问题。

2.4.2　工程运营管理信息化——以机场行业为例

在工程管理的全生命周期中，工程运营管理历时周期最长，所占总成本比例最大（约80%）。工程运营期即对社会公众的服务期，其所产生的环境影响和社会经济效益都是巨大的，对工程运营管理期间的信息化问题进行系统而深入的研究的意义是显而易见的。本研究以机场行业为例，对工程运营管理阶段的信息化问题进行分析和探讨。

中国民航已经成为世界上仅次于美国的第二大航空运输系统。中国机场行业的发展方兴未艾，"十一五"期间，10 省区市共计新建和改扩建机场 53 个，总投资 681.98 亿元。根据中国民用航空局的规划，到 2015 年，全国运输机场总数达 230 个以上，覆盖全国 94％的经济总量、83％的人口和 81％的县级行政单元。

在 2010 年度的"全球最繁忙机场"的客运量排名之中，北京首都国际机场、香港国际机场、上海浦东国际机场、广州白云国际机场分列第 2、第 11、第 19 和第 20 位。在由服务质量、乘客满意度等构成的 2010 年度"机场质量综合指数"排名中，香港国际机场、北京首都国际机场、上海浦东国际机场、广州白云国际机场分列第 3、第 5、第 6 和第 18 位。在各大型机场进入世界先进行列的同时，中小型机场也呈现出普遍的活力。

自 2001 年起，中国民航的各机场陆续改为属地化管理，机场更好地融入了所在地区的社会经济生活，成为地区发展、解决就业及提高民生的重要工程。同时，机场行业内部的转型也在持续进行之中。原来业务单一的集中式管理，正转变为以分散式和专营化为特征的业务多元化管理模式，对信息化建设提出了更高的要求。

1. 机场概念的演变

人们对"机场"这一概念的理解是在不断变化的，传统意义上的"机场"被定义为："为航空器起飞、降落和地面活动而划定的一块地域或水域，包括域内的各种建筑物和设备装置；其功能是为飞机、旅客和货主等提供相关的服务。"从这一表述可以看出，传统意义上的"机场"只具有单一的航空运输功能，其运营模式和业务流程的设置都是围绕着基本航空业务展开的。

随着"机场"这一重要工程在现代社会中作用的日益提高，人们对"机场"也有了新的认识，正如国际机场协会在相关报告中所述："机场是其所服务的社区拥有的宝贵财富，能够协助社区发掘新的经济潜力并确保稳定的增长，可以支持其长期发展并为其提供更多的就业机会。"现代化的"机场"与周边环境高度融合，并与所在城市与地区，以及相关产业协调发展、相互促进、共同繁荣。

现代化机场管理模式的产生主要来自于业务、管理和技术三方面不断变化产生的影响，如图 2.7 所示。

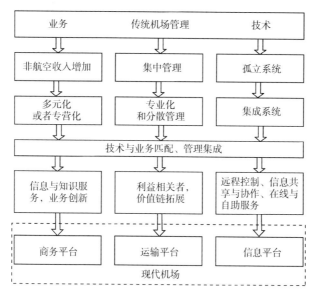

图 2.7　机场管理模式的演变

在业务方面，由于非航空业务的增加，机场的运营管理日趋复杂，机场的商业模式逐步由自营向专营化转变。

在管理方面，由于非传统业务种类的增加和外包程度的提高，机场的运营模式也由集中管理转为分散管理，更依赖于利益相关者间的有效合作。

在技术方面，由于信息技术的日新月异，机场的各类信息系统日益复杂，同时也由孤立运行发展为集成化、网络化的运作[15]。

机场信息化是工程全生命周期中的工程运营管理阶段信息化的典型案例，其实现是有别于传统观念的资源集成与信息共享方式的创新。信息化实现过程也是机场运营模式变革的过程。随着经营管理模式的变革和信息技术的广泛应用，资源的利用形式和途径发生了很大的改变，提升机场的核心竞争力可以通过充分利用各类现有资源，提高资源的使用效率来实现；进而可以通过资源共享等方式拓展资源的功能，以产生更大的效益。信息化过程不仅是技术方面的更新，更是与之相关的管理理念、业务种类及合作方式等方面的创新。

2. 集成运输、商务及信息功能的机场多平台运营模式

传统意义上的"机场"仅作为航空运输平台而存在，功能定位的单一是导致机场资源使用效率低下的原因之一。通过发掘机场在资源整合方面所具有的优势与可能，现代化机场可以拥有更多的功能，在日常社会事务中扮演更多的角色。在现有资源综合利用的基础上，通过结合外部资源与虚拟资源，机场的功能可以扩展到集运输平台、商务平台和信息平台等多种功能于一体的综合服务平台[8]，如图 2.8 所示。

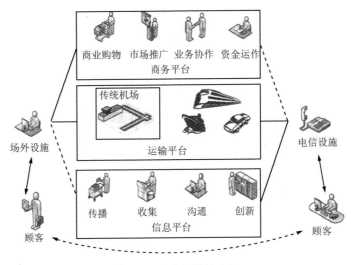

商业购物　市场推广　业务协作　资金运作
商务平台

传统机场

运输平台

场外设施

电信设施

传播　　收集　　沟通　　创新
信息平台

顾客

顾客

图 2.8　现代机场的功能

　　作为运输平台的"机场"，在功能实现上重点针对实物流的优化和拓展。其运输功能不仅作为单一的航空运输平台而存在，还可以通过充分利用机场在基础设施和交通方面的优势，形成航空、铁路、公路、船运等多种方式结合的立体化交通枢纽，成为多功能的运输平台。

　　作为商务平台的"机场"，在其功能实现上重点针对资金流的优化和拓展。在商业运营上，机场可以结合自身和合作伙伴的资源优势，在拓展非航空业务的基础上，衍生出电子商务、资金运作等新的功能，成为集商贸、购物、交易等功能于一体的商务平台。

　　作为信息平台的"机场"，在其功能实现上重点针对信息流的优化和拓展。通过优化整合，机场可以成为集信息收集、传播、沟通和创新等多功能于一体的信息平台。机场的候机楼、呼叫中心、官方网站等不仅可以作为机场业务运营相关的信息平台，同样也可以充分利用其自身的优势进行拓展，成为旅客及周边地区、行业及合作伙伴共享的信息基础设施。

　　现代化机场所具有的各类功能是实体设施平台与信息技术平台结合的综合服务平台，各类功能平台同时也是资源整合的平台。资源利用范围和深度的扩展，以及使用效率的提高，促进了运营管理的创新，使得现代"机场"在功能表现形式上超越了传统"机场"，机场实物流、资金流和信息流全面、平衡的发展。

2.4.3　基于伙伴与客户分析的机场管理信息化实现过程

机场信息化的实现是一项综合的系统工程，是对传统机场运营模式及管理理念的革新。除了基础的信息技术应用之外，机场信息化可以概括为 4 个方面：运营管理、伙伴协作、公众服务和集成创新[6]。其中，运营管理体现为对现有业务流程的优化和改进，伙伴协作是加强与机场相关的各组织之间合作的效率，公众服务体现为针对旅客及其他客户的需求提供更加人性化的服务，集成创新则是指在对各类资源进行充分整合基础上的业务拓展。所有这些都是信息化应用对机场运营管理模式所产生的影响，是信息化过程中所应重点关注和积极应对的。

机场信息化是在重新定义机场功能的基础上，综合考虑机场运营的合作伙伴、客户及各类利益相关群体等的需求，有效规划和充分利用各类资源的过程。信息化的实现应该基于如图 2.9 所示的更广泛意义上的"机场"概念来考虑。

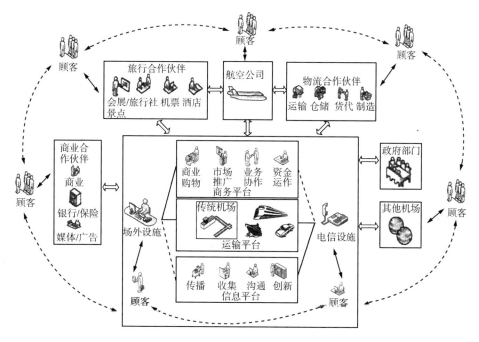

图 2.9　现代机场的伙伴与客户

机场信息化不仅是单纯的技术应用过程，也是对业务流程进行优化，对现有资源进行合理配置的过程。过程的实现包括以下 3 种途径：一是提高单一资源的使用效率，二是提高相关资源中"短板"的能力，三是对相关资源组合进行优化配置[9]，以下分别进行说明。

1. 资源充分利用与效益提升

与其他行业相比，机场的运作具有较大的不确定性。为保障安全，机场的各类设施都是按照满足客运及货运的最高需求而配置的，因而这些资源在绝大多数时候都处于待机或闲置状态。如何在保障机场正常运作的前提下充分合理有效地利用这些资源，使之发挥更大的效益是信息化实现的主要焦点之一。

在日常情况下，机场的很多设施都存在使用率偏低的情况，如机场的商场和餐厅等一般都是按照每天客流高峰期的需求设计的，在非繁忙时段这些设施大都处于空置状态。通过吸引更多的客源，可以使这些设施得到充分利用，摊薄机场运作的固定成本，提高边际收益。可采用的手段有：丰富机场的相关服务设施，鼓励更多的旅客消费；进一步充分开拓客源，吸引非搭乘飞机的顾客，如接送旅客的亲友；提供更多种类的商品和增加娱乐项目，吸引专门前往机场消费的顾客。此外，在机场工作的员工也是庞大的消费群体，包括机场管理部门、合作伙伴以及政府机构的各类员工；扩大机场商业的途径，如开发网上购物等。这样能够在很大程度上优化机场的物流和资金流，从而起到事半功倍的效果。这些都可以通过拓展机场功能和对虚拟资源的有效整合来实现，同时也是信息化的主要目标。

2. "短板"补足与综合能力加强

机场是由跑道、候机楼等各项基础设施构成的大型工程。不同设施在设计和建造时的难度、投资和要求有所不同，有些是一次建成的，有些则是分步建设的。例如，机场跑道需要一次建成，而候机楼则根据客流量的提高分阶段建设。一条跑道的容量一般是每年 2000 万客流量，而标准候机楼的设计容量是每年 300 万～600万客流量。根据"木桶效应"的原理，整个机场的容量是由容量最低的设施决定的，如何有效提高低容量设施的使用率是提高机场整体容量的主要措施。

要提高机场的容量，传统的方式就是建设更多的基础设施，但这样会加大机场的整体投入，在经营淡季仍要面对固定成本的巨大开支，同时也增加了机场运作的不确定性。信息化的有效实现是提高机场容量的方式之一，可采用的手段有优化现有的业务流程，提高设施的占用率等。采用新的技术和手段，突破资源的局部瓶颈，提升其低效率环节的处理能力，这样在实际上也就提高了设施的容量；更多地利用外部资源，在机场外部完成业务流程的一些环节，通过弥补"短板"同样在实际上提高了设施的整体容量。

3. 流程优化与资源重新配置

流程优化即对现有资源的合理配置。现有的运营架构是在不断发展的过程中逐步形成的，在此过程中，各业务流程的规模往往只是随之简单的放大，往往会产生许多资源重复投入、使用效率较低的情况。随着客户需求的变化，某些最初设定的流程已无法满足其现实的需求。同时由于技术的进步，某些手工操作的环节可被技术所取代。需求及技术的变化会导致原有的岗位设置、资源配置、报告关系、风险防范等一系列因素的改变，因而在特定的时期，需要对机场的业务流程进行重大的变革。

机场的各项业务是相互影响、相互制约的，要使得每一项业务都实现效益的最大化是不现实的。在具体实施过程中需要进行合理的取舍，才能达到整体效益的最优。例如，在航空业务的开拓中，通过采取降低起降费等措施虽然会减少这部分的收入，但可以通过提高航班数量和旅客流量换取机场资源的充分利用，提高其他相关的收益。

但在满足旅客需求的过程中，需要掌握合理的尺度，以确保整体效益的实现。例如，降低旅客在机场的停留时间也可能导致商业收入的减少；而为员工提供更多的服务，也可能造成员工与旅客在共享机场设施上的矛盾。在与业务伙伴的合作过程中，可能会产生角色上的冲突，导致利益分配上的矛盾等。这些问题同样在机场信息化实现过程中需要重点关注，信息化过程也是业务流程持续优化、各项资源合理配置、不断调整的过程。

机场信息化是通过合理利用一切可利用的资源，超越原有的资源与功能的简单对应关系，深入挖掘各项资源的内在潜力，对各类相关资源进行充分的整合与有效的共享，使得资源得到优化配置和高效利用，进而产生整体效益的全面提升，使机场的潜在价值不断被发现的过程。

2.4.4　结语

本义主要针对信息化有效支持工程管理，特别是工程运营阶段的管理进行了探讨。通过对机场信息化案例研究的分析，说明了机场信息化是在业务模式和技术应用模式上的创新，通过资源调配能力、沟通能力、风险应对和危机化解能力等的大幅度提升，机场的功能模式也更加丰富和多元化，这也是工程运营管理信息化的具体体现。希望本文能对工程管理信息化的进一步研究有所促进，并为有关的日常工作所参考和借鉴。

2.5　工程管理信息化规划与实施[*]

工程管理信息化的规划与实施过程涉及业主、施工、监理、设计、运营、供应商、客户等各利益相关者之间，以及工程相关组织与社会公众和政府部门之间的信息沟通、信息共享、信息发布与信息反馈等一系列相关问题[6]。规划与实施过程涵盖了组织的两个管理层面：战略管理和项目管理。在从论证、设计、施工、运行直至报废的工程全生命周期之中，不同阶段的信息采集、信息处理、信息存储和信息交互等工作的侧重点有所不同[19]。在战略管理层面，信息系统规划应该充分考虑工程全生命周期之中的各类信息处理需求，对基础设施、网络安全、信息资源和人力资源等方面进行统一规划，以实现组织中各类信息资源的共享。例如，采用通用的技术标准，建立单一的数据交换平台以及柔性的组织结构等，对组织中的各类项目进行统一管理[14]。

在项目管理层面，应围绕项目生命周期进行管理。在此过程中，需要与合作伙伴确定相应的应用模式，如项目由谁主导、投资如何进行、资源如何分配等。在不同的组织合作关系中，由于各合作伙伴投入的资源不同，以及对各组织的影响不同，每个项目的沟通机制、协调机制和激励机制等都有所不同，与之对应的应用内容和重点也就有所不同[17]。

在信息技术高速发展的今天，各种技术解决方案日趋成熟，当前成熟技术的信息处理能力已经可以在相当程度上满足工程各方面的需求，信息技术应用产生的问题大都是非技术原因导致的管理问题。信息系统匹配问题是工程全生命周期长期存在的问题，这是一个由不匹配到匹配，再由新的不匹配到新的匹配的周而复始、波浪式前进的过程，是组织对信息技术应用所造成影响的积极关注和持续应对的过程。这些影响涉及组织的外部环境、内部结构、运作流程及管理模式等各个方面。

2.5.1　匹配问题及其研究概述

在工程全生命周期之中，不同阶段的参与方不尽相同，信息化所面对的主要矛盾也有较大区别。由于工程各利益相关者的组织战略不尽相同，利益诉求也有所区别，因而对相关问题的定义和理解也有着很大的差异，从而在工程管理中出现大量的信息沟通不畅与信息共享不完善等方面的问题，这些问题都可以归结为信息处理能力与信息处理需求不相匹配的问题。

────────────

　* 本节内容原载《2014 中国工程管理论坛论文集》，北京，2014 年 6 月 4 日，1-4，合作者：孙凯。

匹配是一个涉及广泛而又比较抽象的问题，在管理学、物理学、生物学、计算机科学与数学等学科都有专门的研究。在日常生活中，匹配观念也被人们普遍接受，如"相辅相成"、"相得益彰"、"相安无事"等。

在管理学领域，匹配概念最早出现在战略管理研究中，通常是指环境、战略、结构之间的配合关系，即组织需要制定与环境相适应的战略，并力争使得组织的结构、流程、人事、文化等与战略相适应。匹配问题往往与组织绩效联系在一起，当组织中两个或两个以上的要素之间达成匹配时就有助于提高组织的绩效，如果无法达成匹配，则会对组织绩效产生负面影响，甚至导致组织发展停滞。这些都可以概括为通过战略规划过程，设计与环境相适应的组织结构，并根据环境变化动态调整的过程。

随着信息技术的广泛应用，匹配概念扩展到信息技术如何有效支持业务运作等方面。信息技术应用是否完善受到诸多因素的制约，涉及组织环境、战略与结构等各个方面，而且随着组织合作关系的广泛建立，信息技术对业务的支持也扩展到了多个组织的战略与结构等要素的配合问题。

匹配是一种动态的平衡，信息系统与组织的匹配不仅是信息系统如何支持业务运作的问题，也是业务自身不断调整和完善的问题。业务运作效率的提高既包括组织内部流程优化，也包括与合作伙伴共同优化。随着外部环境和内部资源的变化，组织的战略和结构是一个持续调整的过程，信息系统亦然。匹配是一个动态的过程，当业务与信息系统的匹配关系达到一定程度时，可能引发组织业务的转型或结构的变革，一轮新的匹配过程又会开始，周而复始、循环往复。

在研究信息系统匹配问题的诸多理论之中，信息处理理论（information processing theory，IPT）可以较好地解释工程管理信息化过程中出现的问题。该理论通过分析不确定性来描述组织的信息处理需求，通过设计组织流程及信息技术应用等来确定信息处理能力，通过寻求能力与需求的匹配达到提高组织绩效的目的。

Galbraith[20]认为信息处理理论来自于 Simon 的观点，即把组织看成一个决策制定和信息处理系统，而不是简单的人员集合[21]。信息处理理论认为：对于为实现给定的绩效水平所进行的决策，任务的不确定性越强，则决策者所需要处理的信息总量就越多。

Tushman 认为环境的不确定性来自于其复杂性和动态性，以及使其发生变化的各种环境变量，组织需要高质量的信息来应对环境的不确定性和提高决策的水平。Tushman[22]将不确定性定义为信息处理需求与信息处理能力之间的差别，并建立了用于组织设计的信息处理模型（information processing model，IPM），以说明组织结构与环境之间的联系。

Bensaou 和 Venkatraman[23]以及 Premkumar 等[24]对 IPM 在跨组织合作方面进行了扩展。基于 IPT，Gattiker[25]研究了企业资源计划（ERP）对制造与市场之间关系的影响。Leonardi[26]研究了信息技术对组织变革的影响。Mani，等[27]研究了信息技术对商业外包流程的影响。

匹配问题的产生是信息技术有效应用于工程管理并趋于成熟的标志。回顾工程信息技术应用的初期，相关信息系统大都是按具体需求搭建的局部应用，大都是对人工操作流程的简单模拟，此时的不匹配现象并不突出且都易于解决。但随着信息技术的广泛应用和不断深化，以及工程各利益相关组织自身的不断调整与变革，产生了信息技术应用与工程管理模式不匹配的状况。为了应对这一现象，就需要对工程管理信息化模式进行动态调整和完善，以提高信息处理能力与信息处理需求的匹配程度。

2.5.2　工程管理信息化规划流程

在工程全生命周期中，工程运营组织是贯穿始终的信息化主体，而工程建设组织（设计、施工、监理等）以及运营服务外包商等是信息化的重要参与者。工程建设组织侧重于外部资源的协调，工程运营组织偏重于内部资源的配置[15]。适用于工程管理信息化的规划流程见图 2.10。

工程管理信息化规划流程简述如下：①分析工程整体战略，明确工程的定位（where）；②依据有关的时间进度（when）和各参与方（who）的情况，明确工程信息化目标；③分析工程的业务战略，明晰信息处理需求，即特定工程的信息化目标（why）；④通过外部环境与内部资源分析，明确信息处理能力（what）；⑤根据所设定的系统目标，将工程各参与方的信息资源与当前可采用的信息技术产品相结合，最终形成工程信息化规划（how）。

匹配问题是工程管理信息化过程中的关键问题，在开展相应的信息系统规划时要充分明晰工程的信息处理需求，根据需求确立信息系统规划的目标。在此基础上，充分评估工程不同阶段各相关方的信息处理能力，设计工程的信息管理模式。在实施过程中，对规划进行动态的调整和修订，以使得工程信息处理能力处于合理的水平，工程信息处理能力的实现不是工程参与各方能力的简单叠加，而是各方能力相互匹配的结果，匹配程度的高低决定了工程信息处理能力的高低；更进一步，工程信息处理能力与工程信息处理需求的匹配程度决定了工程管理信息化水平[16]。

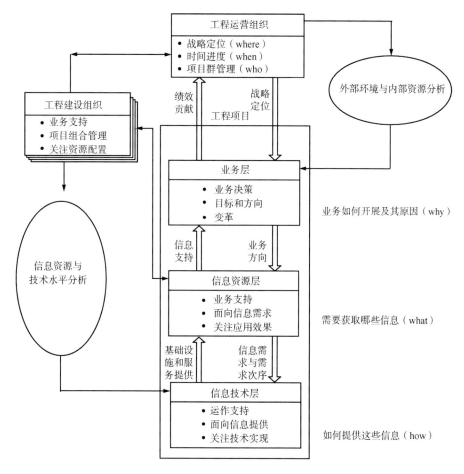

图 2.10　工程管理信息化规划流程

2.5.3　工程管理信息化实施分析

工程管理信息化中的匹配问题是信息技术应用过程中所涉及的各利益相关者的内外架构的调整，以及工程沟通协调机制的形成与完善等组织管理问题。信息系统与工程组织架构的不匹配程度越大，跨组织协调与协作的成本就越高，对工程进度的负面影响就越大，进而也会影响到工程目标的整体实现以及工程参与各方的组织绩效[18]。综合信息处理理论的各相关研究，并从概念上对其进行拓展，可以将信息处理需求与信息处理能力之间的匹配关系描述成图2.11 所示的关系。

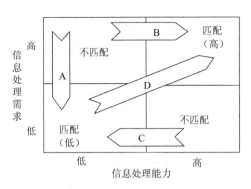

图 2.11　信息处理需求与信息处理能力的匹配关系

如图 2.11 所示，在信息处理能力与信息处理需求匹配的逻辑关系中，低能力与低需求可以匹配，高能力与高需求可以匹配，而低能力与高需求、高能力与低需求都无法达成有效匹配，且都只能等价于低能力与低需求的匹配（如图中箭头 C）。同理，如果要达成更高的匹配状态，信息处理能力要随着信息处理需求同步提升（如图中箭头 D）。

按照信息处理理论的观点，可以采用两种策略来应对不确定性对组织的影响：一是减少信息处理需求，通过建立相应的缓冲区来降低不确定性的影响（如图中箭头 A）；二是提高信息处理能力，通过建立结构化的机制以提高沟通效率，通过加强信息流动来降低不确定性的影响（如图中箭头 B）。

前一种策略通过降低信息处理需求及组织绩效标准来减少不确定性的影响程度，传统的做法如建立或增加库存以降低采购和销售风险、收购相关业务来降低竞争风险等。尽管这些做法在较大程度上增加了组织运营的成本和投入，但是在信息技术应用不完善的情况下，在提高信息处理能力的成本远高于降低信息需求所耗费的成本时，由于组织的信息处理效率较低，故只能采用此方式。

随着信息技术的发展，提高信息处理能力的手段变得十分有效，其投入远低于降低信息处理需求所耗费的成本。特别是在需要大幅提高组织绩效的情况下，采用后一种策略就体现出明显的优势。对于后一种策略，可采用的做法包括：对业务流程和组织结构重新设计以提高信息传递的效率来降低不确定性的影响；采用集成化程度更高的信息系统以提高组织信息处理的效率来降低不确定性的影响；建立跨组织的信息共享机制来降低供应链的不确定性等。

但是信息处理能力的提升是有限度的，提升的幅度越大，成本的增加也就越快。因此，在信息化建设中应全盘考虑，在能力提高和需求降低两者之间建立一个动态平衡关系，也就是使两者得以匹配，以达到最佳的绩效水平。信息处理能力与信息处理需求匹配的过程是两者相互调整和相互配合的长期过程。

2.5.4　结语

工程管理信息化不是单纯的技术进步，更是对组织的业务流程进行优化，对现有资源进行合理配置的过程。资源整合是信息化的主要作用之一，既包括工程所拥有的内部资源，也包括可通过信息化手段实现共享的外部资源。资源整合与优化可以有以下几种途径：一是提高单一资源的使用效率；二是提高相关资源中"短板"的能力；三是对相关资源组合进行优化配置。工程管理架构不应只是一个利益相关者的松散组合，而应通过合理的配置实现多组织、多项目的资源共享，体现协同优势。

在工程全生命周期中，项目管理如何与各工程利益相关者的组织目标相匹配，是信息化过程中所需要面对的重要问题。在信息化过程中需要通过充分明晰、寻找和挖掘可被利用的组织内部及外部的各种有效资源，使得工程管理信息化与各组织自身的信息化有效结合；通过建立合理的系统集成模式，形成高效的信息处理能力，从而提高工程建设和运营的效率和效能，提升工程的综合效益。

参 考 文 献

[1] 何继善. 论工程管理. 中国工程科学，2005，7 (10)：5-10.

[2] 朱高峰. 对工程管理信息化的几点认识. 中国工程科学，2008，10 (12)：32-35.

[3] 王众托. 系统集成创新与知识的集成和生成. 管理学报，2007，4 (5)：542-548.

[4] 薛华成. 管理信息系统：第 5 版. 北京：清华大学出版社，2007.

[5] 刘人怀，孙凯，孙东川. 大型工程项目管理的中国特色及与美苏的比较. 科技进步与对策，2009，26 (21)：5-12.

[6] 刘人怀，孙凯. 工程管理信息化的内涵与外延探讨. 科技进步与对策，2010，27 (19)：1-4.

[7] 孙凯. 关于澳门国际机场实施虚拟化机场战略的初步设想. 亚洲战略管理学会：亚澳论坛文集，2008.

[8] Sun K，Guo W. Airport business model with integrated services platforms for transportation，commerce & information. Wuhan：Proceedings of the 2nd International Conference on Engineering and Business Management，2011.

[9] Sun K，Guo W. Analysis on partners & customers of airport management informatization. Wuhan：Proceedings of the 2nd International Conference on Engineering and Business Management，2011.

[10] 刘人怀. 工程管理：管理对国民经济的深度介入. 中国工程管理环顾与展望——首届工程管理论坛论文集锦，北京：中国建筑工业出版社，2007：260-262.

[11] Sun K，Lai W C.SARI：a common architecture for information systems planning.

Changsha：Proceedings of the 2010 International Conference on Future Information Technology，2010.

[12] Sun K，Lai W C. Integrated passenger service system for airport based on SARI. Changsha：Proceedings of the 2010 International Conference on Future Information Technology，2010.

[13] 何继善，王孟钧，王青娥. 工程管理理论解析与体系构建科技进步与对策. 科技进步与对策，2009，26（21）：1-4.

[14] 刘人怀，孙凯. 工程管理信息化架构研究. 中国工程科学，2011，（8）：5-9.

[15] Sun K，Lai W C，Integrated passenger service system for ideal process flow in airports. Przeglad Elek-trotechniczny（Electrical Review），2012，（03b）：54-59.

[16] 孙凯，刘人怀. 工程管理信息化应用模式研究. 科技进步与对策，2012，29（18）：1-6.

[17] 孙凯. 跨组织信息共享的概念、特征与模式. 系统科学学报，2012，20（2）：29-33，61.

[18] 孙凯，刘人怀. 基于信息处理理论的跨组织信息共享策略分析. 管理学报，2013，10（2）：293-298.

[19] 孙凯，刘人怀. 工程管理信息化的继承与创新. 中国工程科学，2013，15（11）：12-18.

[20] Galbraith J R. Organization design：an informa-tion processing view. Interfaces，1974，4（3）：28-36.

[21] Simon H. New Science of Management Decision. New York：Harper and Row，1960.

[22] Tushman M，Nadler D. Information processing as an integrating concept in organizational design. Academy of Management Review，2005，8（3）：613-624.

[23] Bensaou M，Venkatraman N. Configurations of interoganizational relationships：a comparison between U. S. and japanese automakers. Management Science，2006，41（8）：1471-1492.

[24] Premkumar G，Ramamurthy K，Saunders C. Information processing view of organizations：an exploratory examination of fit in the context of interorganizational relationships. Journal of Management Information Systems，2005，22（1）：257-294.

[25] Gattiker T F. Enterprise resource planning（ERP）systems and the manufacturing-marketing interface：an information processing theory view. International Journal of Production Research，2007，45（3）：2895-2917.

[26] Leonardi P M. Activating the informational capabilities of information technology for organizational change. Organization Science，2007，18（5）：813-831.

[27] Mani D，Barna A，Winston A. An empirical analysis of the impact of information capabilities design on business process outsourcing performance. MIS Quarterly，2010，34（1）：39-62.

第3章　上海浦东新区建设工程[*]

3.1　新技术应用与开发战略

开发浦东是上海经济发展战略的重要组成部分，也是加快发展以上海为中心的区域性外向型经济的重要步骤，党中央、国务院对开发、建设浦东新区十分重视，多次对浦东新区开发做出指示。根据这些指示的精神，经过各方面研究，提出大力开发浦东新区，使之成为对内对外开放的枢纽化、国际化、现代化新市区，要创造条件吸引外资，以老市区支持新区开发。同时以新区开发改善老市区，尽快地使上海有一个良好的投资、经营和生产的环境，逐步使其成为太平洋西岸最大的经济贸易中心之一。

浦东地处长江口，背靠老市区，面对太平洋，便于建成以出口创汇为导向的外向型经济基地，对外参与国际大循环，吸收外资发展产业，对内则加强横向联系，吸引国内企业来上海参与投资，扩大出口。

当前的国际形势有利于浦东新区开发。世界经济进入一个和平发展的阶段，工业发达国家和地区正在进行产业结构调整，以应对新的挑战。我们一定要抓住时机，参与国际分工，吸引外资，引进技术，调整我们的产业，壮大上海的经济[1-3]。目前浦东的潜在优势深深吸引着国外投资者，要不误时机地制订和实施开发浦东的计划。由于众所周知的原因，我们错过了几次机会，这次再也不能错过了。

显而易见，浦东开发主要是利用外资，要以高技术产业为开发重点，这是浦东开发建设必须认真贯彻的指导思想。

浦东新区开发要以出口创汇为导向改变产业结构，改善投资环境，要改造传统产业，创建新技术产业。除了政策和体制外，上述一切发展一定要以科技进步为基础。目前上海市（含浦东）经济增长主要还是依靠劳动力和资金等外延因素的增长，而技术进步的贡献不明显，远远落后于工业发达国家。世界经济发展实践证明，科学技术进步将日益成为经济增长的决定因素。如果仍靠扩大外延投入来发展经济，不但无法达到"现代化"和"中心"的目标，还可能会拉大与发达

---

　　[*]　本章内容是上海市人民政府科学技术委员会课题总报告（1988—1989），合作者：于应川、汤万方、薛沛丰、王伟、周民立、张跃、曹庆弘、屠寿康、王子来、李克明、刘浚、谢岚、戈云、陈笃平、陈瑛、龚日清、高法华。

国家的差距。中央提出的"翻两番，一半靠科学技术进步""经济建设必须依靠科学技术，科学技术必须面向经济建设"等方针，明确指出了科学技术对经济增长的作用。

综上所述，我们提出浦东新区建设中新技术应用与开发的目标：为浦东向外向型经济产业结构转轨服务。为改造传统产业，开创新产业，协调发展第三产业服务。为浦东改善投资环境，完善社会服务系统。促进社会、经济繁荣，达到现代化经济贸易中心的总目标。

本报告将从以下几个方面展开浦东新区建设中新技术的应用与开发：

（1）应用与开发新技术，促进技术进步，改变产业结构，形成出口创汇导向的外向型产业结构。

（2）应用与开发新技术，加快浦东传统工业的改造。

（3）应用与开发新技术，发展完善浦东新区的社会服务系统，改善基础设施，改善投资环境，吸引外资。

（4）应用与开发新技术，发展浦东现代化近郊农业，为城市提供多品种高质量副食品，并发展名优产品出口创汇。

3.2　促进浦东向外向型经济的产业结构转换

在我国地区发展战略格局中，沿海地区发展外向型经济，实行经济发展战略转轨。这是浦东经济发展、产业结构转换的指导方针。

所谓外向型经济发展战略是国家或地区以国际市场的需求为依据，通过出口创汇和利用外资，引进先进设备、技术，引进原料和中间产品。建立和优化以出口产业为主导的产业结构，进一步扩大出口创汇和利用外资，这样周而复始，循环不已，推动本地区经济发展的战略。

我国沿海地区逐步走向外向型经济发展轨道是国际上的"示范效应"和我国经济体制改革对沿海产生"挤压效应"的结果。浦东新区开发只有一条路，走外向型经济发展的路子。由内向型经济转变为外向型经济，这是经济发展模式的根本转变。这个转变中最关键的是主动参与国际分工，建立适应国际市场变化的产业结构及其运行方式。

3.2.1　外向型经济发展战略对产业结构转换的要求

产业结构有多个层次，最高层次是指第一产业、第二产业、第三产业间的结构，第二个层次是指各次产业内部行业结构。还可以第三、第四层次再细分，我们仅研究第一、第二两个层次结构的转换。

外向型经济是以"出口导向"和出口贸易占国民生产总值的较大比重为特征的。它要求区域产业结构的建立基本上以国际市场需求和供给状况为依据，优势产业的选择以国际市场价值作为判断标准。而现在浦东地区的产业结构基本是内向的，缺乏高层次，又缺乏弹性，不符合外向型经济发展战略的要求。因此，浦东地区产业结构要实现以下转换。

1. 产业结构要向外向型转换

进口替代和出口导向是对外贸易战略中的两种战略。我国长期采取内向的进口替代发展战略，用进口数量"差别性"控制和"倾斜性"关税筑起重重壁垒。在此庇护下，产业结构具有明显的内向型，不利于产品出口。

采取进口替代发展战略的国家和地区为了取得外汇也会有出口贸易的增长，但由于其产业结构是内向型的，出口实绩明显不如产业结构外向型的国家和地区。巴西、墨西哥、阿根廷、哥伦比亚是实行进口替代发展战略的国家，可以把它们作为产业结构内向型的样本；韩国、新加坡、中国台湾是实行出口导向发展战略的国家和地区，可把它们作为产业结构外向型的样本。现在来比较它们的出口差异。

表 3.1　七个发展中国家和地区的出口产量和国内生产总量的比较　（单位:%）

项目	年份	巴西	墨西哥	阿根廷	哥伦比亚	新加坡	中国台湾	韩国
制成品出口占制成品产量的比重	1960	0.4	2.6	0.8	0.7	11.2	8.6	0.9
	1966	1.3	2.9	0.9	3.0	20.1	19.2	13.9
	1973	4.4	4.4	3.6	7.5	42.6	49.9	40.5
制成品出口与制成品产量之比的增长率	1960~1966	3.6	3.2	1.0	7.7	28.4	24.8	24.8
	1966~1973	5.6	5.5	6.5	11.4	47.5	56.4	45.7
出口占国内生产总值的比重	1960	6.1	6.4	8.9	11.3	9.9	9.5	1.5
	1966	7.1	5.4	7.3	9.5	26.6	17.1	6.5
	1973	9.8	4.3	8.1	11.8	44.6	47.8	26.1
出口与国内生产总值之比的增长率	1960~1966	12.3	4.3	5.3	3.4	52.0	24.7	13.0
	1966~1973	11.5	3.3	9.0	14.5	52.0	63.3	34.0

从表3.1可见，实现了产业结构外向型转变后的新加坡、韩国和中国台湾无论是制成品出口与制成品产量之比的增长，还是出口与国内生产总值之比的增长都比产业结构仍然为内向型的巴西、墨西哥、哥伦比亚、阿根廷快。这就给我们

一个启示：我们沿海地区包括浦东要发展外向型经济，只有打破原先封闭型的产业格局，形成面向世界市场、参与国际分工、力图在国际市场竞争中生存和发展的产业结构。

产业结构向外向型转换要注意：

（1）以国际市场的需求为导向，从国际分工出发来调整产业结构。

（2）优势产业选择要以国际市场价值来衡量，要考虑其国际竞争力，而不是以国内价值来衡量。

（3）要使主导产业与出口产业相一致，资源的配置应有利于出口产业的扩张。

（4）要避免过分强调自成体系，要充分参与国际分工。

2. 产业结构要向高度化转换

产业结构高度化有两个含义，产业结构的重型化和产业结构的"高加工度化"。所谓产业结构高加工度化是指，不论何种产业都从以原材料为重心的浅度加工、低附加价值的结构向以加工组装为重心的深度加工、高附加价值的结构转换。出口产品构成不同，对经济增长的推动作用是不同的。如果出口的产品主要是以原材料为主的初级产品，对经济的推动作用是有限的。因此，浦东地区要使产业结构向高度化转换，要从以初级产品为主的轻型结构逐渐转向以制成品、特别是重化产品为主的重型结构转换。而制成品出口反过来会进一步促使产业结构高度化。这是因为，制成品出口扩大，导致对机械、金属、化学部门的需求扩大，根据"后向联动效应"的要求，重化工业就可以作为第二项进口替代产业得到发展。某一产业的"后向联动效应"越大，这一产业规模的扩大就越能促进新的中间产品投入物产业的建立。"下游部门"的面向出口促进"上游部门"的进口替代、尔后进一步发展为面向出口，这样形成一个新的因果链，进一步促进产业结构高度化。

3. 基础设施必须超前发展

良好的基础设施是发展外向型产业必备的条件。浦东产业结构中的电、热、水、气、港口、公路、机场等基础产业和设施"滞后"已成为加快外向型经济发展的"瓶颈"，应作为重点来发展。

4. 第三产业协调发展

由于外向型经济与国际市场之间有广泛的联系，各国经济往来十分密切。交通运输、邮电通信、金融保险、信息、咨询等第三产业必须协调发展才能保证主导的出口产业不断发展和扩张。浦东的第三产业不发达，会影响外向型经济发展，应予以统筹安排，协调发展。结合上海市区第三产业滞后的现状，浦东相对来讲更需要超前发展。

3.2.2　产品结构转移是一个长期的、多层次的过程

亚太地区的国际环境，20 世纪的 80 年代不如六七十年代。"四小龙"是靠六七十年代的产业转移发展起来的。80 年代情况已有不同，我国单以劳动密集型产品出口加入国际大循环已不可能。针对我国沿海地区工农业发展不平衡的特点，宜采用多层次发展战略。在发展劳动密集型产品出口的同时，在生产发展水平高的地区，实行更加开放的政策，推动资金技术密集型产品出口，让重加工工业直接面向国际市场。80 年代以来，劳动密集型的优势正在消失。看不到这一点，就会放松对高技术的发展。

产业结构多层次的特点是我们制定浦东新区战略的一个依据。

浦东地区工业是多层次的，有高桥石化公司、沪东造船厂、上钢三厂等现代化程度较高的大企业，以及浦西工业辐射影响，也有郊县地方工业，以及乡镇企业。因此在向外向型经济产业结构转换时也应是多层次的。

第一个层次是乡镇企业和县地方企业等。这些企业以劳动密集型为特点，开始以国内资源加工出口为主，逐渐扩大出口门类，提高加工深度，迅速增加创汇，积极发展进料加工、来料加工、来件装配，提高用国外资源加工产品的比重，最后发展为以国外资源加工产品出口的外向型企业。这些产品大概分为三类：一是劳动密集型的轻工产品，主要是纺织和服装、食品和饮料、工艺品和轻工杂品等；二是劳动密集型的机电产品；三是城郊创汇农业产品。

第二个层次是技术较先进的传统工业，如钢铁、石油加工、造船。这些企业在国内尚属中上游，有强烈的国内市场需求，在向外向型经济转轨过程中，引进开发新技术，提高产品质量和数量，逐步由以内销为主变为内销外销均衡，最后变为以外销为主，其原料来源也是由内供变为内供外供各半，最后变为外供为主，还要注意引进新技术使传统产业"脱胎换骨"成为新兴产业。例如，电子行业与机械行业结合，发展为机器人产业。造船工业发展为上海海洋工程、石化工业和钢铁工业发展为新型材料产业。

第三个层次为新兴产业，目前浦东几乎是空白。从长远看，可形成新材料、生物工程、海洋石油开发、机器人等新产业。在新兴产业政策的支持下，尽快地"消化吸收"新兴产业基础产品，由加工型新兴产业转向装配型新兴产业，以二次开发的高附加值的高技术产品推向国际市场，参加国际竞争。

3.2.3 加快技术进步，促进产业结构的转换

技术进步是产业结构变化的动力。技术进步产生了新兴产业，促进了传统产业的生产要素利用率的提高，使资源的分配更趋于合理，从而促进了产业结构变化。浦东产业结构要向外向型转换，向高度化转换，基础设施和第三产业要超前发展，这些全要靠加快技术进步来保证。考虑到浦东目前生产力水平较低，其主体是传统技术和传统产业，新兴技术和新兴工业比重相当小，新技术应用应重视传统产业的技术改造，有重点地开发新兴产业，加快"瓶颈"基础设施和服务产业的现代化。

浦东新技术发展战略目标可以这样设想：从实际出发，有重点地开发新技术，改造老企业，逐步建一些新兴产业、一些科学研究园区，使浦东的产业结构转向外向型，逐渐以新兴产业为主，促进经济、社会、科技协调发展。

政府通过宏观指导和干预使浦东技术开发与应用服从于上述目标，通过各种调节，使企业在竞争的条件下，加快技术进步的步伐，极大地发挥技术进步的微观机制，以促进产业结构的转轨。此外，还要注意下列问题。

（1）建立浦东技术开发调节机构。协调和调节浦东技术改造、技术引进工作，避免盲目发展，保证重点项目的需要。

（2）注意控制技术构成的合理比例。应根据浦东实际情况量力而行，使引进或开发的高技术和适用的先进技术之间有一个合理比例，以适应浦东生产力产业结构多层次的状况。

（3）注意重点开发区与一般地区的协调发展关系。在外高桥、陆家嘴、花木、北蔡四个地区，分别开发劳动密集型出口加工产业、第三产业、科学园区和高技术新兴产业。在一般地区，要重点开发与推广"短、平、快"适用先进技术，以适应中小企业、乡镇企业和农业生产对新技术的需要。

（4）正确处理技术开发与环境保护关系。

（5）通过各种形式教育，提高人民的文化和科技水平，以消除对采用先进技术的阻碍，可以采用人口流动、引进人才来改变浦东新区的人口结构。

3.2.4 促进产业结构转换的产业政策

浦东新区要实现产业结构的转换需要变产业政策的内向偏向为外向偏向。产业政策主要包括产业结构政策和产业组织政策。

1. 制定产业导向政策

在外向型经济条件下，产业结构转换的主要杠杆之一是利用国际资源，特别是引进先进技术和利用外资，有选择地引进外资外技，发展出口产业。外资作为

沿海地区投资结构的一个构成因素，随着其在投资中所占比重的上升，外资通过投资效应，对沿海地区的未来产业结构的影响会不断加强，因此有必要尽快建立和完善我国对外商直接投资的产业导向政策，制定各种外资法和投资优惠政策，有选择地将外资外技引向出口产业，加快产业结构高度化或扩大产品出口。正确的产业导向政策有利于把对发达国家来说已相对落后的，但对发展中国家仍适用的优势的产业"移植"进来，以此缩小同发达国家的经济技术水平差距，占领发达国家产业结构转换而出现的市场缺口。

2. 要重视扶植出口大中型企业、企业集团的形成和发展

这是因为，出口大中型企业、企业集团尤其是金融、生产、科技一体化的企业集团较之于小企业参与国际竞争更有利。第一，它们能集聚更多的资产和资金，扩大出口拳头产品的能力。第二，它们具有强大的新产品研究和开发、产品升级换代的能力，以适应国际市场的变化。第三，它们有消化、吸收、创新技术的能力，可以成为传递先进技术和先进管理的"二传手"。第四，它们有直接对外、及时掌握国际动态的能力。

3.2.5　外高桥工业贸易区作为浦东向外向型经济转轨的突破口

浦东外高桥一带，地势平坦、开阔，住宅户少。外高桥地处长江下游，随着新港口建设，对内对外交通方便，又能依托高桥石化总公司，是一个发展出口加工、以外贸为主的工贸区的好地方，除了配合港口建设发展仓储、运输、服务业等第三产业外，应把外高桥作为浦东外向型经济转轨的突破口，统一规划，给予政策优惠，尽快吸引外资，发展各种外向型产业。

外高桥地区的产业结构大致如上节分析，有三个层次。

第一个层次是劳动密集型的出口加工工业。由外国投资或合资经营。产品可以是机电、纺织。由于高桥石化总公司存在，可依托其增加原油炼制设备，组织一些油品、化工产品、塑料橡胶制品。原料可采取进口原油。

第二个层次是高桥石化工业扩充发展，扩大石油产品、化工产品生产，采用进口原油，产品输出国外（详情见 3.3 节）。

第三个层次是高桥石化工业引入新技术，向化工新材料新兴产业发展。

以下专门有两节研究传统产业改造和发展基础设施的问题，本节专门就利用外资发展新兴产业做进一步研究。

3.2.6　利用外资引进新技术发展浦东新兴工业

浦东新区开发建设的指导思想是利用外资和以高技术产业（或称新兴产业）

开发为重点。但是新兴工业利用外资有三个特殊困难。一是新兴工业投资大、见效慢、风险大。新技术、高技术产业化的过程往往是远期效益大而近期效益并不大，或是社会经济效益大而企业自身的效益并不大，由于缺少相应的特殊的扶助政策和鼓励措施，企业缺乏发展新兴工业的内在活力和动力。这样，新兴工业利用外资外技工作就难以大面积推开。目前，如要求企业外汇平衡，企业就更没有积极性。二是产品难以打进国际市场。三是新兴技术不少是国际上保密和禁止转让的，捕捉引进和合作的机会就比较困难。

只有采取切实措施，力排困难，才能实现调整产业结构，开发新兴产业的目标。

如何积极利用外资，把浦东新兴工业搞上去，以下几条思路可供参考。

1. 利用外资的重点应放在建立中外合资、合作企业等外商直接投资形式上

这有四方面的好处：①有利于冲破封锁，获得我们科研开发和产业化所需的技术。②有利于利用外商的销售渠道和经营能力，早日和尽可能多地把产品打进国际市场。③有利于减少风险，合资、合作经营，把中外企业利益捆在一起，风险共担，利益均沾，外商就会尽其全力经营企业，使中方企业的风险大大减少。④有利于培养和引进发展上海新兴工业所急需的中高级人才。

2. 可采取先易后难、循序渐进的方针

吸引外商来经营新兴工业，不是一件轻而易举的事。外商有个观望和探路的过程，中方也有个了解和适应的阶段。为此，有些项目，不能急于求成。可先搞"三来一补"，单件和零配件合作，等有了一定的条件和基础，吸引某些低层次项目，再向合资、合作经营和整机合作过渡，这对双方都有利。

3. 引进外资改造传统产业，使其孕育新兴产业

直接利用外贷，引进先进技术，不失为加快新兴工业发展的一个有效途径。但是，要求新兴工业自身"借外汇，还外汇"，尤其是每个项目做到这一点，是很难的。我们认为，应引进外资改造传统产业，使其孕育新兴产业，如高桥石化工业发展化工材料工业，造船工业发展海洋工业，钢铁工业发展新材料工业等，开始要"以老养新"，用传统工业创汇来部分补足新兴工业的外汇用款，逐渐发展为新兴工业自给。

4. 外资工业、科研联合经营

由于新兴工业产品技术性强、规格复杂、变化快，并且还有个售后服务问题，所以，外贸部门不太熟悉，很难承担开拓国际市场的工作，工业部门对外贸的经营、信息和政策等更是生疏。因此，要使新兴工业产品能更多地、不断地打进国际市场，必须开辟出口渠道。建立"贸工研"联合体，外贸、工业、科研部门联合经营、通力合作，发挥各自优势，开拓国际市场，单独或与外商联合在国外设销售点，开展新兴工业的情报收集、市场开拓和售后服务工作，充分利用外商的经营经验和销售渠道，寻找可靠的经销代理商等。

5. 在外高桥、北蔡等地建立新兴工业园区，采取特殊政策，吸引外资

台湾地区在新竹建设了科学公园，用政策引导从事研制、开发高技术的研究所、大学和企业汇聚该地，吸引高级专门人才流向科学公园。在此基础上，采取优惠政策，吸引海外高技术经营者和专门人才到新竹经营和工作，对促进台湾技术密集型工业的开发和发展起到了很大的推进作用。浦东可借鉴这种经验，在外高桥或北蔡建设新兴工业园区，吸引科研、生产单位和各类专门人才，到工业园区来搞开发和经营。对于本市一些能生产出口的新技术产品但加工能力不足或生产环境不佳的企业，可优先鼓励它们到新兴工业园区来发展生产。

6. 采取扶植措施，调动新兴工业企业利用外资的积极性

目前，企业缺乏利用外资的内在动力，这是影响上海新兴工业利用外资向前发展的一个重要因素。因此，迫切需要制定一些配套的扶植政策鼓励企业在从事新技术产业化时积极利用外资。例如，对于那些利用外资（不论是以合作、合资，还是举借外贷的形式）来开发生产新技术、高技术产品的企业应免征调节税和产品税，若干年内免交所得税，外汇全部留用；对新兴工业发展所必须进口的零配件，关税应优惠。这样一方面可以增强这类企业自我发展的能力，另一方面有利于它们到外汇调剂市场上去调剂外汇余缺。

3.3 加快浦东传统工业改造

3.3.1 浦东传统工业改造的意义

浦东现有工业中，冶金、造船、石化工业为三大支柱，另外还有建材、机械、家电、纺织等，一部分企业近年来引进了一些先进设备和工艺，开发了新的产品，但是总体上与浦西相比，设备陈旧、技术落后，经济效益普遍低下，新兴产业极少，浦东经济发展更要依靠科技进步。

新技术开发首先要从"传统企业改造"出发，因为传统工业在国民经济中占的比重绝对大，要使目前国民经济增长速度提高，只有依靠传统工业改造。世界范围的经验，包括美国、日本等发达国家的经验证明用新技术改造产业所取得的效益极为显著，新技术对促进管理技术、产品特性、质量、生产效益等的改进与提高起到了大幅度的"增值效应"。党中央关于制订"七五"计划建议明确指出，坚决把建设重点切实转移到现有企业的技术改造和改建、扩建上来，走内涵为主的扩大再生产的路子。对现有工业企业进行技术改造和设备更新，既能改变重工业任务不足的状况，使当前的经济发展保持一定的速度，并且增加新的生产能力，又能使我国工业生产技术达到一个新的水平，为今后整个国民经济的现代化创造条件，储备力量，这是使我国经济走向顺利发展的一个关键。

3.3.2　开发与应用新技术，促进传统工业改造

世界范围的技术改造正向以下三个方向发展：

（1）采用新技术，把劳动密集型企业改造成资本与技术密集型的企业，以提高产量，增加品种，节省人力，并把节省下来的人力用于发展第三产业。

（2）采用新技术，在节约能源、节省材料和防止环境污染上下工夫。

（3）大搞优化设计、优化生产和优化管理，加快产品更换的速度，降低生产成本，大大增强企业和产品的竞争能力。

浦东传统工业的改造应在向外向型经济转轨的总的目标下，向着提高生产技术水平、提高产品质量水平、增加新产品、节约能源、节约原材料、减少污染等方向努力。并创造条件，孕育新兴产业。

浦东各企业根据不同的特点，可以进行以下形式的技术改造：

（1）以提高现有生产技术水平为主的改造，即用先进的设备代替陈旧的设备，或者使设备现代化。使原来已有的拳头产品质量提高，经济效益提高，如上钢三厂的钢材生产、高桥石化总公司的石油产品和化工产品基本是这种类型。

（2）改变生产行业而进行的改造，即开发新技术、新工艺，提高原有产品质量的同时开发新行业的产品。浦东造船业基本就是这种类型，即提高造船的质量，又开发非船产品钢结构生产。在这种科技改造的基础上，造船工业可孕育海洋工程，石化与钢铁可孕育新材料工业。

在技术改造过程中新技术发展领域的应用强度大体如下排列：

（1）机电一体化技术；

（2）微电子与计算机技术（含计算机软件）；

（3）信息技术；

（4）新材料技术；

（5）机器人技术；

（6）传感技术；

（7）激光技术。

由此可以建立技术开发网络，以推动各企业的技术改造工作。

根据我国实际情况，一些企业已摸到一些有效的技术改造的技术措施，可以提出的有：

（1）原有设备加电脑控制。以武汉汽轮发电机厂为例，他们以此路线完成技术改造项目120多项。若按淘汰更换的办法需投资3000万～4000万元，而采用技术改造办法，只花了270万元。与技术改造前相比，国家资产没有增加，总产值却从2000万元上升到6000万元，由亏损240万元跃为盈利600万元。因此，"原有设备加电脑控制"是一条投入少、产出大，真正靠内涵扩大再生产的老企业技术改造的新路。

（2）抓"工艺突破口"，提高产品质量。

（3）产品升级换代。

3.3.3 对企业技术改造的建议

（1）技术改造应讲求实效，不图形式。我国曾有过若干次重大投资上的失误，其最主要的原因是追求形式上的技术先进而忽视实效，或在实效估计上的失算误判。要时刻着眼于产品质量和企业的经济效益。

（2）要有明确的技改重点，不能把摊子铺得过大。

（3）逐步提高现有固定资产的折旧率。

（4）改进技术改造资金的管理办法。对使用技术改造资金筹建的项目，要严格把关，切忌挪用于基本建设。

（5）为企业的技术改造提供优惠信贷政策。对企业技术改造的贷款利率要较大幅度地低于基本建设贷款利率，对老企业或重点技术改造项目可考虑实行无息贷款。

（6）严格控制固定资产的投资规模。

（7）提高技术改造的投资质量，推动企业的技术进步。

（8）引进外资，包括合资经营改造现有企业。

（9）理顺管理体制，扩大企业自主权，鼓励企业实行技术改造的积极性。

（10）加强科研机构、高校、企业进行技术改造的合作。

（11）加强领导与组织协调，统一规划，集中力量，实行重点技术改造攻关。

以下分别就造船、石化和钢铁进行稍详细论述。

3.3.4 造船业

上海是我国最大的港口和船舶工业的重要基地。上海现有大小修造船企业八九十家，其中上海船舶公司所属的六家船厂占了绝对优势。它们分布在浦东地区的有沪东造船厂、上海造船厂、中华造船厂的沪南分厂，在浦西地区的有江南造船厂、求新造船厂、东海造船厂和中华总厂，其产量约各占一半。中国船舶公司是我国船舶生产的主要力量，上海船舶公司又是中船总公司系统中的主要生产力量，其船舶的产量、产值一直占总公司一半左右。到 2000 年，中船公司规划的年造船量为 240 万～300 万t，上海将承担 120 万～150 万t。

1. 国内外造船业的发展形势

（1）世界造船业起伏发展，我国造船业稳定增长。世界船舶需求量周期性变化。70 年代中期，造船业兴旺发达，80 年代初逐渐萧条，预计 90 年代回升。由于海洋工程的开发，到 90 年代后期造船业将出现新的较持续的兴旺时期。

随着我国国民经济的稳步发展，内河沿海和远洋水运需求量不断增加，预计每年需要新造 80 多万载重吨江船海轮和远洋船舶，才能满足国内运输和国际贸易发展的需求。我国对船舶工业采取了扶植政策，并重视引进先进的造船技术，促进了船舶生产。"六五"期间，中国船舶工业公司造船产量年均增长 13.6％，工业总产值年均增长 10.6％。1985 年，中船公司年造船能力为 120 万t。预计将以 10％的速度增长，到 2000 年，年造船量达 240 万～300 万t。现在我国是世界第六位造船国。

（2）世界造船重心东移，我国在世界船舶市场中大有发展余地。第二次世界大战前，西欧造船量占世界造船总量的 4/5。50 年代，日本跃居世界第一造船大国，以后韩国发展为世界第二造船国，80％的世界造船量由西欧东移到亚洲。当前，由于新技术的兴起，一些传统造船国家，将人力、财力转移到新兴产业，造船力量开始削减，于是，劳动力廉价又有一定技术基础的国家，造船业趁机崛起。我国正是在这种形势下，从 1980 年起走向世界船舶市场的。1980～1987年，我国出口民用船舶 180 万t、军舰 34 艘和船用柴油机、柴油发电机等，共创汇 16 亿美元。目前，在每年世界 2000 万t 船舶订货中，我国只承接到 2％，而日本承担 42％、韩国承担 19％，相比之下差距很大，需大力发展造船业，参加国际市场竞争，为实现我国成为世界第三造船大国而奋斗。

（3）船舶市场竞争加剧，船舶新技术发展迅速。当前萧条的世界船舶市场，不仅没有影响船舶技术的发展，相反市场的压力加剧了市场的激烈竞争，实质上是促进了科学技术的激烈竞争，推动了船舶新技术的应用研究，加快了船舶的更新换代。据测算：今后 10 年中，通过应用新技术，造船生产率可提高 20％～25％，成本可降低 20％～30％，工时可减少 30％～40％。当代，各造船国比以往任何时候都注重新的技术应用与开发。日本十分重视新船型的创新研究，不断

扩大现有技术优势。韩国在保持产量优势的同时，增强技术竞争力。第二次世界
大战后造船力削弱的西欧，在原有技术基础上，已有重新起步的势头。在新的造
船技术挑战面前，唯一的出路是加速开发以高科技为核心的新技术的应用研究，
提高我国产品在市场的竞争力，即提高质量，降低船价，缩短周期，确保服务。

目前，我国船舶的竞争力，与世界先进造船国相比，差距较大：①质量方
面，船东对船舶质量的要求不断提高，需要多品种、高质量、技术先进、能耗
低、自动化程度高、安全可靠并配备有新技术设备的高档船。我国船舶技术还不
先进，质量不稳定，造的大都是普通船。②船价方面，我国尚有竞争力。这几年
船价一跌再跌，近五年已下降了 30％以上。我国造的船价格一般比日本还低
10％～15％，这主要因为我国劳动力成本低。但近几年，我国每工时成本上涨，
而且我国劳动力生产率低，人均年造船量为 6t，仅相当于日本的 1/8～1/10，这
就大大削弱了劳动力成本低的优势。随着新技术的应用，自动化、机械化程度不
断提高，造船业劳动密集度将从现在的 30％下降到 10％～15％，劳动力成本低
的优势将逐渐丧失。所以，我国劳动力成本低的优势是表面的、暂时的。要降低
船价，根本办法只有采用先进的造船技术，提高劳动者素质，降低成本。③制造
周期方面，我国投入的造船工时一般比日本高 5 倍，周期长 1 倍左右。除技术水
平低外，还有管理落后的因素。所以必须改革不适应应用新技术的体制，调整工
艺布局，提高科学管理水平，尽可能缩短周期。④售后服务方面，我国差距更
大，连我国自己制造的远洋船也不愿采用国产化配套设备。

通过船舶需求量预测、船舶市场和我国现状分析可以发现，国内外造船业形
势对我国造船业的发展比较有利，但要稳固地实现奋斗目标，必须抓紧世界航运
业尚未复苏的时机，依靠科技进步，振兴造船业。

2. 浦东造船业的发展方向

（1）应用新技术，改造造船业，适应外向型经济的发展。新技术的研究与应
用，促进了船舶工业的更新与发展。一方面，应用新材料、新能源和现代化的造
船新技术，建造现代化的新船舶。例如，采用计算机综合导航、卫星通信、光纤
通信等先进技术，在增加造船吨位、增多船舶规格品种（如新型船、专用船）的
同时，提高船舶的性能质量，提高船舶的可靠性和自动化程度，降低船舶的能耗
和污染。应用新的设计理论与方法，采用计算机辅助设计、辅助制造、辅助检测
方法，采用二氧化碳自动、半自动焊接技术，研究应用机器人切割、焊接和装
配。另一方面，应用现代科学管理技术，较大幅度地提高劳动生产率、降低成
本、增加经济效益。目前，我国管理技术约落后先进国家 20 年。因此我国造船
业是有潜力、有发展前景的。通过技术改造，预计可将生产率提高 6 倍以上。

要吸引外资、引进先进技术，积极争取承接国外造船业务，快造船、造新型船，包括生产国外销路较好的玻璃钢游艇、豪华旅游船和轮船出口。同时，应发展修船创汇业务。上海造船业除六家主要船厂外，均是修船厂，这六家也可兼营修船业务。现在每年进入上海港的外轮不断增加，达 4000 艘以上。通常，每艘均需要航次修理。平均每检修 15 艘外轮的创汇值，相当于造一艘万吨级出口船的净创汇值。因此要重视修船业。

（2）应用新技术，开发海洋工程新产业。海洋工程是世界的新兴产业，海洋开发技术是当代的新技术之一，其中海洋石油的开采是发展的一个重点。勘探开采海洋石油所需要的海洋机械、海洋结构物是先进造船国研制的重点。美国、日本、韩国，新加坡海洋工程装备产值已相当于船舶产值的 1/3。我国也有了一定的研究生产基础，已建造 10 座海洋钻井平台，其中出口 3 座，还出口了 2 座平台模块。上海是我国生产海洋工程装备的主要基地，为此，造船业要集中主要技术力量，进一步研制海洋钻探采油平台、辅助船舶和油气集输管道等海洋工程装备，以适应海洋石油的开发。

上海浦东面临的东海大陆架蕴藏着丰富的油气资源，上海市应组织力量，尽早开发东海油气田。如能把油气引上岸，浦东的能源就能得到补充。而且海洋工程能带动其他产业，如冶金、造船和石油化工等的发展，这对建设浦东有着特殊的意义。我国目前资金不足、技术水平还不高，要尽快赶上世界先进水平，使东海早日出气冒油，除调动本市及国内的资金技术外，要积极吸引外资，引进新技术，把起点放在 20 世纪 70 年代世界开采技术水平上，加速东海油气田开采的步伐。

（3）应用新技术，发展非船产品生产与经营。国外主要造船国家利用造船业技术门类俱全、综合加工能力强的优势，重视发展大型机械装备，如建筑机械（挖掘机、铲运车、翻斗车等）、起重机（桥式、塔式、桁架式等起重机）、矿山采掘机、陆用柴油机等；并大量承接大型钢结构工程，如高层建筑、桥梁、隧道等建筑工程。日本 1970 年非船产品产值已占总产值的 60%，1982 年上升到 80%。

浦东造船业可以利用过剩的生产能力和雄厚的技术力量来支持浦东的现代化市政工程建设。下述的项目是现代化市政工程的重头项目，浦东造船业已积累经验，可开发以下新的建筑技术以替代外国公司：

（1）建筑工程的钢结构技术。①大型钢结构高层建筑；②单层大跨度建筑和桥梁。

（2）钻孔灌注桩技术。

（3）顶管隧道技术。

3. 落实措施建议

（1）制定船舶业科技发展战略，推动新技术应用研究，加速船舶业的技术改造。

（2）研究与完善新技术法律对策，制定我国造船工业法、海洋工程法、外资及引进技术管理法等，改造造船业的外部环境。

（3）通过对外招标，选定中外合资、国外独资项目。

美、日等先进造船国和海洋石油开发国都有技术输出的愿望，他们各有所长，我们采取对外公开招标，在各国的竞争中选择哪些项目与哪个国家签订合资或独资开发协议，甚至把同一项目分别与两个国家签约，以促进相互竞争。对中标的国家，优惠供应开发所得成果。

（4）加强造船业内部的组织协调和全市的横向联合，开拓多种经营。

选定钢结构和大型机电装备作为多种经营的支持产品，创造条件，增加产品的竞争力，制定新的具体政策，促进各行业相互渗透、竞争和联合。

（5）全面规划船厂在黄浦江外的新修造船基地。

3.3.5　石油化工

1. 浦东石化工业的现状

浦东石化工业仅有高桥石化公司。该公司是在新中国成立之后，以炼油厂为起点，逐步通过炼油能力的增加，带动了石油化工、有机化工和精细化工的发展。随着化工产品在市场的扩展，反过来又促进了炼油能力和技术水平的提高，通过油品和化工产品的出口创汇，积累外汇资金来引进国外先进技术和装备来发展自己。

目前高桥石化公司是一个包括生产、经营、科研、教育、建筑、服务等内容的综合性联合企业。具有一定先进水平的大型石油炼制、石油化工、合成塑料、合成橡胶、合成化纤、精细化工等综合性生产的能力。

但是，高桥石化公司的生产水平和技术与世界先进水平有不少差距。例如，生产的内燃机燃料质量未能达到优质要求；适合化工原料的优质轻油率尚停留在45％左右（发达国家超过 70％）；原油的化工利用率仅 4％（发达国家超过 8％）；有机原料的生产布局分散，规模过小，五六十年代建成的装置，大部分还是因陋就简，逐步改造、扩建过来，技术水平的经济指标都落后于国际平均水平，70年代引进部分大装置后，初步缩短了差距。但是，由于消化吸收改造创新的步伐未能及时跟上，先进技术的推广尚未对整个石油化工行业起巨大推动作用，影响了整个石油化工行业水平的提高。

2. 浦东石化工业的发展前景

浦东新区的发展对高桥石化有着非常重要的影响，因为浦东建设为世界一流的城区，将会吸引大量的外资和新技术，在这个过程中石化产业的发展一定会得到充分的发展。反之高桥石化的发展同样也会对浦东新区的发展产生不可估量的作用。由于高桥石化公司的长期建设，目前已具备相当的生产规模和技术水平，它是上海及华东地区的主要燃料供应点和原材料基地之一，每年提供相当数量的油品、合成塑料、橡胶、纤维、活性剂等化工产品，为本地区的工业发展和建设提供原材料。将来浦东的发展也会用到大量的石化产品。

因此，设想浦东石油化工业发展目标是充分利用浦东大规模开发的有利时机，积极吸引外资和先进技术，改造传统工艺和装置，大力发展深、精加工产品、中、下游产品和出口产品，使之成为高技术、高效益、高创汇、低消耗、少污染的高度现代化的石油化工基地，进一步发展为科研、生产、经营、出口紧密结合（以科研为先导，生产、经营、出口为主体）的石化科学园区。

1）提高生产水平，发展新产品

（1）石油产品。首先要调整汽油和柴油的产品结构。增加优质汽油比重，提高汽油辛烷值，满足汽车工业的需求。柴油产品必须加氢精制达到出口标准。增加节能产品和出口产品（如高速道路沥青）。发展急需的石油焦和针状焦（针状焦是生产高功率和超高功率电极的优质原料）。此外，还要增产高档次的润滑油和石蜡附加价值较高的产品。在满足国内基本需求后还要努力出口创汇。

（2）化工产品。以塑料为例，目前高桥石化公司虽有 30 多年的塑料生产经验，但无论是品种还是质量，都与世界水平相差甚远。因此，不仅要求生产苯乙烯塑料，还应扩大到生产其他聚烯烃塑料；不仅生产通用塑料，还要生产能填补国内空白的有关工程塑料，如 PPD 改性塑料，它是以每吨售价分别为 6000 元、10 000 元的聚苯乙烯和聚苯醚各 50% 聚合而成，在电器和化纤生产上有广泛的用途，售价可达每吨 1.5 万元。此外，如丙烯腈（ABS）、苯乙烯-丙烯腈共聚体（AS）、聚苯乙烯（PS）、绝热用模塑聚苯乙烯泡沫塑料（EPS）、高抗冲聚苯乙烯（HIPS）等也应酌情增产。发展塑料的原料除少量买进外，大部分可以从炼油重整芳构化和乙烯裂解的芳构化中得到。如果将化工二厂（原化纤二厂）的专业技术与化纤行业相结合，还可以生产多种增强工程塑料等。

以合成橡胶为例，目前世界上不仅顺丁橡胶有 100 多种牌号，乙丙橡胶也有 100 多个品种，而我们还不到 10 种。况且目前全国合成橡胶产量只能满足市场的 1/3，缺口很大。因此在这方面也大有可为，可以发展丙烯酸乙酯或丙烯丁酯为主体的丙烯酸橡胶（这是一种优质合成橡胶，具有良好的耐臭氧、耐大气老化、耐高温、耐挠曲性和气密性好等特点），还可以发展乙丙橡胶、丁腈橡胶、丁基橡胶等新品种，以填补国内空白。还要考虑各种性能不一的牌号，以形成完整的系列。

以精细化工产品和化工原料为例，可以在重点发展环氧乙烷系列非离子表面活性剂、烷基酚聚氧乙醚、工业清洗剂、石油破乳剂、甲基叔丁基醚（MTBE）、添加剂和助剂的基础上，进一步发展聚氨酯黏合剂、光敏胶、厌氧胶、增塑剂等新产品。此外，还可以酌情发展苯酐、丙酮、环己酮、乙丙酰胺、双酚 A、环氧氯丙烷、甘油、丙烯酸、丙烯腈、甲基丙烯酸酯类等。

从长远看，可以在高桥石化公司发展新兴的化工材料工业，并带动整个高桥及外高桥地区产业，使之形成一个以高技术为重点的工业贸易区。

2）依靠科学技术进步，开发应用新技术

（1）加速科技进步。高桥石化公司的大部分企业设备老化，工艺比较落后，需要进行有计划、有重点的改造。炼油企业要提高两次加工能力和加工深度，提高油品质量，千方百计降低能耗。后加工企业要进一步采用新的催化裂化和聚合新工艺、新技术。如能改进重质油深度加工的重油催化裂解工艺，超临界溶剂脱沥青、生产针状焦的延迟焦化装置等，就能使轻油产率提高到 70% 左右，重油收率降低到 10% 左右。这是我国现在炼油技术水平能达到的，也是在不增加原油需要量的前提下为两次加工增加资源的关键。

为了增加石油化学工业的优质原料，炼油工业的工艺条件也必须有相应的调整，才能满足石油化工对轻质、优质的原料要求。例如，适合于裂解制乙烯的原料——汽油馏分油、石脑油、轻柴油的馏分，现在我国产率为 45%，美国为 69%，西德为 62.6%，英国为 57.5%，法国为 58.3%。我国与美国相差 24% 左右（日本炼油工业的重点是兼顾燃料油的供应，因此轻质油比率只占 43.8%，比我国还低），同时我国炼油工业以热加工裂解为主，所采用的工艺尚不完备，生产的内燃机燃料未能达到优质要求，亟待改革，争取把适合于化工原料的优质轻油的产率从现在的 45% 提高到 70% 左右，把内燃机用的石油产品提高到国际市场的要求水平。这是我国现在炼油技术经验和水平所能达到的。

（2）要合理地利用油气资源，搞好深、精加工和综合利用。同时要尽可能利用国内外的各种资金，引进和制造新的工艺装置，使老的工艺装置得到更新换代。特别要密切注意和吸收国际石油化工的先进技术、先进工艺，引进先进设备，进行消化和推广。总之要依托全国最大开放城市和现代化新区开发的有利地位，尽快让高桥石化公司的生产技术赶上和超过国际先进水平，这是提高经济效益、扩大出口创汇、搞好环境保护的基础和保证。

尽快采用国内外现成易行的科研成果和新技术、高技术，改造炼厂和石油化工企业的传统技术和正在老化的"新装置"，实现现有企业挖潜改造和扩大产品的需求，如重质油加工的热裂解、减黏、焦化、抽提等工艺，代之以深度加氢裂解、缓和加氢裂解、两段催化裂解、新型超临界抽提，以达到提高石油产品质量和石油化工产品质量的要求，达到油、化、纤结合，深度开发，提高经济效益。国外也把旧装置的技术改造作为今后石油化工发展的主要方向之一。

（3）要推动技术进步，更要重视科学研究。高桥石化公司的几个化工厂的发展，可以说都是采用了国内科研成果建立起来的。目前，公司本身已形成了一支科研力量，建立了研究院。并在催化、裂化方面有较好的研究基础，上海又是一个化工科研力量比较集中的地方。因此，要紧紧抓住科研这个重要环节，十分重视吸收国内外的科研成果来发展，充实自己，提高自己，这是一条投资省、见效快的发展途径。高桥石化公司积极依靠上海雄厚的科研力量，依靠化工、纺织、仪表、轻工、建材、医药、机电等各局的支持和合作，以石油化工研究院为骨干，形成浦东的石化科研基地，有计划地针对重点项目组织协同攻关，形成有自己特色的石化生产技术，建立各种形式的科研、生产、经营、出口这四个环节的联合体，将科研成果尽快地形成新的生产力，开拓新的国际市场，把高桥石化公司建设成一个现代化的科学园区。

（4）注意控制石化产业的"三废"治理，对废水要尽量循环利用，减少不易降解的有毒有害物质；对废气要减少COD、硫化物的含量；对废料要综合利用。

（5）采用必要的和先进的节能技术，把石油化工的能耗损失节约出来，移做石油化工原料之需，既可大大降低成本，提高竞争能力，又能弥补原料不足。现在石油炼制和石油化工生产工艺，主要是热加工或催化热加工过程，耗能过大，而且这些能源都是珍贵的石油、天然气和裂解气。现在炼油厂及石油化工厂万元产值耗煤达14t以上，比全国工业平均万元产值能耗的8.15t高70%。全国的炼油厂、石油化工厂每年能耗达千万吨煤之多，可见节能之重要。石油、石油化工企业对节能颇为重视，一般通用节能措施包括热量节约和能级节约。石化产业是能源消耗的大户，应该有针对地关注一些能耗过大的生产装置，通过挖潜改造和开发补用，使产品的单位能耗能有所降低，从而达到节约能源的目的，进而扩大再生产。

3.3.6　钢铁工业

浦东钢铁工业就其现状来说主要就是上钢三厂，上钢三厂位于浦东南端，有隧道可通，交通方便。

1. 上钢三厂技术改造前景

上钢三厂分为两个大的生产模块，即炼钢和轧钢。炼钢目前主要是提高合金比，不是提高产量。即使是普通钢产品，上钢三厂也通过增加低合金钢的比例而使质量提高，产值提高。轧钢部分的产量、产值的增长有相对的独立性，因为可以通过厂际的锭、坯协作来解决。

近年来，上钢三厂型材增产显著，这主要是由于技术力量足和近年来市场需求的增长。板材的生产量则受到设备限制不能增产，基本保持不变。

目前轧钢方面设备较陈旧，检测、控制技术落后，且二次能耗高，热处理能力不足。

总之，上钢三厂的客观条件是，设备老化，而目前还没有足够的资金进行大范围的更新。由于矿源问题，也很难进行大规模的自动化炼钢。

（1）上钢三厂应走高技术的发展道路。发挥品种全和质量上的优势，尤其注意发挥目前合金钢、低合金钢、中板的优势，像桑塔纳国产化这样的重点工程，需要大量的优质、多品种钢材，而上钢三厂对于其中的某些钢材目前还不能生产，这个事例说明发展高质量的钢材是十分迫切的。

（2）稳定产量吨数。钢铁工业主要配置的钢潜力有一定的限度，而新建炉除个别情况（如原已配套的）外，以另建新厂、选点外高桥等地为好，吨产量不变并不是产值不变。据上钢三厂的同志的观点，通过发展高质量钢材而使产值翻番是可以做到的。

（3）搞好横向联系。这包括两个方面：首先，外地的一些钢厂需要技术，有些小铁厂想自己炼钢，上钢三厂可以输出技术。由于上钢三厂拟转产质量较高的品种，这样做不但不矛盾，而且还可获得社会效益。另一方面，由于许多铁厂争取自炼钢，铁源受到威胁，上钢三厂应同时搞好铁的来路，以便生产得到保证。上钢三厂目前的位置，与宝山钢铁总厂的位置不同，不宜自己炼铁。因为常规炼铁设备相当大，污染（火焰、烟雾和吹尘）也要大得多。采用等离子法炼铁炼钢可以降低污染，但技术要求高，目前尚属研究项目，不能作常规工程考虑上马。上钢三厂目前已有一些关于铁源的协作关系，应该扩充，可以考虑联营、调价、技术支援等方针。只要上海炼钢工业的技术优势确实还在，加上正确的经营方针，即使不靠国家调拨，也能获得足够的生铁炼出好钢，并达到提高产值、利润的目的。

（4）正确处理好国家控制和市场调节的关系。从对世界各国情况的简介中可知，各国的钢铁企业都要有一定的控制权由国家掌握，因为钢铁工业的稳定如同石油等的稳定产、销一样关系到国家经济的稳定。另外，为了适应不断变化的市场的需要，企业又必须有一定的自主权。钢材的国家调拨和市场价差距较大，要严格做好审计工作，以免出现谋私现象。

（5）参加世界技术市场。可以抽出部分人力研究世界一流技术，以加强交流，提高企业素质。

2. 主要炼钢和轧钢技术

上钢三厂的设备水平主要都停留在相当于国外五六十年代的水平，迫切需要结合浦东的炼钢业现状来决定先采用哪些新技术以及引进哪些新设备。

（1）连铸技术。连铸技术由于可以做到节能、节材，又较易上马，所以近年来在国内正在推广。以首钢为例，首钢有 3 座 30t、2 座 5t 和 2 座 210t 的转炉。除 30t 转炉正在配制连铸设备外，其他的各炉都已经实现连铸生产。今后的计划是使连铸比接近 100％，仅例外情况才用模铸。首钢公司使用连铸技术后，降低成本效果显著。

上钢三厂现在也正在努力提高连铸比。以对不锈钢板采用的连铸技术为例，可提高成材率 7％。今后要进一步提高连铸比以达到降低成本、缩短生产流程的目的。要采用顶底复合吹炼技术。向铁水中吹入氧，使氧与铁水中的碳结合成 CO 或 CO_2，即炼钢的主要化学过程。顶吹即从钢包的上部（空气）吹入氧气，底吹则是从钢包的底部吹入氧气。比较起来，底吹效率较高，顶吹则技术较简单。

顶底复合吹炼技术是从上下两个方向同时吹入氧气，因此效率更高。首都钢铁公司两座大转炉（210t）目前正在搞复合吹炼，其他的炉都已实现了复合吹炼。根据他们的经验，可以做到降低消耗（钢铁消耗少，吹尘也少），搅拌性好，质量提高。

上钢三厂也正在搞顶底复合吹炼，并运用了一些引进技术，目前发展的方向是全面实现顶底复合吹炼。

上钢三厂目前平炉的产量仍占总产量的近 1/3，目前不能一下子就取消。但平炉产钢质量较难提高，应作规划分期分批由电炉和转炉代替。

（2）连轧技术是国际上的先进技术，往往成为衡量一个国家钢铁业先进程度的指标。近年来各先进国的连轧率都在不断提高，某些欧洲国家已达 100％。这些都主要是在近十年内完成的。

但是就上钢三厂目前的情况说，则不宜搞连轧项目。因为连轧虽然工艺先进，生产流程短，节省能源，但上马时需要将厂房全部重建，造成原有设备的浪费。因此从目前的经济效益上来看是不可取的。从长远的角度考虑，如要上马连轧项目，从北京、上海各地的专家的意见来看，也以另建新厂效益较高。这样原有设备可以继续生产。

（3）自动控制技术。自动化程度是现代工业的又一个指标，上钢三厂的轧钢部分可以通过运用自动制技术来提高产量质量，减轻强度。但是炼钢部分目前则不能实现全面的自动控制。主要原因是我国的铁矿往往含铁低，属贫铁矿。更有些矿含量较杂，因此我国一般对不同的铁源采用不同的冶炼技术，这样才能使钢质量提高、稳定。而自动化的炼钢一般要求铁矿来源稳定，因此上钢三厂为了今后能适应不同的铁源的炼钢，就不宜上马全面自动控制炼钢，这样可保持一定的灵活性，效益上讲是正确的。

轧钢部分由于原料来源一般波动不大，所以可以搞如在线检测、实时控制等自动化项目。

（4）自动取样。现在已经具备了自动取样的能力。但是现在自动取样的成本相对较高，因此从效益的角度考虑不常用到。但自动取样对于生产高质量的钢材是完全必要的。所以从现在起就要积极学习国外先进经验，提高样品分析能力，降低自动取样分析的成本。这样做的目的是为以后生产优质钢、特种钢打好基础。至于目前是否用这项技术，取决于具体经济效益的投入产出分析。

3. 具体的炼钢和轧钢技术

转炉车间三座转炉缺乏自动化系统，炉外精炼不够完善，连铸机质量也参差不齐，这些都需要较多的投资才能改善。在开发顶底复合吹炼的同时，也要进行双流顶吹技术的研究，双流顶吹技术上较易实现，同时开展对喷氧枪等具体细节的研究，使质量有新的突破。连铸机要攻克 95×125 连铸机的生产技术，实现全面连铸。

平炉车间已采用双枪顶吹，但模铸生产收得率低，劳动强度高。平炉车间现在在研究钢包喷粉和大板坯连铸技术以提高钢的收得率。

电炉炼钢则可通过 VOD 炉外精炼及不锈钢连铸工艺来提高不锈钢的内在质量。现在的主要问题是电炉容量低，装备落后不配套，可以进行采用金属球围冶炼、热装铁水等生产工艺的研究。

在轧钢的中小型材方面，在线检测控制低，二次能耗高。这些都是目前可以进行改善的。同时要扩大品种范围，目前以轻轨、槽钢、轮相钢材、圆钢、螺纹钢为主。

中厚板生产的热处理能力要进行提高。热处理可以改变板的力学性质，实现液压 AGC 以提高板的厚度精度、研制无损在线探伤。

薄板生产也存在能耗高、成材率低、装备落后的问题，同时劳动强度高。通过自动控制来提高成材率，提高精度，降低劳动强度，同时研究轧辊堆焊、工艺润滑技术，采用森吉米尔轧机等先进设备。中厚板在上钢三厂的生产受其他工业的影响。上钢三厂生产的中厚板主要用于造船、石化等工业。如果上海（尤其是浦东）进一步发展造船、石化工业，则上钢三厂要相应地配套增产中厚板。

在环境保护方面，各项指标与冶金部的标准还略有差距。主要体现在用水量、降尘量和钢渣利用率还略超出部标准。随着浦东的全面开发和繁荣，将对环保提出更高的要求。现在的第一步是要使各项指标达到部标准。

4. 新兴技术

由于其他领域的科技成果，钢铁工业能采用一些投资少的改革以达到改进生产的目的。这比更新炼轧基本设备效益高，因此被各国广泛采用。

1）信息技术

现代信息技术使钢铁生产技术有了新的突破。20 世纪 70 年代后，微电子技术、计算机技术、光纤通信和激光等新兴技术的发展，导致了信息技术时代的到来，使生产面貌大为改观。我们钢铁业也开始采用这一技术。下面简介有关技术的发展现况，作为上钢三厂技术改造的借鉴。

（1）氧气转炉的计算机动态（实时）控制系统的发明，大大减少了操作人员的负担，并可以使控制更为准确，是国外炼钢新技术不可缺少的一部分。虽然因我国矿源不稳定而不能照搬西方的现有成果，但应对适合我国矿源的自动化控制系统进行研究，搞出适合国情的自动系统。

（2）电视会议。日本的神户钢铁公司自从采用了电视会议系统，不但加快了节奏，提高了生产管理的实时性，同时节约了经费。扣除电视会议系统的费用后，每月还可净节约 400 万日元。虽然以我们目前的经济技术实力不能照搬，但也可考虑采用类似的信息技术来节约差旅费，并加强企业间的联系，如电话会议系统等。

（3）光纤通信技术用于管理系统，可以克服钢厂占地面积大，常规通信显得缓慢的毛病，已被世界上一些先进钢厂采用。光纤通信频带宽、容量大、抗干扰力强、体积小，但技术性强，需要专业人员研究开发。

计算机在钢厂内有两种用途，一是技术信息系统，二是实时控制（当然还有科学运算）。上钢三厂在这两方面都已开始起步。国内各大钢厂，如首钢、马钢等也都已列入专项计划。

计算机技术属于高技术范畴，运用时除了添加机器外（上钢三厂已有不少微机），更要注意人员培训，才能达到预期的效果。具体措施是从经济效益出发对计算机运用的项目进行核算，减少资源的浪费。

2）检测技术

检测技术包括温度、流量、压力、高度控制回路以及计算机和各计量设备，这些作为控制中心的感官，已成为现代钢厂的必备部分。先进国家一个产钢

2000 万 t 的钢铁公司约有温度控制回路 2000 个。

3) 等离子体炼钢

等离子态时物质可达很高的温度。用等离子法炼钢，原料可不经造块，不需用焦炭。瑞典 SKF 公司用等离子法炼铁，生铁成本下降 20%，能耗下降，污染减少。这种等离子技术在钢铁工业中用途很广，目前是世界上的热门课题。我国也有部门在研究，具体实现则需要有很强的技术、经济实力做后盾。

以上新兴技术代表了世界钢铁工业革新的一种趋势。有些技术能马上在浦东使用，有些则还不能。但我们都应对它们进行研究，以确定合适的发展战略。

3.4　发展和完善浦东新区社会服务系统

3.4.1　形成良好投资环境

利用外资开发浦东是我们的战略方针。上海吸引外资的成功与否，在于能否形成一个良好的投资环境。所谓投资环境是指投入资金循环增殖的外部条件。上海包括浦东的这种外部条件虽然已经大大改善，但是与国外甚至国内某地区相比，仍然有差距。要吸引更多的外资，最大限度地发挥资金的使用效益，首先应健全三大机制，创造良好的投资环境。这就是：①优惠政策机制，包括优惠税收政策和优惠价格政策等。②投资管理机制，包括建立管理机构，担当调剂、平衡、控制、监督的责任。③社会发育机制，包括对社会各服务子系统（图 3.1）的改造和完善，使整个社会系统向现代化开放型转变。

上海市在上述几方面迈出了一大步，促进了投资大幅度增长。要增强社会发育机制，使资金在浦东循环增殖速度快、增殖高，就必须使浦东新区具备以下条件。

（1）现代科学标准的合理城市布局。

（2）高效能的基础设施，先进的地上与地下建筑等，这包括信息、交通、给排水、供电、供热能各项设施，以及商业、金融、服务业等。

（3）发达的第三产业和信息咨询事业。

（4）高水平的城市管理、高质量的生活环境，居民能在清洁、优美、安静、安全的环境中工作和生活。

（5）先进、高效的生产和经营手段。

科学技术进步促进了城市服务系统的飞速发展，总的来讲表现在两个方向：一是沿着纵向渗透，服务系统的每个环节不断地提高，出现更先进的设施，更先进的服务。二是沿着横向扩展，新型的服务项目不断扩展，如电视数据、办公室

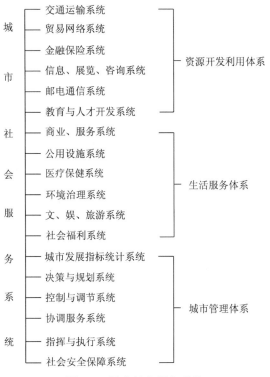

图 3.1　城市社会服务系统

自动化、新型交通工具等。在这样一个高效的城市服务系统条件中，资金循环增殖的速度很快，形成了良好的投资环境。

3.4.2　浦东新区发展基础设施和社会服务系统的策略

由于黄浦江一水之隔，浦东发展受到局限，与浦西差距不小，与世界现代化城市差距更大得多，要赶上世界水平，必须以较高的效率、较高的速度来改善浦东的条件，但是目前我国处在社会主义初级阶段，生产力水平不高，国家不可能投入很多资金来改善浦东条件，吸引外资也要有一个过程。为解决这个矛盾，必须根据实际条件，选择一些优化的策略。

采取"有限目标、突出重点、分期实施"的方针。要避免"全面赶超"、"齐头并进"。要制定规划，选择目前对改善投资环境最关键的所谓"瓶颈"项目，实施重点突破。对于浦东来讲，可选电信、城市交通、港口建设作为改善的重点项目。（能源不属于本课题研究范围，我们在此较详细地研究这三项，在分报告中还将研究公用系统管线地下共同沟和办公室自动化等）。

在技术引进或开发某一个项目时，应根据上海市现有的科技基础，选择那些花钱少、见效快的技术，要注意阶段性。

要充分重视"软技术"的开发或引进，过去存在"轻软重硬"的倾向，只引进设备，不注意引进管理技术，使许多工作事倍功半。现在港口建设中要注意引进管理技术，在市内交通中要注意引进交通管理的各种技术。

信息化已是现代化城市服务系统的特征。因此，应用电脑和信息技术来改善服务系统的效率是今天的一个重要方向。

在完善社会服务系统方面，新技术应用与开发的目标是：有重点地、阶段性地改善电信、交通、港口等方面的服务设施和服务手段，使其成为现代化的高效率服务系统。

3.4.3　电信

目前各经济发达国家和地区都已建成了以模拟为主、模数并存的通信网，并正向数字化过渡。市内电话和长途电话实现了自动化，市话普及率一般都在30％以上。除了普通电信业务的普及，一些适合现代社会需求的信息通信业务也在不断推出。在技术方面，正在积极采用程控交换机；大容量光纤和电缆传输，并且和微波、卫星通信构成多路由多手段的电信网；大量安装数字新设备。世界电信的发展正趋向于综合数字信息网。电信对现代工业社会的发展起着难以估量的巨大作用。

浦东地区的电信目前总交换容量 19 000 门，其中已有近 8000 门程控交换容量，但电话普及率和接通率都很低，与浦西沟通的中继电路不足，线路陈旧老化，使得浦东内部、浦东与浦西电话不易畅通，更谈不上发展直拨电话和开展新业务。按照常规，浦东难以超过市区的发展速度，近五六年上海电话增长率为14％，而待装用户年增长率超过 30％，电话接通率降至 50％以下。为解决浦东地区通信紧张，市政府和邮电部门已做了很大努力，如用程控交换机对老式电话局进行扩容改造，和去年新浦东话局第一期工程的 4000 门纵横制交换设备的安装等，但考虑到要将浦东建成一个现代化的新区，要求电信在一个不太长的时期内，越过一个在业务、技术和管理上的跨距，以较快的速度缩小与经济发达国家城市的差距。

浦东新区的电信应该充分满足现代化城区的需求，除了开放常规电信业务外，还要为居民、企业和政府等提供更多的服务。新区的电信要考虑到开发重点的需求，特别是在陆家嘴和外高桥地块。要确保这些地块的国内外联系畅通，优先提供先进的通信手段。新区的电信应该有全面的长远规划和阶段目标。起步阶段应集中投资，开通最迫切又可迅速见效的电信业务，电话普及率应超过 10％，并使 1/3 人口可享有住宅电话；展开阶段电话普及率将超过 30％，力争接近目前香港水平，并使那时每户人家都有电话。并且开通数据通信等信息通信业务，到新区建成使电话普及率达到 60%～80%，接近或超过东京现有水平，并能提供综合信息服务。

根据浦东新区电信发展的目标，必然要向综合业务数字网过渡，电信技术装备具有国际先进水平，电话密度到达发达国家城市的水平，可设想：①应在浦东新区建成统一的本地网，不再有市话网和郊县网之分。新区的电信网仍然是上海市网的一部分。具有汇接局、端局和用户线路三个网路层次，有陆家嘴等处多个汇接局可沟通与浦西的联系。②电话局所的设置在原有基础上全面考虑，将密切联系开发重点及其阶段的要求。可在闹市区高楼集中地块建设程控选端模块地下无人值导机务站。考虑到减少网络节点，原则上不宜再增加电话局数，而可扩大交换容量。最终话局控制在 15～16 个，平均容量在 6 万～8 万门。③为确保通信畅通，所有中继线路都采用两种传输手段，过江中继采用水缆和微波并举（在新建陆家嘴电视塔、浦江大桥和越江隧道时应有所考虑），一般中继采用光纤和微波并举（在建高楼时要考虑空中微波通道）。选用先进的地下线路铺设方式，可参考日本东京等城市在街区道路建设时就建设地下通信线路管道与其他管线共用的"共同沟"，在浦东新区彻底消灭"路面开剖"的现象。所有楼房在建造时就考虑到电话线和电源线一样铺设。④建立浦东电信大楼，它既是新区电信管理机构和营业机构的所在地，又是浦东地区电信网络监控管理的中心。电信大楼又是一个主要汇接局，以建在陆家嘴附近为宜。

从目前发展趋势看，浦东新区在开发初期可大胆使用国外 70 年代末 80 年代初成熟的先进技术，如本地网技术、光纤通信、卫星通信、微波通信、移动通信和数字程控交换技术等。

电信是一项技术密集型和资金密集型产业。加速发展电信还和政府政策、投资能力与策略、城建规划、经营思想甚至与国际经济气候等诸多因素有关。脱离这些软环境的支持，单纯以技术观点去发展电信是难以获得成功的。然而，浦东新区的电信建设有可能获得较快的发展速度，这是由于已经得到肯定的政策开放度和有可能充分吸取国内外发展电信的正反两方面经验教训，从而确定一个合理的电信发展模式。

对浦东新区电信建设提出如下建议：

（1）马上着手新区电信建设的规划。一个城区的电信规划是长远大计，要严格履行科学程序，不可草率。通常需要先进行可行性研究，然后筹划详尽的技术规划。由于浦东新区发展的特殊性，基本数据的缺乏，这项工作更不能掉以轻心。邮电部规划所曾对上海经济区电信发展做过规划，上海市邮电部门也有过 2000 年规划，新区的规划应该在这些工作基础上进行。

（2）加强领导部门的协调功能。电信牵涉问题太多，是非由政府出面协调不可的。目前上海市虽有市通信领导小组，但不是一个有权威的日常领导机构。可设想在新区管委会下建立一个主管信息产业的机构，除主要抓电信建设外，还可兼管局部计算机网、数据库和信息中心。必要时可就某一工程专门组建领导建设办公室，协调和监督工程的进程。

（3）倡导电信企业化经营。这涉及电信体制的敏感问题，但浦东新区有可能跨出一大步。这是由于它已获得中央肯定的政策开放度和有限面积的地理区域。可考虑：成立浦东电信局，技术体制仍受市信局管辖，行政管理可由市电信局提供适当指导帮助，而经营管理完全由新区电信局承担，自负盈亏。这样既可保持上海电信网的一致性，浦东电信建设发展又可不受上海市管理方式的束缚，呈现极大的灵活性，适应新区的需要。更广泛的讨论将涉及这个电信企业是否可采取"三资"企业的形式。

（4）保证足够的电信投资。电信投资具有促进社会再生产的资本作用，事实上是一种效益最高的投资，但电信投资的主要效益是被全社会获取，电信部门仅受惠极小部分。苏联的研究表明，1 卢布电信投资可为国民经济节省 3 卢布。日本统计表明，1 日元的电信投资可为社会创造 2.5 日元价值。我国邮电研究部门的研究成果也表明，1 元人民币电话投资可带来 6.78 元社会效益。具体体现在：提高社会劳动生产率，节约人力资金，加快资金周转和节约能源。必须大力宣传这种观点。浦东新区电信的发展速度必须高于新区的经济发展速度。如果不能在电信投资上有一个超出常规的增长，新区建成现代化城区的战略是难以兑现的。

3.4.4　交通运输

1. 浦东交通现状问题严重

浦东地区交通难的问题主要表现在道路少、公交系统不发达，交通管理系统不健全。另外还有一个特殊问题是过江难。目前交通问题严重，常堵塞的道路有浦东南路等若干条。浦东开发后，若不重视交通，问题就更严重。

浦东要开发成一个具有世界一流水平的新区，不具备先进的道路结构、发达的公共交通系统和提高交通管理水平是不可能适应这种开发需要的。

2. 浦东的交通建设要考虑的几个方面

（1）布置合理的道路结构。浦东的外高桥、陆家嘴、北蔡、花木四个开发区，每个区域内都必须具备与区域发展相协调的干道、次干道、支路系统，并配置一定规模的停车场、广场、绿化地。干道和次干道要形成快、慢车分流，机动车、非机动车分流，人行和车流分行，道路宽度和交叉口设计要根据交通流调查及发展来确定。干道宜建成六车道，次干道建成四车道，尽管开始可能占地多，但对今后城市的发展有好处。而区域与区域间应建立高速干道网，使客、货运能各行其道。在高速干道下面可铺设各种管道（电力、电信、供水、供气等）和公路专用通信网，提高道路信息的快速传递和通信，降低道路的造价。

（2）建立必要的公交系统。随着汽车工业的发展，加上小汽车舒适性灵活性的优势，小汽车在各个大城市的保有量在近几十年飞速增长，但是在我国，大众化的、大运量的客运交通工具还得靠公交系统来实现，这在许多发达国家也得到了证明。关键是在浦东新区要建设能快速输送流量在 100 万人次/日的主要公交系统，如地铁、市郊铁路、有轨交通、磁力悬浮车等。

从目前浦东地区的地理情况来看，地铁的造价在 2 亿元/km，有轨交通系统造价在 50 万元/km 左右，而运输量地铁是有轨交通的 2.5 倍左右。另外，磁力悬浮车由于车辆沿导轨飞驶，速度可达 190km/h。从性能价格比来看，地铁方式具有快速、正时、干扰少等优点，但造价贵、要求高（通风、排水、铝合金不锈钢车厢、紧急出口等）、施工难度大。而有轨交通具有价低、易于施工的特点，缺点是噪声大（需隔离墙）、干扰多（要考虑交叉道口）。但在浦东开发建设中，这种公共交通运输系统是一定要搞的。光靠单一的公共汽车是难以解决实际问题的。要组成一个在小区内有小型（公共汽车、小汽车、公共车辆优先行驶、专用车道等）公共交通系统，区域间有大运输量的公共交通系统的格局，并与浦西的交通联系起来。

（3）过江交通的安排。过江交通要采用轮渡、隧道、大桥一体化的运输方式，随着时间的推移和新区的发展，轮渡方式应逐步减少，而由隧道（包括自行车专用隧道）和过江桥梁来承担。从布局来看，从闵行至外高桥地区几十个主要道口越江工具都需要发展。从流量来看，客、货流最好是分流，特别是大宗货物的分流（如集装箱运输，30t 的集装箱要从隧道过江相当困难），因此这一地区还要考虑建造第二座浦江大桥，选址可进一步分析。自行车的过江问题可考虑建设专用隧道。

（4）管理系统的改善。交通管理的提高能明显改善交通条件，而所花费的资金却不多，是一条很好的途径。国外研制并日趋成熟的 scoot（英国）、scats（澳大利亚）、ormon（日本）系统、交通诱导控制，这些系统从原理上都能解决交通紧张所带来的交通混乱问题，但有些参数不太适合中国国情，而这些系统的软件还没有完全公开，因此可以在借鉴这些系统优点的基础上研制适合我们自己道路情况的交通管制系统。当然也可以通过技术引进、消化，对其修改后再进行使用。

（5）外高桥的建设。根据发展设想首先要开发外高桥地区，因为那里有优越的港口和高桥石化工业区，可以开发成一个外贸工业加工区，那样的话，该地区港口的货物运输量和周转量将有大幅度的提高，人口也会在短时期内有一个新的突破。形成一片新的出口导向型加工区，并随着发展产生一系列生活区、商业区和娱乐区，随着外高桥地区的发展，公路网建设将贯穿浦东的各个主要地区。

3. 建议和措施

（1）制定合理的交通规划。交通规划必须从现在做起，使其保证和浦东新区的规划开发同步发展，具有整体性、合理性和持续性。

（2）综合治理交通运输。要适当引进一些新技术、新设备和新材料，如城市道路施工设备、交通管制设备、公交管运工具、反光材料等，并充分利用我国现有基础和材料开发的仪器、设备来武装浦东交通运输。

（3）注重城市环境。城市交通系统的水平提高既不能以破坏城市生活环境和质量为代价，也不能过分强调城市功能而忽视交通。城市的发展依靠交通运输的高效率，交通运输的发展需要与城市的环境保持一致，包括景观的保护、与建筑协调、与城市功能相吻合。

3.4.5　港口建设

浦东有两处建港地——外高桥和卢潮港，其中外高桥地区岸线长 7km，万吨泊位可设百个，水深 10～15m，条件相当好。浦东发展战略中已确定外高桥作为对外交通和外贸工业区重点开发。

1. 浦东港口发展的设想

初步设想的浦东港口发展三阶段如下：

在 2000 年以前，作为第一阶段，首先开发建设外高桥新港区，以港口及其航运业带动浦东地区迅速发展起来。综观中外经济发展史，最早发展起来的城市几乎都是依靠港口的。利物浦、纽约、神户、横滨、上海、天津都是明显的例证。

2000 年以后 15～20 年，作为第二阶段，随着大系统交通体制的完善和发达的资料信息系统的建立，应进一步建设发展外高桥新港区，发展全集装箱码头，使其作为华东地区的对外门户，能主要承担上海及长江流域的外贸运输的繁重任务。

在以后更长的一段时间内，也即第三阶段，要进一步开发建设金山嘴大型、深水港区，使包括浦东在内的整个上海港成为大型的、具有世界先进水平的国际枢纽港，从而为实现把上海港建成西太平洋最大的经济贸易和文化中心之一的战略目标打下坚实基础。

2. 浦东港口与世界上先进港口的差距及努力方向

（1）泊位建设。每个高效率的现代化港口，为了能迅速接纳来港的大量船舶，都建有足够的泊位，外高桥目前仅几个运油专用码头，要在统一规划下，加快建设泊位的速度。

（2）深水航道和深水港区的建设。浦东深水航道和深水港区的范围不大，长江口内侧的铜砂浅滩阻塞了航道，有待于疏浚和扩大。

（3）导航设施的建设。20 世纪 70 年代末期出现了应用电子计算机技术的船舶交通管理系统（VTS）。我国青岛港口在港在区设置 VTS，并向附近海域扩展。台湾与香港也在建设。其他地区，包括上海均未建设 VTS。上海市水上交通拥挤，水上事故多，1977～1981 年的五年间发生在上海的海损事故达 57 起，占全国港口海损事故总数的 51.8％，这说明上海亟须建立 VTS。

（4）装卸设备专业化，高效率化。上海港口与世界现代港口相比，在泊位数量、深水航道和港区、导航设施、陆域和库场、集疏设施以及劳动生产率等方面差距是明显的。若仅就装卸技术及设备而言，从整体上说，专业化、机械化程度较高，水平不低，属国内先进水平，在世界上也处于较先进行列。但还有差距。主要表现在两个方面：成组化、集装化比例小，应用电子计算机对单机以至装卸系统进行自动控制与管理不广泛、水平低。

（5）库场容量扩大。由于采用大型船舶，货运集中，每次装卸量大，货物一时运不走，要设库场存放，逐步疏运。

外高桥港口附近可用土地面积大，应率先规划好，逐阶段建设现代化的货场。

（6）疏运设施的完备。如果忽略了港口的疏运能力，造成港口堵塞，造成的损失是巨大的。世界上先进港口均有畅通的疏运设施，尤其是铁路、高速公路、内河运输连接成网，外高桥区应考虑铁路建设，尽早使铁路过江，与中国广大腹地接通。

（7）扩大修船能力。现代化大港口一般都具备强大的修船能力，浦东造船业十分发达，近年来修船业务也有发展，应有计划地在外高桥新港区建立修船业务。

（8）加强港口的计算机管理。广泛引进电子计算管理技术，逐步实现管理操作自动化，是世界先进港口特点，现已有码头遥控、自控、装卸设备自动化。

烟台港率先开发了港口调度信息管理系统，自 1987 年年初以来一直成功地运行着。他们的经验值得外高桥港口借鉴。

（9）要重视环境保护，绿化美化港区。可考虑在港口与浦东新区内设置绿化带，规划和建设游览区，严格控制污染。

3. 分阶段引进、开发、应用新技术

2000 年以前的第一阶段，重点建设多用途泊位和扩建泊位。

（1）尽快地开发 VTS 技术，以高效管理船舶交通，减少交通堵塞和交通事故。

（2）开发港口管理信息系统。

（3）尽可能使大宗散货装卸专业化、高效化，使杂化装卸成组化、集装箱化。

（4）采用各种高效连续卸船机、多用途国产起重机、高架轮胎起重机等先进的装卸车、船设备。

（5）广泛应用电子计算机进行单机以至于系统的自动控制和管理、自感故障测量和管理。

（6）加强技术和人才引进，同时加强培训工作。

2000 年以后的阶段，则应在逐渐减少引进先进技术和设备、引进人才的同时，立足于自己开发和发展适合中国情况的新技术、新设备、并使整个装卸技术及设备处于当时的世界先进水平。

4. 策略

（1）港口建设包括基础设施和经营性设施建设两部分。基础设施无利可图，应立足于国家投资，以内币为主；经营性设施则应积极引进外资，以外币为主。可以多渠道、多方式引进外资，可以利用世界银行、亚洲开发银行或其他政府或金融机构低息贷款，或采用外商独资、合资及其他形式。在第一阶段还可搞保税仓库、出口加工区等以提供多种经营服务方式活跃投资环境，更多地吸引外资。

（2）多渠道、多方式引进智力或技术及培训人才。可以搞联合咨询、合作设计、联合投标（施工或生产）或引进人才、送出国外培训等。

（3）承包施工或采购设备主要应采用国际招标方式。交通部利用世界银行贷款，三次通过国际招标，为上海、天津、黄浦三港共采购各类设备 525 台件，合同总金额 6640.1 万美元。因日元、马克升值，实际付款约 6900 万美元。由于公开招标竞争激烈，对降低标价、节省投资、保证质量都十分有利。例如，第一次招标，总标价 3104.5 万美元，为原概算的 53.3%；第二次总标价 1697 万美元，仅为原标价一半左右。

3.5　建立浦东新区现代化城郊农业

作为一个国际化、枢纽化和现代化的世界第一流的浦东新区的城郊农业，必定是外向型的、现代化的。新区农业的主要任务是：①生产多品种、高质量的农副产品，以保证现代化大城市，特别是对外开放的供应；②利用种养殖方面的条件与优势，针对国际市场需求引进资金、技术和良种，发展出口农产品，发展创汇农业；③依据旅游、游乐休息的需求，发展"旅游农业"，开辟新的旅游资源。

浦东原农业结构较为单一，属于以种植业为主体的传统农业。传统农业作为农业发展的一个基本阶段，其特征是以人力、畜力和手工劳动为主进行自给自足的生产；其目的是为了维持劳动者及其家庭成员的生存而生产。现代农业的特征则是：产品商品化，生产专业化，服务社会化，经营集约化，生态良性化，工具机械化，技术科学化。显然，为完成浦东新区发展所赋予的任务，浦东农业应加快由传统农业向现代化农业转变的进程。在产品商品化、生产专业化、技术科学化等方面下功夫。

以下分四个部分来展开浦东农业的发展。

1. 发展设施园艺，生产多品种、高质量蔬菜果品

城郊农业要向城市提供大量的蔬菜果品。由于城市居民对蔬菜果品要求越来越高，不但要求多样化的品种，而且要求周年生产，四季供应。先进国家，如日本、美国及西欧各国，相继发展了设施园艺。从结构上分类，设施园艺包括：玻璃温室，钢筋塑料大棚，塑料管棚，塑料小棚，简易棚等。各种结构形式，又区分若干不同栽培方式，以适应不同的蔬菜果品的要求。

在设施园艺内，采用了先进的设备和技术。几乎所有温室和大棚装置了比较现代化的加温、灌水、通风设备，还有电子计算机控制和管理，普遍采用了多种薄膜，多层覆盖保温。由于设施园艺的发展，居民随时随地都能买到无季节限制的质量上乘的菜。

设施园艺的发展有两个方向：①向节能方向发展；②向养液栽培方向发展。养液栽培，又称无土栽培或水培。

设施园艺是一项复杂的工程，涉及农业、科研、工业等许多部门和学科。上海市具有全国最强的工业和科技基础，尤其在农业科技力量方面，遥居全国之首，上海已与日本建立中日合作设施园艺试验场协议。由日方无偿提供全套园艺设备和农膜、农药、化肥、测试仪器、小型农机具，并派出专家来华进行技术指导。上海试验场已投入试验生产，取得了一定的经济效益和社会效益。在此经验的基础上，会较迅速地发展设施园艺。

对于浦东新区设施园艺发展，可采取更灵活的政策。除了政府补贴外，可争取外资。与某些饮食、旅游联营集团签订合同，由他们提供资金。菜农以高质量蔬菜、果品补偿，以取得较多资金发展设施园艺，尤其是在蔬菜采后保鲜和批发市场方面，极尽地吸收先进的科学技术和管理方法，以提高蔬菜品质和营养价值，方便消费者，减轻城市的垃圾污染，使新区以一个新的面貌出现。

2. 发展现代化养殖业，生产高质量的肉、蛋、乳食品

作为世界一流城区，浦东的肉、蛋、乳食品的供应量必须丰富多样。除了实行体制改革措施外，还应注重吸收世界先进养殖业技术，以求较快发展养殖业。

养殖业工厂化、机械化、自动化、电脑化。品种健康高产，饲料全价组合，厂房环境设备卫生，管理科学，效率高，料肉比合标准，经济效益高。

养猪、奶牛（牛）、鸡（蛋鸡）、鱼等的现代化新技术可简要概括为（详细见分报告）：

（1）育种采用新技术，疾病防治技术先进。

（2）喂养机械化、自动化、电脑化。

（3）饲料制备科学化、机械化、自动化。

（4）加工、包装、运送、销售专门化、现代化。

浦东地区，主要是川沙县，发展养殖业的条件在上海郊县中属上乘。据估计可发展淡水养殖 1 万亩，可建立奶牛和乳制品生产基地以及瘦型猪和良种禽蛋基地。作为世界一流城市郊区，浦东地区肉、乳、禽蛋需求量增加很快，相对应的养殖业发展要走集约化的道路，以技术进步，即不以扩大外延而增加内涵来增加生产的道路。浦东养殖业发展策略可考虑如下几点：

（1）建立专业生产基地。根据地理环境、技术基础条件等选定各类养殖业生产基地。这样便于资金、科学技术引进，便于销售和管理。

（2）建立技贸农联合体，实行科研、生产、贸易三结合。由贸易部门引进优良品种及新设备、新技术，科研单位和高校担任技术攻关，而农民进行生产。可实行横向联营，由食品公司、旅馆餐厅投资，建立现代化饲养工厂，将产品优先供应它们。

（3）国家提供一定的补贴等政策，扶持养殖业迅速发展。

（4）瞄准市场，尤其是国际市场需求，发挥本地优势，创造一批名优品种，占领国际市场，出口创汇。

（5）建立养殖信息技术咨询产业，向农民提供国际新技术、国际市场信息，以发展养殖业生产。

（6）培养技术人才，引进生物工程等新技术，提高养殖工厂的经营管理水平，以及科学技术水平。

3. 发展花卉新产业，美化城市，增加创汇

花卉，作为雅致、整洁、文明、进步的象征，它可以反映出一个国家、一个地区、一个城市科学、文化和艺术水平的高低。随着世界科学技术的进步和人类生活水平的提高，不少国家已把花卉作为一项重要商品进行生产，并迅速形成一项新兴产业。其迅速发展的原因有以下几点。

（1）具有较高的经济效益。花卉业是一项经济效益较高的生产门类。在传统的农产品中，低产值的居多。而花卉则属于高产值的高档商品，如小麦、棉花与杜鹃花产值比为 1：3.5：162。

（2）带动附属行业的发展。花卉生产是一种劳动密集型的生产，可以吸收大量的就业人口，广开就业门路，对于人多地少的地区有特殊意义。

（3）推动旅游事业的发展。

（4）促进食品、香料和药材工业的发展。

（5）改善环境质量。

世界市场对花卉的急切需求大大刺激了花卉生产的发展，从育苗、栽培到管理逐渐趋向采用最先进的工业化生产体系，形成一个专业化、现代化、立体化的花卉生产体系。

花卉育苗的全过程几乎都在水泥地上进行，看不到真正的土地，比一般工厂还干净，从拌土、下种、催芽到育苗由计算机控制。

随着花卉工厂化育苗生产技术的发展，园艺事业发达的国家早已突破了自然条件的限制，在人工控制温度、湿度和光照强度等设施园艺条件下生产各种花卉植物。同时，花卉栽培技术也发生了重大变革，大量采用无土栽培，浇灌营养液的方法。

现代化、国际化的浦东新区是一个容量很大的花卉市场。发展花卉生产，供应新区，美化新区环境，同时逐渐出口创汇，有极重要意义。

浦东川沙县花木乡以培养花卉著名，有较好条件。现有 60 亩盆景场、50 亩园艺场及 265 亩果园、350 亩树木面积。但是由于品种少、质量差、种植技术落后，目前仍采用瓦盆、泥土、粪肥养花，检疫往往通不过，花卉出口停滞不前，创汇能力很差。为了迅速发展花卉生产，提出以下四条建议措施。

（1）建立花卉基地，包括生物工程育苗基地、生产基地、出口基地，采用先进的技术管理，发展设施园艺，即温室、大棚、营养盆栽、营养液栽培等。逐渐建立可控温、光、水、气的现代化温室园艺。

（2）抓特色、拳头产品。充分利用浦东及上海基础，培育特有的优秀花卉，尽快形成独有花卉优势，占领国际市场。例如，可发展日本、中国香港、欧洲欢迎的月季、菊花和香石竹。

（3）建立技贸农联合体，实行科研、生产、外贸三结合。例如，由外贸引进良种，科研单位负责繁殖和栽培技术攻关，然后组织花农批量生产，由外贸部门组织销售。这样可以发挥各方优势，以形成高效率的花卉生产体系。

（4）培养花卉专业人才，引进与研究先进花卉生产理论及生产技术，将花卉生产提高到世界先进水平。

4. 引进与开发生物工程技术，发展新型农业

现代科学的发展，给农业带来了一场革命，世界上先进国家纷纷开发生物工程技术研究，将其应用于农业、医药卫生、轻工食品、化工、能源开发、冶金、环境保护等领域、取得了惊人的成就。

生物工程是近几年来发展的一项高技术产业，它是指综合运用生物学、化学和工程等的手段，直接或间接地利用生物体本身或某些特殊机能得到产品，为社会服务的科学体系。

生物工程产品在农业、医药卫生、环境保护、冶金等领域广泛应用，其优越性在于能以地球上丰富的再生性资源为原料，在缓和的条件下进行反应，过程简单，节约能源，降低成本，减少污染，可提供一种新途径解决传统或常规方法难以解决的问题，能提供新的动植物品种满足人的需要。

从城市总体功能看，发展生物工程有助于建设一个环境最清洁、最卫生、最优美的一流城市，有助于促进产业向技术密集型转化。

世界上先进国家在将生物工程应用于农业生产方面做了许多工作。下面结合浦东情况谈一些设想。

浦东农业可应用的生物工程技术有以下七点。

（1）植物组织培养技术。在这项植物遗传操作技术中包括三大课题：快速繁殖植物株系，无病植株的获得；植物无性系诱变，培育新品种。

（2）花药培养、单倍体育种。

（3）农用单克隆抗体的研究。

（4）家禽胚胎移植及胚胎分割技术。

（5）控制鱼类性别比例的技术。

（6）生物防治。

（7）基因工程的应用。（详细见分报告）

上海市有我国最强的生物工程技术力量，中国科学院在上海的各研究所及其

他研究机关和高校聚集了雄厚的技术力量。外国生物工程公司早有意向在上海投资经营，浦东可选独资或合资生物工程公司引进外国生物工程产品或技术，利用本市充足的科技人才，首先生产进口替代或填补空白的生物工程产品，进而扩大规模，生产出口产品，占领国际市场，创取外汇。

　　值得一提的是在浦东建立植物组织培养中心条件基本成熟，可采用外商独资或合资的形式，生产无毒试管苗（花卉、蔬菜、水果等）供应国外和当地。我国在这方面的技术已达世界领先水平，国内也形成了产业，广西柳州以及广东顺德、新会均建立企业，经济效益和社会效益十分显著。例如，广东顺德办厂两年收回投资，生产香蕉苗供给果农，大大增加了产量和保证了质量。

参 考 文 献

1. 中国城市经济学会秘书处，兰州市经济研究中心. 城市发展战略与管理. 兰州：甘肃人民出版社，1988.

2. 江道涵. 城市经济与区域经济. 城市发展战略与管理. 兰州：甘肃人民出版社，1988：218-228.

3. 刘人怀，史乐毅. 有效利用外资、扩大对外开放. 国际商务研究，1987，6：1-5.

第4章　公共安全工程

4.1　公共安全相关工程科技研究的重要性[*]

4.1.1　中国公共安全形势严峻

新中国成立 60 多年来，各族人民同心同德、艰苦奋斗，战胜各种艰难曲折和风险考验，取得了举世瞩目的成就[1]。特别是改革开放 30 多年来，中国保持 GDP 年均 9.8% 的增长率，政治和社会大局稳定，有效应对了一系列危机和灾难，公共安全形势保持了总体稳定、趋向好转的态势。但是，中国公共安全形势依然严峻并面临着新挑战[2]。

1. 自然灾害严重

由于特有的地质构造和地理环境，中国是世界上遭受自然灾害最严重的国家之一，其基本特征是灾害种类多、分布地域广、发生频率高、造成损失重，年均 3 亿多人次受灾，倒塌房屋 300 多万间，经济损失超过 2000 亿元。

2. 事故灾难频发

由于经济快速发展，粗放型的经济增长方式、一些企业安全管理水平和技术落后、非法开采、违规操作等原因导致的煤矿、交通、化学品等事故频发。近十几年来，各类事故年均死亡 10 万人，其中一次死亡 10 人以上的重特大事故年均近 100 起。环境污染和生态破坏事件也不断出现。

3. 公共卫生事件威胁着人民群众的生命和健康

全球新发现的 30 余种传染病已有半数在中国被发现，多种传染病尚未得到有效遏制；职业病危害严重；农村卫生发展滞后，传染病、慢性病和意外伤害并存；重大食物中毒事件时有发生。重大疫情的不时出现和公共卫生事件的不确定性及严重性已经成为一个新的重大问题。

---

* 本节内容是中国工程院课题报告（2010）。

4. 影响国家稳定和社会安全的因素依然存在

一是人民内部矛盾凸显。由于经济社会快速发展中的结构性矛盾和不平衡问题以及各类经济纠纷等，上访和群体性事件不断。二是刑事犯罪高发。三是国内外极端势力制造的各种恐怖事件危及我国安宁，如西藏、新疆的打砸抢烧等暴力犯罪事件等。

国际经验表明，当一个国家人均 GDP 处于 1000～3000 美元这一区间时，公共安全事件处于上升期，3000～5000 美元时处于高发期。而我国在 2008 年人均 GDP 就已达到 3260 美元，正处于公共安全事件高发期。

据国家统计局近五年的数据估算，我国每年因自然灾害、事故灾难、公共卫生和社会安全等突发公共安全事件造成的非正常死亡人数超过 20 万，伤残人数超过 200 万；经济损失年均近 9000 亿元，相当于 GDP 的 3.5%，远高于中等发达国家 1%～2% 的同期水平。目前我国正处于经济和社会转型期，公共安全面临的严峻形势越来越凸显，但我们还没有建立起一套完备的公共安全保障体系。在谋求经济与社会发展的过程中，人的生命始终是最宝贵的，应当像对待人口问题、资源问题、环境问题一样，把公共安全问题提升到国家战略层面。目前，不少发达国家已经将公共安全上升到国家安全高度，进行战略研究与产业化发展，在核心技术方面已经占领了制高点。如果我们不加快步伐，不仅将在这一领域始终受制于人，也难以保障我国的国家安全利益。

4.1.2　中国公共安全管理工作面临新挑战

1. 城镇化和城市现代化的挑战

改革开放以来，中国以年均增加 18 个城市和 1.4% 城镇人口的速度在发展。2008 年，城镇人口为 6.07 亿，城镇化率为 45.7%，百万人口以上大城市有 118 座。高风险的城市和不设防的农村并存。城市灾害的突发性、复杂性、多样性、连锁性、集中性、严重性、放大性等，使城市应急管理工作任务繁重。

2. 工业化、信息化的挑战

自然灾害、事故灾难、公共卫生事件和社会安全事件等各类突发事件的关联性越来越强，互相影响、互相转化，导致次生、衍生事件的产生或各种事件的耦合。水、电、油、气、通信等生命线工程和信息网络一旦被破坏，轻则导致经济损失和生活不便，重则会使整个国家的政治、经济或军事陷入局部或暂时瘫痪，社会秩序失控。

3. 市场化的挑战

中国经济社会发展进入了一个关键时期，经济体制深刻变革，社会结构深刻变动，利益格局深刻调整，人们的思想观念深刻变化，再加上民族宗教问题的影响，不稳定、不确定、不安全因素增加。人民群众的法律意识、权利意识明显增强，舆论监督、社会监督力度空前加大，对公共安全的要求越来越高。

4. 国际化的挑战

和平与发展是时代的主题，但世界并不太平，并不安宁，各种矛盾交织，错综复杂。恐怖袭击、局部战争、金融危机、对水资源、石油资源的争夺以及跨国性的重大疫情的传播等不时出现，境外涉我和境内涉外的突发事件增多。

随着经济发展水平的日益提高，安全问题越来越成为社会关注的焦点。促进与公共安全相关的工程科技建设，对我国建设更安全、更和谐的社会将起到举足轻重的作用，是我国面向未来必须重视和关注的重大工程科技问题。为此，我们将从以下几个公共安全领域开展研究工作：①信息安全；②生物安全；③食品安全；④土木工程安全；⑤生产安全；⑥社会安全；⑦生态安全。

4.1.3 课题研究的指导思想

瞄准国家经济社会发展的需求和目标，力争做到具有前瞻性、战略性和创新性，做到既有现实性又有长远性。着力研究我国必须高度重视和关注的公共安全相关工程科技问题，促进中国工程科技更好地坚持中国特色、服务于国家经济社会发展、支撑创新型国家建设以及保障国家安全。

研究重点和亮点主要体现在监测、预警、应对和管理四个方面。

研究工作突出战略性、前瞻性和创新性，以最大限度的保护人民生命财产安全为出发点，重点研究公共安全相关工程科技中的共性问题，充分调研国内外研究现状和发展趋势，提出公共安全对相关工程科技领域的战略需求、发展思路和目标，并就重点发展领域进行展望，提出相应的政策建议。

4.2 信息安全相关工程科技发展战略[*]

4.2.1 当前我国信息安全的研究现状

信息化作为推动经济社会变革的重要力量，是当今世界发展的大趋势。随着

---

[*] 本节内容是中国工程院课题报告（2010），合作者：方滨兴，蔡吉人，何明昕。

信息技术，特别是互联网的日益普及和广泛深入的应用，信息安全的重要性与日俱增，成为世界各国面临的共同挑战。中共中央办公厅和国务院办公厅于 2006年 5 月印发了《2006—2020 年国家信息化发展战略》，确立了我国信息化发展的指导思想和战略目标，其中特别强调全面加强国家信息安全保障体系建设，大力增强国家信息安全保障能力。

信息安全涉及信息的制作处理、存储访问、通信传播、使用呈现等多个环节，包括信息本身的安全保密以及相关系统和网络环境的安全运行，在工程技术上分属通信安全、网络与系统安全、信息安全保密以及电子商务/电子政务安全等领域。

由于政府部门的大力推进和商业市场规模的形成共同作用，我国在若干信息安全关键技术的研究开发和产业化方面，取得了一批较好的工程技术成果[3]。特别是"十一五"期间，在"863"计划等国家科技计划的支持下，已经在 PKI/CA 技术、密码标准和芯片、网络积极防御、网络入侵检测与快速响应、网络不良内容的监控与处理、数字水印等方面取得了较大的进展。

纵观我国信息安全领域的发展历史，不难看出，虽然取得了不少优秀成果，但存在的问题依然很突出，主要体现在以下几个方面：

（1）信息与网络安全的防护能力依然很弱，不少应用系统处于不设防状态，具有很高的风险性和危险性。

（2）对引进的信息技术和设备，缺乏保护信息安全必不可少的有效管理和技术改造措施。

（3）信息安全自主能力不强，缺乏控制能力；信息安全关键技术整体上比较落后，关键技术和产品受制于人，信息安全产业缺乏核心竞争力，尚未形成应有的规模。

（4）利用网络信息的犯罪在我国有快速发展和蔓延的趋势。

（5）网络与信息系统环境的整体防护水平不高，应急处理能力不强，网络泄密事件时有发生。

（6）基础信息安全管理机构缺乏必要的权威，协调能力不够。

（7）信息安全法律法规和标准不够完善，信息安全保障制度不够健全；现行法规不能完全适应信息安全的新形势。

（8）信息安全服务机构专业化程度不高，行为不规范，服务类型有待拓展。

（9）信息安全管理和技术人才缺乏，不能适应信息安全保障工作和信息化发展的需求。

（10）全社会的信息安全意识及应急处理能力亟须提高。

4.2.2　当前信息安全研究的国际先进水平与前沿问题综述

信息安全研究主要以提高安全防护、隐患发现、应急响应及信息对抗能力为目标。针对现代信息安全的内涵，目前国内外在该领域的研究热点主要包括以下几个方面。

1. 信息安全基础设施关键技术

信息安全基础设施关键技术涉及密码技术、安全协议、安全操作系统、安全数据库、安全服务器、安全路由器等技术领域。

2. 信息攻防技术

在广泛使用的互联网上，由于黑客、病毒等有害程序的入侵破坏事件不断发生，不良信息大量传播，以及国家和组织出于政治、军事、经济目的而日益兴起的信息战，信息攻防技术已成为当前国内外的重要研究热点。信息攻防技术涉及信息安全防御和信息安全攻击两个方面，主要技术研究内容包括黑客攻防技术、病毒攻防技术、信息分析与监控技术、入侵监测技术、防火墙、信息隐藏及发现技术、数据挖掘技术、安全资源管理技术、预警、网络隔离等。信息攻防领域目前正处于发展阶段，研究还比较零散，缺乏系统性。

3. 信息安全服务技术

信息安全服务技术包括系统风险分析和评估、信息安全检测和监测技术、应急响应和灾难恢复技术等。系统风险评估和信息安全检测、监测技术是有效保证信息安全的前提条件，也是制定信息安全策略和措施的重要依据，其中包含网络基本情况及异变的检测与监测、信息系统基本安全状况调查分析、网络安全技术实施使用情况分析、动态安全管理状态监视与分析、数据及应用加密情况分析、网络系统访问控制状况分析等。信息和信息系统的安全可靠是一个相对的概念，绝对安全可靠的信息系统并不存在，除非没有人的参与；而无人参与的信息系统是没有现实意义的。信息安全服务使入侵者的代价增高，同时可及时发现入侵，采取适当的应对措施，减少系统拥有者的损失。研究系统风险分析和评估方法，可为信息安全策略的制定提供依据；信息安全检测、监测服务可以较小的代价，获得系统安全可靠性的提升，同时大大降低因信息安全问题带来的损失。

4. 信息安全体系

信息安全涉及技术和管理等诸多方面，是一个人、系统与网络、环境相结合的复杂大系统。针对这样的复杂环境，研究设计安全体系相当困难，然而十分必要。安全体系对规划具体安全措施具有指导意义和检验作用。信息安全体系研究涉及安全体系结构和系统模型研究、安全策略和机制研究、检验和评估系统安全性的方法和规则的建立，有助于信息安全检测、监测和防护服务的实施运营。目前，国内外都很重视这方面的研究，我国"863"计划已将部分内容作为重要研究课题。

4.2.3　信息安全研究中的重大工程科技问题

1. 网络攻击与防范问题

网络安全保护的核心是如何在网络环境下保证数据本身的秘密性、完整性与操作的正确性、合法性与不可否认性。而网络攻击的目的正相反，会以各种方式通过网络破坏数据的秘密性和完整性或进行某些非法操作。因此可将网络安全划分为网络攻击和网络安全防护两大类。

2. 安全漏洞与安全对策问题

受限制的计算机、组件、应用程序或其他联机资源无意中留下的不受保护的入口点将是安全漏洞，是硬件软件或使用策略上的缺陷，它们会使计算机遭受病毒和黑客的攻击。

3. 信息安全保密问题

信息安全保密技术诠释了信息安全保密的概念，构建了信息安全保密体系，从物理、平台、数据、通信、网络等层面全面、系统地介绍了信息安全保密的各项技术，给出了开展信息安全保密检查、保密工程和安全风险管理的规范和方法，以及典型的信息安全保密实施方案，具有较强的针对性和可操作性。

4. 系统内部安全防范问题

随着网络的急剧扩展和上网用户的迅速增加，内部网络的应用也随之不断发展。内部网络的应用要远复杂于传统外部网络的应用，而且内部网络大多数的应用，对内部网用户来说是很重要的，甚至是严格保密的，这也使得内部网的安全越来越受到重视。

5. 防范病毒问题

在网络环境下，防范病毒问题显得尤其重要。这有两方面的原因：首先是网络病毒具有更大破坏力，其次是遭到病毒破坏的网络进行恢复非常麻烦，而且有时几乎不可能恢复。因此采用高效的网络防病毒方法和技术是一件非常重要的事情。网络大都采用"Client-Server"的工作模式，需要结合服务器和工作站两个方面解决防范病毒的问题。

6. 数据备份与恢复问题

计算机里面重要的数据、档案或历史纪录，不论是对企业用户还是对个人用户，都是至关重要的，一旦不慎丢失，会造成不可估量的损失，轻则辛苦积累起来的心血付之东流，严重的会影响企业的正常运作，给科研、生产造成巨大的损失。为了保障生产、销售、开发的正常运行，企业用户应当采取先进、有效的措施，对数据进行备份、恢复，防患于未然。

4.2.4 信息安全中的关键技术

1. 安全测试评估技术

安全是网络正常运行的前提。网络安全不是单点的安全，而是整个信息网的安全，需要从多角度进行立体防护。要知道如何防护，就要清楚安全风险来源于何处，这就需要对网络安全进行风险分析。网络安全的风险分析，重点应该放在安全测试评估技术方面，其战略目标是：掌握网络与信息系统安全测试及风险评估技术，建立完整的面向等级保护的测评流程及风险评估体系。

首先，安全测评要建立适应等级保护和分级测评机制的通用信息系统与信息技术产品测评模型、方法和流程，要适应不同的级别有不同的测评方法，分级应符合等级保护机制，重点放在通用产品方面。即建成一个标准的流程，完全限于一事一议，以使相互之间有比较；要建立统一的测评信息库和知识库，即测评要有统一的背景；制定相关的国家技术标准。其次，要建立面向大规模网络与复杂信息系统安全风险分析的模型和方法；建立基于管理和技术的风险评估流程；制定定性和定量的测度指标体系。如果没有这个指标体系，只能抽象地表述，对指导意见来讲并没有太多的实际意义。

2. 安全存储系统技术

在安全策略方面，重点需要放在安全存储系统技术上。其战略目标一是要掌握海量数据的加密存储和检索技术，保障存储数据的机密性和安全访问能力；二是要掌握高可靠海量存储技术，保障海量存储系统中数据的可靠性。

关于安全存储，首先采用海量（TB级）分布式数据存储设备的高性能加密与存储访问方法，并建立数据自毁机制。为海量信息进行高性能加密，虽然有加密解密的过程，但对访问的影响并不明显，由此对算法的效率提出了很高的要求。一旦数据被非授权访问,应该产生数据自毁。

其次,采用海量存储器的高性能密文数据检索手段。加密的基本思路是使内容无规则化（杂化）,使其根本看不到规则;而检索就是要尽量有规律。这就提出了一个折中的要求,如何加密对检索能够尽可能的支持,同时又具备一定的安全强度。这对密码算法和检索都提出了严峻的挑战。

再次,构建基于冗余的高可靠存储系统的故障监测、透明切换与处理、数据一致性保护等方面的模型与实现手段。高可靠的关键要依赖冗余,一旦系统崩溃,还有冗余信息。

最后,制定安全的数据组织方法,采用基于主动防御的存储安全技术。

3. 主动实时防护模型与技术

在现有网络环境下,安全大战愈演愈烈,防火墙、杀毒、入侵检测"老三样"等片面的安全防护应对方式已经越来越显得力不从心,目前需要的不仅是片面的被动防护,而且要在防护的过程中强调主动实时防护模型与技术。

主动防护的战略目标应该是:掌握通过态势感知、风险评估、安全检测等手段对当前网络安全态势进行判断,并依据判断结果实施网络主动防御的主动安全防护体系的实现方法与技术。传统的防护一般都是入侵检测,发现问题后有所响应,但是现在越来越多的人更加关注主动防护,通过态势判断,进行系统的及时调整,提高自身的安全强度。通过感知,主动做出决策,而不是事后亡羊补牢,事后做决策。

关于主动防护:一是建立网络与信息系统安全主动防护的新模型、新技术和新方法,建立基于态势感知模型、风险模型的主动实时协同防护机制和方法;二是建立网络与信息系统的安全运行特征和恶意行为特征的自动分析与提取方法,采用可组合与可变安全等级的安全防护技术。不同的系统会有不同的需求,应该具备一定的提取能力,进而监控其特征,通过监控判断所出现的各种情况。另外,如果通过检测发现恶意行为,应该对其特征进行提取,提取的目的就是为了进一步监测,或在其他区域进行监测,检查同样的情况是否存在,如果存在,就要对这个态势进行明确的分析,而这些都需要有自动的特征提取。

4. 网络安全事件监控技术

监测是实现网络安全不可或缺的重要一环,其中重点强调的是实施网络安全事件监控技术。

实时监控的战略目标是:掌握保障基础信息网络与重要信息系统安全运行的能力,支持多网融合下的大规模安全事件的监控与分析技术,提高网络安全危机处置的能力。三网融合势在必行，不同网络状态实现融合，对网络安全监测提出了更高的要求，监测广度和监测水平都需要提升。

4.2.5 信息安全的重要措施与政策建议

信息安全事关我国的经济安全、社会安全和国家安全，是我国信息化建设进程中具有重大战略意义的课题。近年来，信息安全已受到我国政府的高度重视。国家自然科学基金、"973"、"863"等计划已将信息安全列为重要研究方向，许多科研机构及企业也开展了相关研究，并取得一定成果。然而与发达国家相比，我国尚存在不小差距，相关产业的发展也比较落后。目前存在的主要问题是：低水平分散、重复研究、整体技术创新能力不足、信息安全产业规模相对较小且缺乏联合和集中、一些关键软硬件系统还不能自主研制生产等。为了推动我国信息安全工作的发展，应采取如下几项政策措施。

1. 加强信息安全管理

我国信息安全领域所表现出的不足，在很大程度上归因于管理体制不健全。为此，应在中央和地方建立高效的信息安全领导机构，制定和实施重大决策并协调各方关系，振兴信息安全产业。此外，应建立完善的信息安全标准、法律法规体系，以规范信息安全领域的行为。

2. 加强信息安全基础设施建设

信息安全基础设施是信息安全得以实现的基本条件，包含 PKI、密码等关键技术及产品，以及包括信息安全检测评估中心、应急响应中心等在内的信息安全服务体系。目前，我国信息安全基础设施尚不健全，需要加强建设。

3. 开展信息安全关键技术研发

在信息安全技术和产品研发方面，应坚持"有所为、有所不为、重点突破、技术创新"的方针，开展关键安全芯片、安全操作系统、密码技术等方面的重点自主研发；并密切关注国外相关领域研究状况，进行关键技术创新研究，力求我国信息安全不受制于人。

4. 发展信息安全产业

信息安全产业的强劲发展是提高国家信息安全水平的必然途径。我国需要大力发展信息安全产业，以振兴国家信息安全综合实力。除了信息安全技术和产品之外，应大力促进信息安全服务，特别是信息安全检测和监测服务的健康发展和产业化进程。

5. 加强信息安全专业人才培养

目前，国内信息安全人才紧缺，不适应国家信息安全建设的需要和未来发展的需要，亟须加大安全技术、安全管理、安全教育及复合型人才的培养，造就一批能够解决信息安全重大系统工程技术难题的高级专家，以及一批适应市场竞争的科技创新人才和工程技术人员。

4.3　生物安全相关工程科技发展战略[*]

随着现代科技的发展和人们生活质量的提高，人们的安全意识和要求明显增强，转基因生物、人畜共患传染病、外来入侵生物以及药品（医药、农兽药及生物制品）对人们健康和环境安全的影响引起了公众广泛关注，尤其近年来连续发生的"禽流感"、"转基因稻米市场化争议"、"植物杀手薇甘菊"以及"维C银翘片"等安全事件更加凸显了当今我国生物安全面临的严峻形势。为了缓解当前科技发展中存在的安全问题，提前应对未来可能发生的生物安全问题，开展以转基因生物、人畜共患传染病、外来入侵生物以及药品为主的生物安全工程科技发展战略研究意义重大。

4.3.1　当前我国生物安全的研究现状

1. 转基因生物安全

转基因生物安全属于高新技术领域，目前在我国已基本形成了以自主创新为主的系统布局，初步建立了一定的农业转基因生物安全评价体系，取得了一系列突破性进展，包括：①初步建立了转基因生物及其产品对人体健康影响的评价体系和动物模型，并以潮霉素抗性（hpt）标记基因为代表建立了外源蛋白的食用安全性评价技术平台；②建立了转基因作物分子特征分析的基因组学和蛋白质组学分析方法，建立了一套快速、高通量分析外源基因插入和筛选稳定遗传的转基因植物的 DNA 检测方法；③初步建立了转基因作物环境安全评价体系，完成了转 cry1Ab/Ac 抗虫水稻华恢 1 号和 Bt 汕优 63 的环境安全评价，为国家给两个转基因水稻品种颁发安全证书提供了科学依据；④阐明了转基因棉花农田生态系统中生物群落结构的变化规律及有害生物优势种类的演化机理；⑤以转基因水稻为

　　* 本节内容是中国工程院课题报告（2010），合作者：方智远，彭于发，李云河，张建中，步志高，万方浩，王瑞，杜冠华，冯忠武，马志勇，戴小枫，刘泽寰。

代表，基本探明了转抗虫基因作物和转抗除草剂基因作物的基因漂移规律，以及影响转基因漂移的主要环境因子，提出了转基因作物基因漂移的安全控制措施等。

2. 人畜共患传染病控制

当前我国人畜共患传染病的研究现状主要表现在：①多种人畜共患传染病流行广泛，危害严重，而且不断面临外来与新发人畜共患传染病的威胁；②缺乏连续、系统的流行病学监测与研究，技术储备薄弱，空白太多，应对新发传染病的能力较弱；③缺乏完整有效的防控技术体系，高水平专业人才严重不足，研究项目低水平重复，缺乏系统性和连续性；④高等级生物安全实验室匮乏，严重制约相关研究和防控实施的发展；⑤国民关于人畜共患传染病的公共卫生意识淡薄，国家相关法律法规不健全，执法监督诸多环节缺位。

3. 外来生物入侵

进入 21 世纪，我国加大了对生物入侵的基础与应用研究的投助，形成了从外来入侵物种普查、入侵机理的基础理论研究到入侵物种的预防与控制技术三大层面的研究体系，在基础与应用研究中均取得了一些突破性进展，初步形成了国家防控技术体系。在理论基础研究方面：发现了入侵物种 B 型烟粉虱与土著烟粉虱之间的"非对称交配互作"机制；B 型烟粉虱与其传播的植物双生病毒存在互利共生关系；入侵物种红脂大小蠹与土著种黑根小蠹的协同入侵机制；明确了紫茎泽兰的化感作用机制与偏利效应。在应用研究方面：改进了入侵物种适生性风险评估的技术与方法，评估了 70 余种入侵物种的适生性风险，制定了控制预案；建立了近 30 余种入侵物种的快速分子检测方法，并开发了多种快速检测与野外监测的试剂盒；构建了早期预警、应急控制、阻断扑灭、可持续综合防御与控制四大技术体系；建立了重大入侵物种生态修复与区域控制的野外实验与观测基地。在基础性工作方面：已收集 400 余种我国的入侵物种的信息，初步建立了风险评估的指标筛选方法及风险糅度定量分析方法；初步建立了外来物种入侵对生态环境的影响评估技术方法。在学科建设方面：在国内外学科发展的基础上，结合我国科研成果，提出并构建了入侵生物学学科的框架，为生物入侵研究提供了模式。总体而言，我国生物入侵的科学研究已步入国际先进水平，并具备了与国际一流研究机构平等对话与交流的能力。

4. 药品安全（医药、农药、兽药、生物制品）

人类健康的可持续发展是经济、社会和环境可持续发展的前提，而药品是人类维持生命健康的物质基础，是公共卫生安全的重要保证。世界卫生组织（WHO）指出"药品不但是可上市的科技成果，而且是政府实现其政治愿望的工具"，因此保障药品安全是促进人类健康可持续发展的重要手段。然而，药品存在着发展风险，我国现行药品安全监管体系还存在着许多不足之处，主要表现在以下几个方面。①我国药品安全法律法规体系建设还不够完善。首先，作为我国药品管理法律体系核心的《药品管理法》存在不足和空白。例如，将新药定义为"未曾在中国境内上市销售的药品"，造成审批注册的新药90%以上均为仿制药，使原本用于监管新药安全的标准体系形同虚设。其次，法律制度规定过于粗糙。例如，药品召回、药品广告、药品标准等制度仅有原则上的阐述，而缺乏相应的实施细则，造成遵守难、执行难的局面。再次，惩罚力度较轻，对违法者威慑力不足。例如，《药品管理法》规定，制售假药者一般要处以货值金额 2～5 倍的罚款，而制售劣药者只需处以 1～3 倍的罚款。药品属于批次生产和销售的商品，能够发现的违法行为可能只是其中的一两批，很难准确计算出全部违法所得，因此有时甚至会产生罚金小于利润的情况，导致制售假劣药者前赴后继。②药品安全标准化体系存在缺陷，导致药品质量堪忧。1998 年，我国开始实行药品 GMP 认证制度，目前已延伸到药品流通、药品管理、药品临床科研和药品广告管理等领域，初步形成了药品安全监管的标准化体系雏形。然而，包括 GMP 在内的许多标准体系认证，都比较强调事前审批，后续跟踪复核则非常薄弱，导致药品生产经营企业把应付审批作为主要工作，审批过后对药品质量的重视程度明显下降。③组织机构体系不健全，药品管制人员缺乏。据统计，2007 年全国药监系统人员不足 4 万人，而国内的药品生产企业有接近 7000 家，销售企业最少也有1.5 万家，有限的监管人员根本无法满足规模巨大的药品行业，造成药品管理过程漏洞不断。并且，食品药品监督管理局作为药品安全管理的唯一部门，由谁来进行第三方监管也是一个亟须完善的问题。④药品安全信息宣传系统存在问题。我国近年来虽然不断提高药品安全信息和文档的公开化、透明化程度，但在不合理用药、药品不良反应等宣传方面仍存在不足，同时对药品广告的夸大宣传、误导患者的情况经常监管不力。

　　当前，农药仍是保证人类粮食安全的最重要生产资料。我国农药技术研究发展迅速，目前已经成为世界农药生产和使用大国。然而，我国农药发展过程中的安全问题不容忽视，主要表现在：①我国自主研发的农药品种少，创制研究能力相对薄弱，核心专利技术被国外控制，使得为我国粮食安全提供新农药受阻；②相对于发达国家，我国农药产品质量较低、剂型少、产品稳定性差，给农药使用安全埋下隐患；③农药器械种类少，自动化程度低，药械研究力量薄弱，基础技术储备少，直接导致农药利用率低，造成农药安全性问题；④农药种类多，利用传统农药安全评价方法不能全面评价其安全性，需要完善新农药安全评价体系研究，保证人类健康和环境安全。

兽药安全研究是多学科交叉领域。我国兽药安全研究基础薄弱，与国际先进水平差距较大，安全性问题突出。我国兽药安全问题主要涉及兽药评价体系、兽药生产体系和兽药应用体系等多个层面，兽药残留的安全、由兽药滥用导致的次生安全问题（如耐药性扩散、环境安全等）以及兽药安全评价标准和体系亟须完善和发展。

生物制品的安全性问题也比较突出，主要表现在：①种类繁多，安全质量参差不齐；②生物原材料来源复杂，潜藏着外源性微生物和有害物质污染的生物安全隐患；③基因工程等新技术产品的安全性评价体系尚不完善；④生物制品的生物安全质量标准不高；⑤对生物制品的生物安全问题的研究投入和重视程度不够。

4.3.2　当前生物安全研究的国际先进水平与前沿问题综述

1. 转基因生物安全

当前国际农业转基因生物安全研究主要集中在对食品和环境的安全性评价方面。①对食品安全性的评价。主要研究内容包括毒性抗生素标记基因 $aphA2$ 产物及转基因作物中外源基因表达产物对人和动物的毒性影响及过敏反应，提出了利用标记基因删除技术研制不含标记基因的转基因作物来控制 $aphA2$ 产物对人及高等动物可能的风险。②对环境安全性的评价。主要研究内容包括转基因植物生存竞争性、基因漂移及其生态后果、对非靶标生物的毒性影响和对生物多样性的影响、对靶标生物的抗性影响和非靶标生物对转基因作物的抗性进化等。研究发现转基因作物与常规作物在生长势、种子活力及越冬、抗病、抗逆能力方面没有差异；对转基因作物外源基因漂移的研究主要关注的问题是转基因植物花粉的数量、生命力及扩散能力、杂交亲和性、杂交后代可育性和繁殖能力等；在非靶标生物影响方面主要研究转基因作物外源基因表达物对非靶标生物的毒性及外源表达蛋白在食物链及农田环境中的传递、转移和降解等；在抗虫作物靶标昆虫的抗性进化方面的主要研究内容是田间监测昆虫的抗性进化规律、以生化和分子手段研究抗性进化机制、昆虫抗性进化与昆虫适合度的关系以及昆虫抗性进化的治理措施等。

2. 人畜共患传染病控制

当前人畜共患传染病研究的国际前沿问题主要有以下几个方面。①人类新发传染病的疫病原主要来自动物，包括野生动物和养殖动物。②先进国家高度重视人畜共患传染病的基础研究和防控技术的创新研究，已经形成完善的流行病学监测网络与数据分析中心，基本能够及时、准确掌握疫情动态；注重疫病原的高通量快速筛选、鉴定技术研发与应用，尤其重视探知未知病原的技术平台建设。③先进国家普遍拥有健全的法律法规和严格的执法监督队伍，国民普遍拥有较强的公共卫生意识；已经形成高效、快速应对新发人畜共患传染病的防控体系。④在人畜共患传染病的防控上，注重多部门间协作以及资源整合，高度重视国际合作。

3. 外来生物入侵

外来生物入侵的研究热点主要集中在入侵基础理论研究和入侵防治技术研究两方面。①外来生物入侵基础理论研究：国际上生物入侵基础理论研究产生了一些解析外来物种入侵机制的新概念、新假设与新推论，如最小种群维持理论、十数定则、新武器假说、物种多样性阻抗假说、自然平衡假说、空余生态位假说、生态系统干扰假说、干扰产生空隙假说、土著种适应性差假说、环境发生化学变化假说、天敌逃避假说、入侵进化假说、资源机遇假说、繁殖体压力假说、生态位与遗传多样性正比相关理论。②外来入侵物种的防控技术研究：以分子生物学和计算机技术为代表的现代科学广泛应用于生物入侵灾变机制的研究，大力推动了防控技术的发展，如入侵物种的遗传分化和快速进化，入侵物种的快速分子检测与诊断，基于地理信息系统（GIS）、全球定位系统（GPS）、图像识别和分析技术、人工智能决策支持系统技术（AIS）和计算机网络管理技术（IMS）的入侵物种预警系统，基本实现了入侵物种防控决策和咨询的网络化。生物防治和生态调控技术广泛应用于外来入侵物种的防控。

4. 药品安全（医药、农药、兽药、生物制品）

欧洲药品管理局/人用药品委员会与医务人员专业组织联合工作组（HCPWG）定期举行会议，为建立医药合作框架提供建设性意见；欧洲药品管理局/人用药品委员会和患者与消费者工作小组（PCWP）则针对消费者提供建议和信息，提高公众警觉性，促进消费者合理用药，发展并培训患者组织网络。美国食品药物管理局每年公布一次药品评价与研发指南，依据发现药品企业采取的新方法和新技术的效果不断改善现行药品 GMP 标准，保证其 GMP 理念的先进性和制度的时效性。针对药物安全性的评价分为上市前的评价和药物上市后的监测两个阶段。在药物被批准上市前，管理当局将做出药物风险评价；上市后继续监测其安全性，并完善药品召回机制。

在农业病虫草害防治药物研究中，农药已经从强调"杀死"转向"控制"，着重"绿色"分子靶标的研究。当前农药研究主要集中于分子设计、新合成技术及新药效方法基础上探索发现先导结构及作用靶标，即分子靶标导向的绿色化学农药创新研究，该研究方向已成为现阶段国际农药研究与开发的主流。开展了农药的靶标比较生物学研究；根据靶标与作用小分子的选择性，设计合成了一系列高效、安全的"绿色农药"；采用控制释放技术、对靶喷雾技术、合理混用轮用等措施，大幅度提高了药物的剂量传递效率。

兽药安全研究的国际先进水平与前沿问题主要集中在以下几个方面：①设计和开发更加安全、高效、环境友好的新兽药；②开发兽药监管（兽药残留监测）的新技术；③重视细菌耐药性的发展；④关注兽药生产、使用过程中的环境安全；⑤将分子生物学、基因芯片、药物流行病学等技术应用于兽药的安全评价。

生物制品安全的国际前沿问题主要集中在以下三个方面：①生物安全是生物制品研究的新热点；②传统生物制品的生物安全控制技术相对成熟，但仍需要改进；③基因工程等新技术产品的安全评价体系尚不完善。

4.3.3 生物安全研究方面的重大工程科技问题

1. 转基因生物安全

现阶段我国转基因生物安全研究主要面临的科技问题有以下几点。①安全技术体系尚不完善，可用于风险评价的基础数据较少，风险预警和管理体系缺乏。对于新基因、新性状、新用途和多基因等转基因生物的安全性评价及检测能力不足。②自主知识产权技术较少，安全评价理论、方法和技术主要靠借鉴国外，对国内自主创新和国外新研制的部分转基因生物难以及时准确地进行安全性评价和检测。③关于转基因作物对作物起源中心和基因多样性的长期生态效应的影响，以及针对第二代（质量性状、医药和工业用途等）转基因作物新材料的安全研究技术还比较缺乏。④转基因生物安全评价技术体系和研究平台需要进一步完善。⑤我国的转基因生物风险监测、预警及应急处理能力，需进一步提高，需建立起覆盖全国政府管理部门、科研机构和地方环境监测机构一体化的转基因生物安全监测预警和快速反应体系。

2. 人畜共患传染病控制

人畜共患传染病研究中的重大工程科技问题主要有：①重大人畜共患传染病的病原学、流行病学与生态学研究；②有关病原跨种宿传播、致病机制及免疫机制等基础研究；③病原学与血清学快速、敏感、特异的高通量检测诊断技术创新及其产业化；④新型治疗药物与疫苗的创新研制与产业化；⑤未知病原的快速筛查与鉴定技术平台与能力建设；⑥病原生物信息学与流行病学信息的数据集成与分析；⑦加强新兴生物技术，如基因组学、蛋白质组学技术在人畜共患传染病的快速筛查和鉴别诊断技术平台建设中的应用。

3. 外来生物入侵

针对入侵生物的生态学过程、成灾机制及其预防与控制特点，分别从基础性工作、基础研究到应用技术研究及推广的国家主体科技计划，列出未来应优先发展的方向如下：①基础性工作——科技部基础性平台建设：农林外来入侵物种和安全性普查及其数据库的完善，针对我国外来入侵生物频发而基础数据信息严重匮乏的现状，在前期基础上，重点围绕生物入侵灾害严重的区域和主要生态系统（主要为华东和西南地区），全面系统的开展农林外来入侵物种（节肢动物、无脊椎动物、杂草、植物病害病原物）的种类、分布、危害的调查和考察并进行数据的收集与整合；同时构建外来生物入侵信息数据库系统及共享技术平台和远程实时诊断和服务平台。外来入侵物种成灾机制的野外长期定点监测，针对局部分布的重要入侵物种，在其对应的入侵区和前沿扩散阵地，建立长期的定点野外观测试验站和观测点，以研究外来入侵物种种群适应、扩散扩张成灾的生态过程和成灾机制。②基础研究——国家"973"计划项目：重要农业入侵物种的灾变机制与控制基础，以重大农林危险性外来入侵物种为主要研究对象，从宏观尺度（景观、区域以及全球尺度）、生态系统生态学核心尺度（群落/生态系统尺度）以及微观尺度（分子、个体以及种群尺度）三个尺度，着重研究生物入侵的机理、过程以及生态系统功能变化与反馈这三个前沿热点问题；并创新研究外来物种防控策略与基础技术。全球气候变化对生物入侵的影响与生态学效应，综合当前全球气候变化以及外来生物入侵现状及其效应评估的热点问题，在不同层面系统研究气候变化对外来入侵生物的入侵特性、本地生态系统的可入侵性、外来与本地共生物种关系的影响，以及基于气候变化的外来入侵生物预警与控制基础的理论与方法，发展有效的监控技术体系。重要外来入侵物种对本地物种的竞争效应及控制的基础研究：以重要农林外来入侵物种为研究对象，围绕外来入侵物种入侵后至成灾的生态过程中的外来物种对本地物种的竞争排斥/替代/置换的这一核心科学问题，重点研究外来物种排斥本地物种的种间竞争类型及其相应的竞争机制，并创新研究外来物种防控策略与基础技术。③高技术发展——"863"项目：重要农业入侵物种辐射不育技术，以苹果蠹蛾/橘小实蝇/橘大实蝇为研究对象，通过实验室培育靶害虫的雌雄不同蛹色品系，进行大量饲养，分离雌雄虫，选择雌虫进行辐射促使其不育，并在域区大量释放不育雌虫，最终达到防控/根除靶害虫的目的。重要农业入侵物种野外、实时、远程监控的数字化平台，以重要的局部分布并具有快速扩张和危害的入侵物种如紫茎泽兰、苹果蠹蛾、橘小实蝇等为对象，建立基于图像识别和野外实时调查的野外简便数据传输系统（PDA）和实时远程监控的信息采集、信息处理与信息发布系统，以明确入侵的扩张趋势、路线及成灾机制以及分析环境或气候保护与入侵物种种群扩张的关系。

4. 药品安全（医药、农药、兽药、生物制品）

目前我国医药安全方面的重大工程科技问题有以下几个方面：①常见与重要药品的安全标准研究；②药品不良反应信息采集、评价、分析利用和预警系统研究；③常见药品安全事故的主要原因和对策研究；④传统中药毒性成分和有效成分的提取分离、分析方法研究；⑤毒性中药材质量评价方法、定性与定量检测方法和限量标准研究；⑥建立一批具有自主创新能力、符合国际标准的药品研究开发示范基地；⑦全国范围内的药品生产管理数据库和安全监管信息化工程建设。

现阶段我国农药安全研究主要面临的科技问题有以下几点：①绿色农药创制问题以及农药毒理学机制研究欠缺；②农药产品质量有待提高，农药加工和农药应用技术储备不足；③农药职业健康风险评估研究尚处于起步阶段；④新的农药安全评价体系正处于补充和完善阶段。

我国兽药安全研究中的关键工程科技问题是：①兽药残留标准和兽药使用规范研究；②兽药残留检测技术研究；③耐药性监测和耐药机制研究；④兽药（兽药残留）安全性的评价及毒性机制研究；⑤兽药环境影响监测研究；⑥药物与机体相互作用规律以及比较药理学/毒理学研究；⑦新型安全高效兽药开发专项；⑧GLP兽药安全评价认证和体系建设；⑨兽药安全评价新技术和新领域研究。

为了保证生物制品在防控动物疫病中的关键作用和最大限度地降低生物安全隐患，必须围绕生物制品的生物安全质量和生物安全隐患的关键科学问题开展研究：①弄清生物原材料对生物制品质量安全的影响；②探究生物制品的生物安全问题发生的机制；③建立生物制品原材料外源性微生物和有害物质的检测技术；④研究和完善传统生物制品和基因工程生物制品的安全评估技术和体系；⑤制定更高标准的生物制品安全标准。

4.3.4 生物安全的重要措施与政策建议

1. 转基因生物安全

转基因生物安全管理是风险评估、风险管理和风险交流三位一体的。当前，我国在转基因生物风险评估方面的技术已经有了很大进步，逐步形成了既与国际接轨又有自己特色的技术体系，但在风险管理和风险交流方面还需要大力改进和完善。具体提出以下措施和政策建议。①继续加强转基因生物安全评估能力建设。加强专家队伍建设、稳定的机构建设、现代化的实验室设施建设、规范的野外基地建设等。②建立完善的全国转基因生物综合管理体制和协调机制，在国家层面上建立一个综合监督管理和专业管理相结合的管理体系。③建立完善的转基因生物环境风险监测和预警体系，提高应对有关转基因作物生物安全突发事件的能力。例如，建立地方环境监测机构、科研机构和政府相关部门间相互支持的一体化监测、预警和快速反应体系来应对转基因生物安全方面的突发事件。④加强对我国公众的生物技术科普教育，减少对转基因食品的恐慌和误解。政府建立并运行转基因生物安全信息交换机制，保证生物安全信息的畅通和公众对相关信息的知情权，使转基因技术方面的信息公开，让公众参与，让普通民众对转基因生物安全有基本的了解。

2. 人畜共患传染病控制

首先，在流行病学监测和研究方面保持稳定持续的科研支出，确保基础研究的连续性和系统性，不断创新防控技术，提高防控能力；在国家层面统筹安排，合理布局，逐步建设网络完整的高等级生物安全实施（BSL-3/4 实验室）；建立人畜共患传染病原体及其相关基因材料及诊断标准物质的保藏中心，病原生物信息与流行病学信息数据中心。其次，不断完善卫生防疫和兽医防疫方面的法律法规，加强执法队伍及其能力建设，严格执法；制定完善的人畜共患传染病突发事件应急预案；加强人畜共患传染病相关公共卫生教育，引导国民形成正确的公共卫生观念、健康的生活方式和社会活动方式；不断改进畜牧养殖业生产、加工、流通和消费环节，建立与生产消费规模相适应的先进的环境卫生管理系统。再次，强化卫生系统与兽医系统的联动和合作机制；建立多渠道的国际合作，实现我国人畜共患传染病基础研究和防控技术与能力的跨越式发展。

3. 外来生物入侵

（1）保障措施：建立稳定的人、财、物保障措施。以稳定的项目支持来保持人才队伍、基础设施的稳定和合理可持续利用。扩展科技平台的基础和作用：在现有的相关国家实验室、国家重大科学工程、各级植保植检站、森保站等的基础上，稳定和拓宽这些平台的功能，并加强这些平台的合作和协作。提升科研和技术应用推广的创新环境：制定出新型鼓励和支持产学研相结合的模式和考核机制，从而真正提升科研和技术应用推广的积极氛围，使实验室的科研成果真正转化为服务于三农的现实生产力。

（2）政策建议：加大科研经费的公共投入，完善基础设施。制定外来入侵物种防控策略的国家行动的长期规划和近期目标，加大政府对生物入侵预防与控制的科研和技术应用推广的投入，同时吸引相关的企业参与，并形成稳定持续支持的长效机制，以稳定人才队伍和防控措施的网络结构。培养和稳定人才队伍，不仅要培养生物入侵领域前沿研究的顶尖人才，以抢占科技制高点；而且要利用科研教学推广三农大协作，真正使外来入侵物种的防控策略、技术和公众认知深入人心。建立由农业部牵头、相关部门协调统一行动的合作机制，提升预警和快速反应能力；成立生物入侵的国家专业咨询委员会，负责统一发布相关的入侵物种信息。构建有效的组织管理机制，以项目合作为纽带，以原有的农技系统网络为平台，产学研结合。完善相关的法律法规并强化公众意识，完善和健全相关的法律法规，确立国家统一的外来生物入侵风险评估指标体系。并通过宣传、培训和教育来强化公众意识，充分发动公众参与，使外来入侵物种防控策略和技术的实施变为公众的自觉行动。大力加强和促进国际合作，基于外来生物入侵学科本身的特点，加强国际间的合作，特别是与入侵物种的原产地国家之间的合作。

4. 药品安全（医药、农药、兽药、生物制品）

（1）医药方面：①构建科学完善的药品和生物技术产品评价体系，加强药品注册管理法规建设，严格药品注册审批程序，加强对药物临床研究及临床前的过程监督检查；②加强药品生产质量监管，提高我国药品生产管理规范的实施水平，并逐步与发达国家接轨；③完善药品不良反应监测网络，对已上市药品分期分批开展再评价研究，建立并完善上市后药品监测、预警、应急、撤市、淘汰的风险管理长效机制；④加强药品检验检测方法研究，搭建药检系统技术平台，普及快速检测技术，建立与完善全国药品技术检验信息管理和数据交换系统；⑤建立完善中药标准规范和技术评价体系，研究构建具有中国特色、符合中医药规律的中药标准规范和技术评价体系基本框架，加大对民族药品的扶持和监管力度，积极倡导建立传统药物国际协调机制；⑥加强国际合作交流，促进药品安全监管水平的提升；⑦广泛建立药品安全使用知识培训体系，普及药品安全知识，正确引导公众对药品安全的认知。

（2）农药方面：①农药安全问题重在防范，对公共安全领域的重大工程科技问题研究要转变研究理念，在预防、监测、预报方面加大力度；②广泛建立农药安全使用知识培训体系和技术推广平台，加强农药使用技术标准化和使用技术培训；③建立农业病虫草害急性大发生的预警与农药应对防控体系；④加强农药化学与应用基础研究；⑤完善农药安全评价体系；⑥建立农药废弃物回收站并加大宣传力度；⑦建立农药等污染物快速检测技术平台。

（3）兽药方面：①加大兽药安全研究的资金投入，尤其是加强兽药安全基础性研究，为兽药安全标准制定和监控提供技术支持；②加快 GLP 兽药安全评价体系认证和基础设施建设，消化吸收改进 VICH 等国际组织的评价标准体系，提高兽药安全评价标准；③加快安全、高效新兽药的研制开发与相关科技成果转化；④加快兽药安全人才培养与引进，普及兽药安全知识，引导公众对兽药安全的信心。

（4）生物制品：①建立生物制品安全评价专用 SPF 动物实验中心；②提高生物制品的生物安全质量标准。

4.4　食品安全相关工程科技发展战略[*]

4.4.1　当前我国食品安全的研究现状

食品安全作为重大民生问题，影响公众健康乃至国家安全、社会稳定，在发达国家位列公共安全之首[4]。我国先后颁布了《食品安全法》、《农产品质量安全法》和《食品安全法实施条例》，明确将实施风险评估和风险监测制度作为国家需要建立的制度，鼓励加强食品安全和农产品质量安全科技的投入。国务院成立了国家食品安全委员会及其办公室。国务院颁布的《突发事件应对法》和《突发公共卫生事件应急条例》明确将食物中毒等食品安全事故列入突发公共卫生事件。《国家中长期科技发展规划纲要（2006—2020）》也将食品安全列入公共安全重点领域。

科技部组织、实施了"十五"食品安全重大科技专项、"十一五"科技支撑计划"食品安全关键技术"项目和"水体污染控制与治理"科技重大专项"饮用水安全保障技术研究与综合示范主题"项目，缩短了我国安全科技方面与发达国家之间的差距，在检测技术装备研制、风险评估、应急管理等方面的能力建设取得了跨越式发展；在关键检测技术、风险评估技术、监控预警技术等方面的自主创新能力有了较大的提高；示范区的示范和科技引领作用得到了充分发挥，安全状况逐年好转，强力支撑了我国食品产业的发展，保障了消费者的健康。

1. 食品安全风险评估技术建设迈出可喜步伐

按照《食品安全法》和《农产品质量安全法》，国家食品安全风险评估专家委员会和国家农产品质量安全风险评估专家委员会已分别由卫生部和农业部批准成立。在科技支撑方面，风险评估是世界贸易组织（WTO）和国际食品法典委员会（CAC）强调的成员国用于制定食品安全法规、标准和政策等控制措施的科学基础，而风险评估依赖食品污染、食源性疾病和食品中有害因素的监测和国家食物消费数据库的建立，同时也需要危害识别技术的支撑。针对我国风险评估基

---

[*]　本节内容是中国工程院课题报告（2010），合作者：陈君石，吴永宁，吴希阳。

础数据缺乏、风险评估技术还未能全面应用等问题，重点开展了食品毒理学安全性评估技术、食品污染物暴露评估技术研究，建立和完善了我国食品病原微生物、农兽药残留、化学污染物（含生物毒素）、新资源食品等风险评估技术，初步开发具有自主知识产权的食品污染物评估模型和具有自主知识产权的风险评估计算机软件，培育了多个风险评估研究基地。例如，针对中国人膳食消费习惯的重金属、有机磷农药、氯丙醇、二噁英、丙烯酰胺、霉菌毒素等典型污染物进行了模型评估，逐步建立了我国农兽药残留、化学污染物等风险评估技术体系、模型和指南，开展了原产地溯源、污染物溯源、大型动物个体溯源和电子标签溯源等方面的研究。2008 年"三聚氰胺问题奶粉事件"中，我国在风险评估的基础上制定了三聚氰胺临时限量标准，并获得世界卫生组织等国际组织的认可。但我国食品安全风险评估技术体系刚刚起步，符合国际规范的评估参数体系尚待建立。首先，我国评估工作仅局限于污染物的平均暴露量的比较，这对慢性长期暴露十分有用；但对于评估敏感人群，也就是高暴露和高风险人群，有些评估参数（如中国婴幼儿食物消费量分布数据库等）则尚未建立，农药最大残留限量标准中建立在急性毒性数据基础上的急性参考剂量还没有实施，而且即使近期实施也是采用欧、美、日、澳等发达国家数据，与我国实际膳食结构差别很大，不适用于保护我国公众。其次，我国食品中的不少污染情况仍然"家底不清"。生物性与化学性危害是目前中国食品安全的主要因素，而我国当前缺乏食源性危害的系统监测与评价资料。另外，目前食品污染并不是单一污染，而是多种污染物的联合暴露所产生的复合污染健康效应。我国农药开发过程中创新能力还有待提高，目前大多数以仿制农药的复配制剂为主，联合暴露问题更加突出。鉴于食品中两种或两种以上的化学污染物存在潜在的相互作用，其复合效应及预测和评估技术是各国目前和今后进行化学污染物风险评估的重点和难点，我国在这方面的探索性研究才刚刚开始。

2. 食品安全风险监测与预警技术已具雏形

《食品安全法》规定国家建立食品安全风险监测制度和食品安全风险评估制度。为了解决食品安全情况不明、本底不清的状态，在"十五"国家重大科技专项食品安全关键技术支持下，卫生部着手建立了全国食品污染监测网，化学污染监测覆盖全国 13 个省（市）食源性疾病及病原菌监测覆盖 16 个省（自治区、直辖市），各监测点通过"国家食品安全监测信息系统"报告监测数据；农业部建立了农产品中农药和重金属污染和动物源产品的残留监控计划。通过监测，基本"摸清"我国在污染物方面的家底，掌握了我国食品中的重要污染物及其污染状况，积累了大量的基础数据，向世界卫生组织食品污染监测规划（GEMS/Food）

和 CAC 提交了我国的监测数据，并参与国际标准制定。卫生部发布了丙烯酰胺等风险预警通报，建立了重要食源性致病菌的分子分型和溯源分析数据库，并在四川、河北、河南、广东、福建等监测点的数起食品污染调查、食物中毒病因学诊断、溯源中应用。基于 SQLSERVER 的动物源病原菌耐药性数据库，可对区域耐药性趋势预测和耐药安全等级进行监控。这些工作成为国务院要求的"建立覆盖全国省、市、县并延伸到农村的食品污染和食源性疾病监测网"的基础。但目前食品污染和食源性疾病的监测数据资料还很有限，只有静态的数据而缺少动态数据，终端产品监测数据多而覆盖整个食物链，特别是产品生命周期的前期危害物监测缺失，食品安全信息渠道不畅通，各方面的数据不能共享共用，还没有建立起人群食源性疾病症状监测网络，远远不能达到科学预警的要求。由于实验室能力参差不齐，监测网络实际工作只在有能力开展工作的省份。在致病微生物造成的食源性危害方面，我国目前尚缺乏对于基于哨点实验室和城乡社区居民开展食源性疾病主动监测，和引起食物中毒的常见重要致病菌进行风险评估的背景资料。在化学污染方面，无论是监测覆盖面、监测项目、监测技术、数据库建设和应用等方面均与国家要求还有很大差距。对食品中农药和兽药残留以及生物毒素等的污染状况尚缺乏长期、系统的监测资料；一些对健康危害大而在贸易中又十分敏感的污染物，如二噁英及其类似物、氯丙醇酯和某些真菌毒素污染状况及其对我国居民健康的影响尚不清楚。与发达国家相比，我国食品污染物监测网的差距在于监测网点的代表性、监测目标物特别是农药品种的全面性和针对性较低，从而限制了监测结果对我国食品安全的警示作用。这些基础数据的缺乏使食品安全预警更多地停留在经验阶段。由于技术支撑薄弱，我国尚未建立食品安全预警系统。

3. 食品安全检测与危害识别技术基本与国际接轨

"十五"和"十一五"期间，科技部食品安全科技专项重点部署食品安全检测技术能力建设。针对我国食品安全检测技术主要集中在化学分析方法、痕量和超痕量确证技术、残留检测技术上，且大多为单一成分分析的状况，建立了粮谷、茶叶、果蔬、果汁、肉类食品等农产品中农药多残留系列检测和确证方法，可同时检测 500 多种农药；建立了 20 余大类（激素、β-兴奋剂等）300 余种兽药多残留确证检测技术，最多能同时检测 70 多种兽药。尤其是代表一个国家分析水平的二噁英和多氯联苯等超痕量检测技术，成为了二噁英和多氯联苯国际标准物质的定值实验室，显著提升了我国食品安全科技领域的国际地位，使中国成为 CAC 二噁英、氯丙醇、丙烯酰胺等热点污染物的国际标准的起草国之一。在微生物检测技术方面，开发了适合肉制品和水产品中 19 种致病菌复合增菌和

PRC 快速检测方法。建立了能与国际 PulseNet 网络接轨的沙门氏菌、大肠杆菌 O157：H7、空肠弯曲菌、副溶血性弧菌、单增李斯特菌、阪崎肠杆菌等重要食源性细菌的 PFGE 和 Ribotyping 分子分型溯源技术平台。针对传统的食品毒理学安全性评价程序与方法，我国已经建立了国家标准，但对国际新技术的追踪投入较少。一是在投入比例上过分强调化学分析检测，使得食品毒理学检测技术更加薄弱，在相当大的程度上限制了对食品的危害识别与溯源能力；二是特殊毒性测试及其食品新资源评价技术（如动物代替试验、免疫毒性和致敏试验）尚未建立；三是毒理组学技术刚刚起步，生物标志物在人群生物监测中仅是个别应用；四是我国毒理学检测方法的标准化程度低，与国际良好实验室规范（GLP）要求有相当差距。

另外，对于潜在污染物和非法添加物的识别等方面手段不多、技术储备不足，由于受不同类化合物结构性质以及基质等的限制，没有形成系统的样品前处理和筛选监测技术，难以应对我国复杂的食品安全局面。基于以现代多维色谱-高分辨质谱技术为基础的食品危害物高通量筛选识别技术平台技术目前正成为国际食品安全研究领域的热点，是食品安全危害识别的强有力技术手段。

4. 已开发一批具自主知识产权的快速检测试剂和装备

已建立小分子半抗原制备抗体技术制备平台，研制出针对盐酸克伦特罗、氯霉素、利血平等农药、兽药残留的食品安全检测试剂盒 170 余种，用于食品中农药、兽药、生物毒素、食品添加剂、饲料添加剂和违禁化学品及动植物病原体等的检测，研制了 50 余种相关检测设备，实现了"瘦肉精"、"氯霉素"等主要违禁药物残留免疫快速检测技术产品的国产化，基本满足了我国食品安全快速检测市场，提升了我国食品安全监测和快速应对的能力。食品安全检测装备开发取得重大突破。研制了拥有多项发明专利、集多项检测技术于一体的食品安全监测车；"系列食品安全快速检测装备"在军队和地方食物中毒原因的调查中多次得到应用和验证。特别是研制的 H5、H7、H9 等不同亚型禽流感病毒的荧光 RT-PCR 检测试剂盒，使检测时间从 21 天缩短为 4 小时。致病性微生物引起的食源性疾病仍然是我国目前食品安全的主要问题，占食物中毒每年发病人数的 50% 以上，但食品中致病微生物的免疫检测技术缺少；农兽药残留、各种污染物和非法使用添加剂在实际样品中是多种类多组分共存，目前缺少能够应对突发食品安全事故和针对国家整顿食品"非法添加物"的储备抗体。我国在这方面的研究还刚起步，还没有形成具有实用价值的抗体资源库。

5. 应对食品安全突发事件的能力日益增强

已逐步形成了国际认可度高、高效快捷的食品安全检验检测体系，应急能力大幅度提升。在应对 2004 年的苏丹红、2005 年的孔雀石绿、啤酒甲醛、禽流感、2007 年的毒饺子、2008 年三聚氰胺等突发事件检测中发挥了重要作用。例如，专项课题率先研制出快速、准确的禽流感病诊断方法，解决了禽肉中微量禽流感病毒快速检测技术难题，在应对禽流感突发事件、促进我国的禽肉出口等方面都起到了重要作用。建立的基于症状和物质特征查询食物中毒数据库和基于电喷雾质谱的毒理学质谱库，已经成功应用于北京"山吧可乐定中毒"等多起食物中毒事件侦破和违法添加筛查。苏丹红事件和三聚氰胺事件中，疾病预防控制、检验检疫、农业等食品安全关键技术项目参加实验室迅速应对，在很短的时间内拿出与国际接轨的检测方法，为保障消费者的身体健康、维护社会稳定和保护国际国内贸易提供了技术支持。但我国目前尚缺乏一个系统的覆盖食品安全甄别、处置和响应的"金"标准和规范，特别是对未知物的筛查识别技术需要突破。

6. 创建了各具特色的食品安全控制模式

通过食品安全共性技术的应用和综合示范，支撑了区域重点产业的发展，增强了核心竞争力，培育了一批放心企业品牌。针对部分农兽药等有毒有害物质的吸收、转化、代谢和消解规律以及食用农产品生产、加工包装、储藏和流通等过程的安全控制，研制开发了一系列处理技术和方法；以 HACCP、GAP 等为基础，建立了主要食用农产品全程质量控制技术。形成了依托超市把关的江苏苏果超市、突出投入品控制的陕西洛川苹果、着力全程检疫的福建银祥猪肉、严把出口质量的广东恒兴水产、兼顾种植和加工安全的河南鹤壁小麦、政府主导与区域经济社会化的山东寿光蔬菜、保障重大活动安全的北京奥运和青岛奥帆餐饮、突出基地选择的浙江龙井茶叶和强化配送安全控制的北京物流等 9 个各具特色的食品安全示范模式。但缺乏对从种养殖业到最终消费环节整个产品生命周期的全程相对完整、配套、可操作的食品生产过程安全控制技术体系、标准和具体措施。

7. 初步形成饮用水安全保障技术系统

在饮用水安全保障方面，我国已初步建立了城市饮用水安全保障体系。在水源开发保护、供水设施保障、水质监督监测、管理能力建设等方面做了大量工作。全国新增城市供水量 160 亿 m³，供水普及率达 96.8%，出厂水质合格率接近 90%，初步具备了饮用水安全的监督监测和管理能力，在一定程度上保障了城市饮用水的需求。例如，国家实施了水体污染控制与治理科技重大专项"饮用水安全保障技术研究与综合示范主题"，选择深圳、天津、上海等城市作为试点，突破了饮用水源水质改善、常规处理工艺强化、安全消毒与安全性评价等关键技术，建设了 3 个日产水量 20 万 t 以上的饮用水安全保障示范工程。但随着经济社会发展、人口增加和城市化进程的加快,我国城市饮用水安全面临的形势依然严峻,水资源短缺、水环境污染、供水设施不配套、饮用水安全管理体制和机制不健全等问题仍然突出。目前,我国尚缺乏城市饮用水安全评价的标准和规范。全国城市饮用水不安全人口为 9900 万人（扣除水质、水量重复计算人口 2171 万人）,占规划范围内现状城市总人口 41 829 万人的 23.7％,其中水质不安全（末梢水合格率低于 93％视为不安全）人口为 7196 万人,水量供给不足（供水保证率低于 90％或地下水超采率大于 115％）的人口为 4875 万人。废污水排放及面源污染严重、净水处理工艺技术陈旧、管网老化破损、自建供水和二次供水技术设施落后以及管理不善等成为影响饮用水水质的主要因素,水源地水量供给不足和部分城镇公共供水能力不足使这问题加剧。更加严重的是,许多农村地区,由于工农业生产和高自然本底（如高砷、高氟）造成水源污染,得不到清洁卫生的饮用水。此外,饮用水安全管理及应急供水能力薄弱也是影响饮用水安全的因素之一。在水源水质变化与水厂管理（预警）和操作（实时控制）相结合的技术领域基本上还是空白,在预处理和深度处理技术集成和应用方面,我国与国外发达国家仍存在较大的差距。

4.4.2　当前食品安全研究的国际先进水平与前沿问题综述

1. 实施从水源到龙头的全程保护是饮用水安全保障的核心

目前,国际上解决饮用水问题的战略,一种称为"退缩战略",另一种是以大系统解决问题的"扩张战略"。所谓饮用水的"退缩战略"可以表示为:河流→水库→自来水厂→饮水机→瓶装水。从国家保障河流水生态系统,步步退缩,直至每个人以瓶装水保证饮用水质量。另一种"扩张战略"指导思想则恰恰相反,从修复水生态系统入手,保证河流水源地供水质量,从而保证自来水直饮,保证全民的饮用水质量。世界上很多国家对饮用水源水质评价开展大量的研究,提出了比较完善的水质指标体系、标准和评价方法。美国《安全饮用水法》要求各州和供水单位对所属饮用水水源水质进行调查、评价,确定水体遭受污染的脆弱性。新西兰地表和地下水水源地水质评价包括风险源等级评价和水源地水质等级评价、突发水污染事件的概率预测评价、污染物质在水体中的扩散行为、水体健康风险评估等。在系统评价基础上,可以有针对性地开展包括有机污染、重金属污染、持久性有机物污染、富营养化等污染控制技术研究和工程实施。由于水源地水质得不到有效的保证,给饮用水净化带来极大的难题。美国等发达国家将水源水质保护—预处理—水厂处理工艺—安全消毒—输配过程的水质保证进行系统的技术研究和应用实施。随着膜技术的发展及其在水处理方面应用技术水平的提高,国外已研究开发出适于饮用水深度净化的膜技术及其集成应用工艺,不少水厂在常规过滤和活性炭过滤的基础上，采取超滤、纳滤等工艺，使饮用水水质大大提高。国外一直将安全消毒作为饮用水技术研究的重点，将强化致病微生物控制、减少消毒副产物等作为关键技术。

2. 世界各国加大食品安全科技投入

世界卫生组织（WHO）和联合国粮农组织（FAO）等国际食品安全主管组织及国际食品法典委员会（CAC）近年来都大大加强了对食品安全工作的投入和重视。2000 年第 53 届世界卫生大会通过的食品安全决议（WHA 53.15）将食品安全列为优先领域，并于 2002 年发布了《全球食品安全战略》，随之 WHO 与FAO 合作建立了国际食品安全当局网络（INFOSAN）。2010 年 WHO 执委会于第 126 次和第 127 次 WHO 会议上再次将食品安全作为重要议题，分别提出了食品安全启动计划（EB126.R7 advancing food safety initiatives）和供人消费的饮用水安全管理战略（EB127.6）。要求加强食品安全（WHA53.15）并针对影响健康的生物、化学与核危害建立全球性快速响应机制（WHA55.16）等相关建议执行；通过全面实施全球食品安全战略加强 INFOSAN 工作，共享食品安全应急数据、信息、知识；与 FAO/OIE 合作建立食源性疾病和人畜共患传染病疾病负担（微生物和化学性）监测体系；像化学污染物一样，将食源性致病菌纳入全球环境监测系统/食品规划（GEMS/Food）中，提高暴露评估能力。

目前世界发达国家和地区如美国、欧盟、澳大利亚、新西兰和日本均制定了详尽的食品安全保护战略并启动了相应的科技规划。美国在《健康公民 2010》和《健康公民 2020》计划中均将食品安全列为优先主题，以降低食源性疾病发病率和提高人民生活质量为目标。相关部门启动了相应的食品安全研究专项，仅美国农业部实施的 108 食品安全计划在 5 年中就投入 5 亿美元。美国政府 2007年针对食品安全面临的新挑战，如高危人群的增加、消费模式的改变、食品供应全球化、食物恐怖和新的食源性病原体启动了食品保护计划——国家食品供应综合保护战略（*Food Protection Plan*，FPP），由食品药物管理局和美国农业部联合实施；2009 年美国国会批准了 1250 亿美元的预算用于实施《美国食品安全加强法案》。俄罗斯政府 2010 年 2 月发布了《关于批准俄罗斯食品安全战略的法令》。欧盟 FP6 计划中涉及食品安全的科研经费达到 6.85 亿欧元，FP7 计划则在食品安全、农业和生物技术达到了 19 亿欧元。

3. 食品安全风险评估是国际社会和各国政府共同遵循的准则

WTO 认可的以科学为基础的风险分析框架是建设有效食品安全控制体系的基础。强化本国食品控制体系、履行基于风险分析的食品安全控制策略是当前全球食品贸易的需要和各国在进行食品贸易中必须遵守的原则。FAO 和 WHO 联合建立了 CAC 作为风险管理机构，制定国际标准和规范，同时建立专门的联合专家委员会（如 JECFA 和 JMPR 等）开展食品安全风险评估，实现了风险评估与风险管理的分离，进而使得食品安全法规、标准、准则和规范的制定更具科学性和透明度。欧盟食品安全局、日本内阁食品安全委员会、德国风险评估研究所等食品安全风险评估专门机构的建立，以化学、毒理学、营养学、微生物学和分子生物学等学科为基础建立起来的多学科机制的定量风险评估技术在食品安全保障工作中飞速发展。风险评估报告的发布增强了消费者对政府保障食品安全的信心。

WHO 组织实施的全球环境监测系统/食品规划（GEMS/Food）为开展国际暴露评估已经建立了全球 13 个地区性的膳食数据库，开展暴露评估。欧盟和美国更加成熟，分别开发了只供本国机构使用的相关软件，建立了比较成熟的从点评估、分布评估到概率评估的一套解决不确定度的方案，通过收集各国食品消费量和污染水平建立数据库为重点，在个体数据基础上的概率分布模型获得高百分位数的精确估计提高准确度。这些技术已逐步被 JECFA 采纳，如在镉限量的国际标准制（修）定中采用。基准剂量（BMD）模型及以生理学为基础的药动/药效（PBPK/PD）模型、暴露边界（MOE）法相关技术和软件也在不断推进，有关 BMD 软件也由美国 EPA 和荷兰公共卫生与环境科学研究院（RIVM）开发成功。美国毒物和疾病注册所（ATSDR）在各种方法研究的基础上，提出了对化学污染物的联合效应评估，从致癌效应和非致癌效应两个方面进行系统研究的模式指南。

4. 在风险分析框架上建立食品安全标准

食品安全标准体系的有效实施，可以使食品生产和安全控制的全过程标准化、规范化；实现对食品安全各个关键环节和关键因素的有效监控，满足食品安全标准的规定，可全面保证和提升食品质量安全水平。同时，系统完善、科学合理的食品安全标准体系是国家食品安全监管部门规范市场行为的重要依据，为建立和完善食品市场规则体系、法律法规体系和市场管理体系奠定基础，提供技术依据和支撑，从而为消费者营造放心消费环境，提供安全卫生食品，切实保护消费者的健康安全和权益。欧盟、美国和日本等一直将很多精力和时间放在 CAC、OIE 等国际标准化活动上，并依赖其风险评估研究起步早的研究优势主导食品安全国际标准的制定，不遗余力地试图将具有限制发展中国家食品出口作用的本国标准变成国际标准。为此，发达国家投入巨大，如美国标准科学技术研究院，每年从政府得到的标准研究经费多达 7 亿美元。1999 年 6 月至 2001 年 9 月日本投资数亿日元，历时两年三个月完成了日本标准化发展战略的制定任务。

5. 实施从农田到餐桌的食品安全全程控制

安全的食品是生产出来的，全程质量控制已成为世界各国公认的食品安全最佳防控模式。全程质量控制通过全程监管，对可能出现问题的环节预先加以评估和防范，世界各国纷纷实施良好农业规范（GAP）以及各种生产规范（code of practice），以求从源头上控制食品安全。发达国家和CAC等国际组织都已制定了大量的农兽药最大残留限量（MRL）标准，成为农产品市场准入和质量安全监管的重要依据。近年来，欧美日等国家（地区）对食用农产品设定的MRL数量正在快速增长，限量指标也越来越严格。食用农产品的重要特性之一就是其"鲜活性"，因此要求检测速度要快，多目标、精准的检测技术也成为重要的发展趋势。发达国家食用农产品农兽药、违禁添加物快速、高通量检测方法和产品得到了很大的发展，确证检测方面也趋向于高精度、多残留检测方法的研发，检测水平达到了超痕量水平。以此为基础，实行问题食用农产品的追溯和召回，既可明显节约人力物力财力，又能最大限度地保证产品安全。良好农业规范的对象是大田作物、果蔬、牛羊、奶牛、猪、家禽、茶叶、水产的农业生产经营者或是由独立的农业生产经营者组成的联合组织，是对食品链源头实施管理的有效形式，GAP要求初级农产品种植、养殖过程实施科学、系统、标准化的管理。所有这些工作的实施对于初级农产品生产组织提供安全产品给予了良好的保障。

6. 食品加工和流通污染问题日益受到重视

食源性疾病是食品安全防范的重要目标，而安全加工可以有效降低致病微生物带来的风险。食品加工过程中有害物质的形成机理、变化规律及有害物的控制技术研究是目前加工过程安全研究的重点和热点。国际上目前对一些有害物的产生机制和控制技术已经有了较为深入的研究。随着食品加工工艺和食品原料供应的日益复杂化，加工过程的安全风险也在逐步增加，国际上对加工过程中致病微生物和有害化学物的监控、食品添加剂的合理使用等方面的研究非常重视，JECFA等每年都对添加剂的安全性进行大量的风险评估研究。通过一些物理、化学、生物学方法，确定食品加工过程中影响食品安全的因素并研究建立系统的监测技术体系和控制技术体系是目前研究的重点领域。国际上食品的流通安全一直受到高度重视，低温冷链物流是目前主要的发展趋势，在低温冷链物流研究中深低温急冻技术、低温保鲜技术和常规低温微生物污染监控技术、食品包装安全包装是研究的重点和前沿领域，特别是包装材料的安全问题由于出现了双酚A等一系列问题近年来受到广泛关注。而我国，由于技术和人力资源方面的问题，还没有涉足这些领域。

7. 食品供应综合保护战略的核心要素

在食品安全水平最高的美国,经历 2007 年宠物食品大规模召回、肉毒杆菌污染红番椒事件后,2007 年 11 月美国 FDA 和 USDA 启动了《食品保护计划》(*Food Protection Plan*,FPP)。该计划首次提出了美国国家食品供应综合保护战略的三大核心要素和四个工作重点:核心要素包括更好预防、更强干预和更快响应,工作重点放在先期介入并预防问题的发生上,然后应用基于风险分析的干预和控制措施确保预防措施得到有效实施,最大限度地降低风险,一旦发现问题,则快速反应并运用预警系统进行快速预警。FPP 不仅明确针对食品污染和天然存在危害物的监管(传统意义上的食品安全 food safety),也针对包括违法掺假和以食物为载体进行恐怖活动的危害物监管(即食品防卫,food defense)。

在食品安全溯源与预警方面,WHO/FAO 食品安全网络(INFOSAN)正在向各成员国扩展,以建立全球性的食品安全预警应急对策机制。欧盟建立的欧盟食品和饲料快速预警系统(rapid alert system for food and feed,RASFF)是一个系统连接各成员国食品与饲料安全主管机构、欧盟委员会以及欧洲食品安全管理局等的网络。所有参与其中的机构都建有各自的联系点,联系点彼此联系,形成沟通渠道顺畅的网络系统,系统及时收集源自所有成员的相关信息,以便各监控机构就食品安全保障措施进行信息交流并快速反应以保护消费者免受不安全食品和饲料危害。在此基础上,欧盟建立了基于网络、媒体信息搜集的食品安全预警系统(the emerging risks unit,EMRISK)。英国食品标准机构通过监控预警系统随时加强传染病控制。德国联邦消费者保护和食品安全局建立的农产品风险预警信息预报系统,提供食品和饲料安全监察工作的查询和服务。美国多家联邦政府机构于 1995 年联合推出基于核酸的脉冲场凝胶电泳技术(PFGE)食源性疾病监测网络,该网络由美国疾病控制和预防中心(CDC)具体负责,监测对象包括 7 种细菌和 2 种寄生虫,通过人群监测(涵盖美国人口 14%)构建食品安全主动保障体系。该系统目前覆盖了美国全部 55 个州,德国等 11 个欧洲国家,南美洲的巴西等国家和亚洲的日本、菲律宾、韩国、中国香港等共计 23 个国家和地区,在全球食源性疾病的监测方面发挥了巨大的作用。目前,美国正在加强食品污染危害识别、危害消减、危害控制、食品化学危害物和食源性病原体筛选技术研究,以加强现代信息技术的应用集成来快速提升 FDA 信息收集、识别能力,形成早期预警监管和信息系统来降低损失。荷兰瓦格宁根大学研究中心基于整体方法(holistic approach)策略正在开发一套预警系统(emerging risk detection support system,ERDSS)用于潜在的食品安全危害的预警。

4.4.3　食品安全研究中的重大工程科技问题

根据未来国家经济社会发展对食品安全（含饮用水安全和食用农产品安全）研究的战略需求，设立"食品安全工程"、"饮用水安全保障工程"和"食用农产品质量安全科技工程"。

（1）建立国家食品与饮用水污染监测网络和食源性疾病监测网络体系，网络将覆盖全国所有的省、市、县的城镇并逐步延伸到农村地区。建立一批食品安全监测基准实验室，重点解决获得国际可比对性实验数据所需要的标准质量控制准则、标准物质、标准菌株，并参与实验室间国际比对，为获得准确可靠的污染本底和制定国家控制目标提供基线值提供技术保障。开展重要食源性疾病和人畜共患传染病负担调查，为评估疾病负担提供基础数据。

（2）重点加强我国食品安全风险评估中亟须并与国际接轨的基础数据库（如中国人群膳食消费数据库、污染物数据库、耐药性数据库、毒理学数据库）建设及其基准剂量（BMD）、急性毒性参考剂量（ARfD）、风险-获益平衡模型等参数建立。

（3）充分利用现代信息技术（垂直搜索、语义搜索、对等点搜索等）、计算机技术、数据挖掘以及数据仓库技术和数学建模，实现基于国家地理信息、产地环境污染（包括环境安全事故、全球食品安全事故）的食品危害物风险自动预测预警。

（4）突破从农田到餐桌全过程的食品和饮用水中危害识别关键技术，实现关键试剂（抗体）和产品（免疫试剂盒、胶体金试纸条固相萃取柱填料、萃取柱、免疫亲和柱、分子印迹柱、饮用水和食品卫生指标生物传感等在线监测设备、现场监测便携式仪器）的国产化，提高危害识别能力。继续制定和坚持可持续性预防措施，包括食品安全教育规划，以通过涵盖从农场到消费者的完整食品生产链的系统方式，减轻食源性疾病负担。

（5）突破不明原因食物中毒甄别、处理和处置技术，重点解决基于症状和毒物结构特征查询的大容量数据库建设和查询准确度问题，形成主动症状捕获食品安全隐患的网络体系和诊断体系。

（6）以合理使用农业投入品、降低产地环境污染传递为目标，加强食用农产品质量安全风险评估、源头治理、过程控制、安全限量及检验检测等技术研究，控制源头污染。

（7）注重食品安全从农田到餐桌的全过程控制，研究食品从生产到消费过程危害物的形成机制，通过优化工艺，突破关键工程技术，解决过程污染问题。

（8）积极开展饮用水水源保护及修复、净化处理、安全输配、水质监测、风险评估、应急处置技术开发及集成应用。

4.4.4　食品安全研究中的关键技术

1. 农产品质量安全监测控制技术

强化产地环境控制及源头治理技术研究，重点研究食用农产品产地安全评价指标体系与评估技术，建立产地环境质量安全监测数据库、信息网络以及集群数据挖掘技术研究。加强农业种养殖过程安全控制技术研究，重点研发鲜食产品中农药残留、畜禽产品中抗生素、抗菌药和促生长素等药物残留污染控制技术，开发抗菌促生长类植物提取物并进行安全评价与高效利用关键技术研究，研究畜禽产品初加工过程消毒保鲜剂安全性评价和降解规律。开展食用农产品中重要化学污染物的剂量-反应评估关键技术、暴露评估方法优化与风险关键因子、食用农产品安全性风险指数（RI）以及主要食用农产品中危害因素风险评估模式研究。建立我国农兽药残留准许列表体系，开展基于风险评估的农兽药残留等污染物限量标准制定、特色小宗作物农药合理使用准则与残留限量标准、畜禽产品农药残留消解转化行为及其限量标准、种植业产品产地主要污染物限量标准与安全评价分类技术研究。开展粮油、畜禽、果蔬产品重点危害因子控制技术集成与示范。

2. 食源性病原微生物监控技术

建立基于哨点实验室的食源性疾病监测网络，重点研发重要食源性致病菌特异分子标志库及高通量快速检测技术、常见食源性病毒分布规律与快速检测及控制技术、食源性致病微生物快速检测关键技术及产品、食品中致病菌危害控制与生物防腐剂新产品等重点技术，通过启动微生物定量风险评估解决海产品中副溶血性弧菌限量标准，突破基于特异性生化反应和特征性代谢产物的新型食源性致病菌定量检测与鉴定，常见食源性病毒分布规律与快速检测及控制技术研究，重要食源性致病菌特异分子标志库的建立及高通量快速检测技术，生物防腐剂作用机理研究及新型产品研发等核心技术，形成较为成熟的食源性致病微生物监控技术体系。开展食源性危害多因素的风险评估技术和评估模型研究、建立食源性危害多因素的风险预测模型、构建食源性病原微生物高通量快速分型和溯源技术及相关数据库，全面实现食源性疾病由事后处置向主动防御转变。

3. 食品污染监测与暴露评估技术

建立国家食品污染监测网络，重点针对我国食品安全风险评估急需的基准参考数据和基本评估方法，从化学污染物（含环境污染与农药残留）和真菌毒素的膳食暴露评估、抗生素暴露与细菌耐药性评估、食品和包装材料中添加剂的毒理学阈值（TTC）等风险评估基础参数问题入手，建立我国化学污染物暴露评估的基本技术体系。近期优先解决食品安全风险评估中基准剂量（BMD）、急性毒性参考剂量（ARfD）和风险-获益平衡模型，应对镉限量标准和全民食盐加碘再评估及其膳食暴露污染物对甲状腺功能的影响等国家亟待解决的科学问题。重点开展食源性危害多因素的风险评估技术和评估模型、食源性危害多因素的风险预测技术和预测模型、新的不明原因危害因素风险评估和预测技术、基于多因素的食源性疾病的风险预测和预警技术研究；充分利用现代化学分析技术、现代分子细胞生物学、基因组学、代谢组学和毒理组学技术，研究有毒有害物质的代谢与转化途径、健康危害分子机制及信号转导通路。建立食源性病原微生物高通量快速分型、溯源技术和相关数据库为食品安全风险评估提供技术数据和技术支持。完成基准剂量与暴露评估结合的随机模型及其软件研发，建立药物与个人护理产品污染的膳食暴露评估技术；开展复合污染的食品毒理学技术研究和膳食暴露评估模型新参数研究。在前期已有技术基础上进一步研究建立抗生素耐药性的风险评估模型与技术体系，针对水产品消费量增加与污染增加的双重压力开发食用安全性的风险-获益模型与软件。

4. 食品（含农产品和饮用水）中危害物识别技术与装备

研究食品（含农产品和饮用水）中危害物的检测技术，逐步实现快速检测试剂和装备的国产化。优先发展有害因素的免疫识别系列技术，解决现场在线检测技术和仪器研制问题；形成食品过敏原类群特征特异表位精准定位成分检测技术并研制标准物质；开发针对农兽药残留、真菌毒素、贝类毒素和藻毒素等高通量检测技术平台和食品污染及添加剂系列集成检测技术，集成相关的检测技术产品及样品前处理设备，建立食品和饮用水（含瓶装水）包装材料中有害物质迁移评估技术。重点突破农兽药残留抗体库建立及产品研发、人畜共患病病原检测技术。针对目前食品安全风险物质和潜在的风险物质，研究食品安全基础标准中的关键技术，为完善我国的食品安全标准体系提供技术支持。在完善食品安全国家标准查询数据库基础上，加强数据库的应用开发，构建重要化学污染物标准物质的制备及标准物质数据库，建立食品安全检测实验室和参考实验室技术规范和食品安全检测质量控制技术规范。建立食品中有害物质分析全程质量控制技术并研制相关产品；研制污染监测质控样品；研究食品中生物毒素与代谢应答检测技术、食物过敏原分子鉴定技术。

5. 食物中毒与群体性不明原因疾病病因因子溯源控制

利用现代信息技术、引入风险预测技术，在食源性病原微生物分子分型标准化技术和食品中有害残留物高通量表征关键技术基础上，建立我国食源性微生物污染分子分型溯源数据库。开展不明原因食物中毒甄别、处理和控制技术研究，基本形成以临床生命体征识别、毒理学质谱筛查技术和代谢组学技术为支撑的食物中毒诊断数据库。研究动物性食物中毒病因因子权重判别与风险预警技术、微生物性食物中毒分子分型溯源技术和化学性食物中毒成因解析技术。在医院—疾控联动机制基础上建立症状主动监测技术，完善并集成开发基于现代信息技术的临床症状病因搜索解析技术、多维色谱-高分辨质谱筛查技术、基于疾病-生物标志物的代谢组学病因解析技术、现场流行病学技术等进行危害物群的解析技术体系；利用脉冲场凝胶电泳技术（PFGE）建立我国食源性致病微生物的分子分型国家网络数据库，加入食源性致病微生物分子分型国际网络。充分利用建立的不明原因食源性疾病病因解析溯源技术，结合现代信息技术、计算机技术、数据挖掘技术和数学建模，建立群体性不明原因疾病诊断监测预警技术平台。研究建立食物中毒现场干预处置技术。

6. 食品加工与流通过程有害物质的安全控制技术

重点突破食品加工过程中消毒控制技术、研发一批智能化的监控设备，开发高效安全消毒剂；针对食品加工与流通过程安全控制关键技术，优先研究传统发酵食品制造过程中有害物质的安全控制技术、食品热加工过程中有害物质的风险控制技术、食品加工过程中有害物质的动态监控技术、食品安全流通实时监控技术等，形成可集成示范的控制技术体系。研究建立食品流通安全技术标准体系。针对我国大宗食品在流通中的主要安全问题，以流通过程中病原生物和重金属、农药残留、霉菌毒素等污染监控为目标，重点开展食品中主要污染物残留动态监控技术，食品储藏、包装、运输过程的安全控制技术，安全流通包装技术和设备的研发，研究食品在流通过程中有害物质的动态变化规律和控制技术，着重加强流通过程中以食物为载体的人畜共患传染病的传播、发生规律和控制技术的研究，同时要注重对食源性致病微生物在流通过程中的增殖和食源性疾病诱发规律的研究，在检测技术、致病微生物的控制技术等方面开展技术创新和重大技术集成研究。重点突破食品流通安全信息化技术、食品流通安全溯源技术、食品流通安全技术标准体系、食品安全流通处理关键技术与装备、食品流通安全包装与运输关键技术与装备等方面的研究和重大装备开发。集成以上的技术并进行有效的领域示范。

7. 饮用水安全控制与预警技术

基于我国水体普遍遭受污染的现实状况和不同水源类型、不同水质特征和不同供水系统存在的安全隐患，开展供水管网和输水设施改造，减少供水漏损、提高供水管网水质化学稳定性和供水管网水质生物稳定性、提高供水设施和水资源利用效率。强化城市供水水质监督管理，建设国家和省域的城市供水水质实验室平台，完善城市供水水质检测网络，形成完善的城市供水水质监测体系；提升城市供水水质监测网检测能力建设，检测项目与国际接轨；按照《生活饮用水卫生标准》要求，配置国家监测网中心站的检测设备，检测能力可以支持评价重大水质问题；建设供水水质安全信息管理系统，实现城市供水水质数据的规范化和信息化管理及社会共享，提高对突发事件的反应和决策能力。通过技术研发、集成和综合示范，构建集水源保护、净化处理、安全输配、水质监测、风险评估、应急处置于一体的饮用水安全保障技术和监管体系，持续提升我国饮用水安全保障能力。

8. 非法添加物筛查与食品防恐

针对食品反恐的需要和在经济转型和企业诚信制度建设期间出现的非法添加问题，引进脆弱点评估与预警技术，发展新型监控技术和生物恐怖防御技术。利用现代质谱技术、免疫分析技术、生物传感器、基因芯片等现代生物技术、替代毒理学技术开发非法添加物和恐怖生物及毒素检测技术；利用垂直搜索等现代信息技术建立食品安全风险隐患收集体系。重点解决食品违禁化学添加物筛查技术、食品违禁工业微生物筛查技术、食品恐怖生物毒素检测技术、动物源食品中激素非法使用与内源性鉴别技术、重要食品掺伪识别技术、食品生产脆弱性评估与风险预警技术，初步建立起我国非法添加物快速筛查与食品防恐技术体系。利用现代信息技术建立我国非法使用、超范围使用有毒物质科学的预警和信息收集平台，集成建立基于科学的风险防御技术体系。

4.4.5　食品安全的重要措施与政策建议

（1）进一步贯彻落实《食品安全法》、《突发事件应对法》、《农产品质量安全法》和《食品安全法实施条例》与《突发公共卫生事件应急条例》，理顺监管体制。

（2）加强食品安全（含农产品质量安全和饮用水安全）的科技投入，提高科技创新能力。结合当前监管执法过程中面临的科技瓶颈，争取中央及地方财政支持，继续加大科技研究的支持力度，逐步形成多元化科技投入格局。加强产学研结合，提升科技自主创新能力，加强科技创新和成果转化。

（3）加强食品安全（含农产品质量安全和饮用水安全）的基地、人才和学科队伍建设。建设一批食品安全与中毒诊断控制国家重点实验室、工程中心、基准实验室和区域网络中心。围绕国家重大技术需求，整合资源，形成跨单位、跨区域、跨系统的安全科技协作网络，构建全国性科技创新共享平台，促进农科教、产学研紧密结合。建立人才的引进、培养机制，通过项目带动等形式，造就一批科技领军人才、战略科学家和创新团队，形成一支具有世界前沿水平的创新人才队伍。鼓励高校和科研机构开展食品安全人才（含农产品质量安全和饮用水安全）基地建设，增强我国在食品安全领域的科技人才储备。

（4）加强食品安全（含农产品质量安全和饮用水安全）知识普及和培训。针对我国人民群众安全卫生基本知识缺乏、科普工作极为薄弱、一些虚假宣传误导群众等问题，建议有关部门采取群众喜闻乐见的形式，宣传食品安全科普知识，培养安全意识，增强抵制不安全、不卫生食品（含农产品和饮用水）的能力。建立多渠道、多形式的培训体系。重点培训食品从业人员、管理者，提高安全生产技术、意识和诚信等。

（5）要积极推进节水型社会建设，定期发布饮用水水质情况，使全体公民掌握科学的饮用水知识，采用卫生安全的饮用水方式。大力宣传和推广科学用水、节约用水经验，加强饮用水安全保障工作，在全社会形成节约用水、合理用水、防治水污染、保护水资源的良好生产和生活方式。

4.5　土木工程安全相关工程科技发展战略*

土木工程是人类建造的并固定于地面或地下的各类工程设施的科学技术的统称。土木工程按狭义理解是指建造的对象，如房屋建筑物、路桥、隧道、堤坝、码头、管道及地下防护工程和航天发射塔等；但按广义理解，土木工程还指建造这类工程设施所用的建材、设备以及勘察、规划、设计、施工、维修、检测、鉴定、加固、改造、拆除等种种技术活动及与其相关的管理活动。

对于危及多数人生命、健康和财产安全的公共安全问题，土木工程应做到在各种自然灾害、人为灾害以及人因差错发生时，能够不因这些工程设施的破坏，保护公众的生命财产安全，防止或减轻其损失。地震和洪水等自然灾害对土木工程造成的损失最大；人为灾害与人因差错的区别，在于行为的故意或无意、主观与客观。工程设施的破坏程度往往取决于上述灾害和行为的组合；人因差错能放大灾害的破坏程度，个别的人因差错一般不至于造成很大损失，但多种人因差错若在同一工程设施中偶然组合，即使没有天灾，也可能造成严重后果。本节将对土木工程的城镇化建设安全、西南多震地区的高坝抗震安全、梯级电站群的安全运行方式和桥梁安全的研究现状、前沿问题、重大工程中的关键工程科技问题进

---

* 本节内容是中国工程院课题报告（2010），合作者：陈肇元，陈厚群，袁鸿，王璠，徐加初。

行论述。

4.5.1 当前我国土市工程安全问题的现状与挑战

1. 城镇化建设中的安全问题

城镇化是人类社会走向现代化文明的重要标志，城镇化水平已成为公认的现代化衡量标准之一。目前，发达国家城市化程度普遍超过 70％，有些甚至达到 80％以上。在中国，城镇化是现代化的必然要求、是经济社会迈入新一轮发展的重要突破口。截至 2009 年，中国城镇人口已经达到 6.2 亿，城镇化率达到 46.6％，预计到 2015 年达到 52％左右，到 2030 年达到 65％左右。由于体制和政策不完善，当前中国城市发展尚存在诸多问题，如城市土地扩张与人口增长不匹配、城乡、区域间发展严重不平衡，收入差距扩大与居住分异加剧，各种城市社会问题日益凸显，城市空间开发无序现象严重，大城市膨胀等，以及由此而引发一系列公共安全问题。城镇化建设的公共安全问题，包括两个方面，一方面是所有的城市灾害都会影响到城镇化建设；另一方面是城镇化建设过程中的公共安全问题。城市灾害引起的安全问题包括：城市工业危险源带来的风险、城市人口密集的公共场所存在的风险、城市公共设施脆弱引起的风险、流行性疾病引发的城市公共卫生灾害、恐怖袭击与破坏、城市生态环境恶化引发的社会安全。城镇化建设过程中的公共安全问题包括：城镇化建设过程的防灾与减灾、建设施工安全和灾害、城市宏观空间模式与城市防灾、气候变化下大中城市内涝灾害、土建结构安全事故、安全设置水准偏低。

2. 西南多震地区的高坝抗震安全问题

随着我国国民经济和社会的稳步发展，能源紧张和作为二次能源的电力短缺现象已日益突出。为缓解我国能源紧张状况，优化能源结构，实现 2009 年温家宝总理在哥本哈根气象大会上承诺的我国 2020 年单位国内生产总值 CO_2 排放量比 2005 年下降 40％～45％的目标，大力发展水电是唯一有效途径。我国水力资源理论蕴藏量为 6.94 亿 kW，技术可开发装机容量 5.2 亿 kW。截至 2009 年年底，我国水电装机容量为 1.97 亿 kW，水电开发率为 36％。水电是目前最有可能大规模开发利用且技术最为成熟的可再生清洁优质能源，是集国土整治、河流开发、防洪抗旱、地区经济振兴、扶贫、生态改善等综合效益于一体的可持续工程。高坝大库在调节性能好、装机容量大、综合效益高的水电工程建设中，具有无可替代的重大作用。随着全球环境意识和可持续发展要求的日益增强，国际社会对高坝大库功能和作用的认识正不断深化。因此，在充分重视移民安置、生态和环境影响的前提下，积极有序的进行水库大坝建设切合我国国情和社会经济发展的需要，已成为我国基础设施建设中不可或缺的重要组成部分。西部地区是我国水能资源最丰富的地区，主要集中在岷江、大渡河、雅砻江、金沙江、澜沧江、怒江、黄河上游等流域，地形地质条件适宜修建移民淹地相对较少、发电效率高和调节性能好的高坝大库。但西南地区处于我国地势第一阶梯和第二阶梯过渡地带，这里地质断裂发育，属地震多发区和地质灾害高发区。目前在建和拟建的一系列 200～300m 级的世界级高坝，工程规模巨大且少有先例、坝址地震烈度高且缺乏工程震害实例，面临一系列世界级技术难题。高坝大库一旦受震溃决，将导致大坝下游遭受严重次生灾害，给人民生命及财产造成巨大损失。

3. 梯级电站群的安全运行问题

我国西部地区已建、在建和拟建的大型水电站有几十座，岷江、大渡河、雅砻江、金沙江、澜沧江、怒江和黄河上游将建一批梯级大型电站。截至 2009 年，西部地区水库群总库容达到 700 多亿 m^3，预计到 2020 年，西部地区水库群总库容将达到 1500 多亿 m^3，2030 年，西部地区水库群总库容将超过 3000 多亿 m^3。

但是，这些梯级大型电站群都位于我国西部高山峡谷地区，其运行将面临许多前所未有的科技问题。第一，我国的水资源时空分布极不均衡，西部梯级电站群的运行要考虑防洪与水资源的高效利用问题，以及各梯级电站的联合调度问题。第二，西部建坝地区的地形地质条件十分复杂，山高谷深，水力落差大，因此需要解决复杂条件下与运行相关的各种关键技术问题。第三，水电建设的生态环境保护压力空前加大，西部梯级电站群的运行管理中需要优先考虑生态环境问题，实现资源开发利用与生态环境保护双赢。

4. 桥梁安全问题

我国自改革开放以来，公路建设事业迅猛发展，尤其是高速公路建设，作为公路建设重要组成部分的桥梁建设也得到相应发展，跨越大江（河）、海峡（湾）的长大桥梁也相继修建，一般公路和高等级公路上的中、小桥，立交桥，形式多样，工程质量不断提高，为公路运输提供了安全、舒适的服务。中国的大桥跨度已名列前茅，与先进国家技术上的差距也大大缩小。据统计，2006 年年末我国有公路 345.7 万 km，有公路桥 53.36 万座、203.99 万 m，我国已经成了世界桥梁大国。

虽然我国跨大江大河、跨海大桥质量和安全性好，但是从总体上看，我国桥梁安全状况不容乐观，施工或使用中，时有桥梁坍塌。总体来说，我国桥梁面临以下安全问题：第一，我国桥梁规范标准太低，而规定的材料设计强度又较高；第二，设计往往重美观而忽视了整体牢固性，我国设计规范强调单个构件的承载能力设计计算，较少涉及整体牢固性的要求；第三，目前"目标使用年限"模糊，在我国建筑法中，未对不同类型建筑物的合理使用寿命（或年限）规定具体的量值；第四，轻维护、轻建设质量问题突出；第五，我国土建设计人员创新意识薄弱，过分依赖规范，不善于根据工程的具体特点去解决问题，施工一线工人的素质较低，难以及时发现和有效消除人为差错。

4.5.2　当前土市工程安全的前沿问题研究综述

1. 城镇化建设中安全问题的前沿科技问题综述

随着城市化程度的提高，城市建设在单位土地上的聚集程度比以往任何时候都高，灾害发生时的放大效应也就更加明显。单体建筑物越来越高、体量越来越大，城市建筑向高层、超高层、大跨度、大型空间建筑、城市大型地下建筑发展。因此，针对城镇化建设中的安全问题，保证千米级大桥、五百米级超高层建筑、三百米级高坝等的安全，前沿研究旨在通过对重大工程在强地震动场和强/台风场动力作用下的损伤破坏演化过程的研究，揭示重大工程的损伤机理和破坏倒塌机制，建立重大工程动力灾变模拟系统，发展与经济和社会相适应的重大工程防灾减灾科学和技术，为保障重大工程的安全建设和运营提供科学支撑。主要研究内容包括以下几个方面。

（1）强地震动场和强/台风场的建模与预测研究：强地震动场的破坏特性、理论模型与预测方法；强/台风场的分布特性、时空模型与预测方法。

（2）重大工程动力灾变的关键效应研究：材料、构件和结构的非线性动力效应研究；结构与环境介质的动力耦合效应；结构的空间动力作用效应；结构内部及与环境介质之间的能量转换和耗散效应。

（3）重大工程动力灾变的全过程分析：建立考虑强非线性、多介质耦合、能量转换和耗散等效应影响的复杂重大工程系统的快速建模理论以及强地震动场和强/台风场动力作用下重大工程动力损伤演化的高效数值计算方法，发展基于高维动态数据场特征分析和提取的高效可视化技术；研究强地震动场和强/台风场作用下重大工程的损伤累积效应及其演化规律，揭示重大工程的动力灾变失效破坏机理，建立重大工程的动力灾变失效破坏准则；研究强地震动场和强/台风场作用下重大工程的构件破坏、局部结构破坏以及整体结构破坏之间的关系，揭示重大工程的动力灾变破坏与倒塌机制。

（4）动力灾变过程控制研究：重大工程结构的失效模式及其高效分析方法；重大工程结构失效模式优化与结构整体抗震抗风能力提高的理论与方法；重大工程动力灾变过程的损伤与倒塌控制原理。

（5）重大工程动力灾变模拟系统的集成与验证：包括系统集成方法研究；研

制和开发强地震动场作用下重大工程动力灾变模拟的软硬件技术平台，并采用模型试验进行有效性验证或采用原型监测案例分析进行可靠性验证，再现强地震动场作用下重大工程的动力灾变过程；研制和开发强/台风场作用下重大工程动力灾变模拟的软硬件技术平台，并采用模型试验进行有效性验证或采用原型监测案例分析进行可靠性验证，再现强/台风场作用下重大工程的动力灾变过程。

（6）重大工程结构的抗爆、耐火、耐腐研究：城市复杂环境中爆炸冲击波的传播、作用机理与荷载模型；工程结构遭受撞击的作用机理与防护措施；爆炸与冲击荷载作用下工程结构的损伤累积、破坏机理与倒塌机制；满足性能化目标的结构抗火设计准则；结构抗火设计中"抗力"和"荷载效应"的概率模型，以及模型参数随温度的定量变化规律；结构抗火的目标可靠指标；导致结构材料性能劣化（如钢材锈蚀、混凝土腐蚀）的环境作用等。

（7）土建结构工程的安全性与耐久性研究：分析我国土建结构工程的安全性与耐久性现状，寻求存在的问题及其根源，探讨解决的途径、方法与对策，并为政府部门制定相关的技术政策提供建议，以期土建结构工程能够更好地满足我国现代化建设的需要，并适应我国经济转型后面向市场经济的需求。

2. 高坝大库抗震安全研究中的前沿问题研究综述

世界不少多地震国家，在地震区都修建有众多大坝。已有一些遭受震害实例，但迄今因地震溃决的极少，仅限于设计和施工不良的低坝。我国 2008 年的汶川大地震中，各类大坝总体上经受住了特大地震的考验。震区的众多中小型水坝虽有不同程度的震害，但无一垮坝。近震区 4 个不同类型百米以上高坝，虽经受超设计水准的强震，但均保持了结构整体稳定和挡水功能。

此外，迄今全球水库蓄水引发水库地震震例占水库总数的比例是极小的，并非修建高坝大库就一定会引发水库地震。在已有的被较普遍承认的水库地震震例中，绝大多数最大震级不超过 3～4 级，对工程和库区未造成危害的非构造型水库地震。只有很少数震例，属于社会和工程界所关心的构造型水库触发地震，这类构造型水库触发地震，只在特定的地震地质和水文地质条件下才会发生，其最大震级不可能超过被其触发断层本身的最大震级。迄今全球仅有 4 个最大震级超过 6 级的水库地震震例，其最大震级不超过 6.5 级。高坝大库的库区如有发震断层，必须在抗震设计中经充分论证，并考虑了其对工程抗震安全的影响。

因此，可以认为，在强震区修建高坝大库，只要按规范要求精心进行抗震设计、确保施工质量和运行管理到位，抗震问题并非颠覆性的制约因素。近年来，在我国大坝工程建设的推动下，我国在大坝抗震研究中取得了一定进展，增强了我国在西部强震区修建高坝大库的信心。

但也应当看到，高坝大库工程的安全问题极端复杂，涉及多学科的交叉。工程设计中的技术问题，不少都缺乏较深入的理论支撑，因而在相当程度上仍有赖于工程实践经验。特别是抗震设计，由于地震动的不确定性和结构动态响应的复杂性，困难更大。高坝大库地震安全性的评价，必须从坝址地震动输入、坝体-地基-库水体系地震响应分析、材料动态抗力这三个相互影响和配套的方面综合分析。目前大坝抗震研究的现状是，对结构地震响应的研究日益精细，而对地震动输入和结构抗力的研究相当粗放，形成"两头小、中间大"的局面，实际由粗放的两头决定了其抗震安全性评价的水平。因此，需加强对地震动输入和结构抗力这两方面的研究，以力求对工程抗震安全作出更系统全面合理的综合评价。此外，大坝抗震设计规范中，对大坝地震响应的分析，大多仍基本沿用基于已有工程实践经验和类比的传统理念和方法，其中有些并不能完全反映高坝在强震作用下的实际状态和很好解释震害实例。加上遭受过强震的大坝震例，远较房屋建筑和道桥等工程少，在汶川大地震中经受强震检验的少量高坝，其坝高也都在160米以下。而160米以下的高坝与300米级的高坝相比，可能存在从量变到质变的本质差异。此外，近期我国处于水电开发高潮，包括规划、设计和科研在内的前期工作不够充分，往往仍只能依据已有的规范和方法。因此，面对超大型世界一流工程建设中提出的前所未遇的前沿性工程技术难题，当前科研进展所提供的科技支撑赶不上工程建设发展的规模和速度，存在着很大的风险。

同时也要认识到，在当前科学技术发展和知识更新十分迅速的信息时代，众多跨学科的高新技术，为以往工程设计中许多难以解决的工程技术难题提供了前所未有的新的研究思路、方法和手段，为大坝工程抗震安全性的评估更接近实际创造了条件，诸如生成更符合坝区具体地震、地质和地形条件的场地相关地震动输入；建立更切合工程实际的大坝体系地震响应分析模型；确定接近坝体和地基材料真实性能的本构关系和损伤演化过程，采用更精确和有效的非线性方程求解方法和计算工具等。

因此，必须要从前瞻性和战略性的高度，在立足当前工程需要的同时，放眼长期战略目标，敢于突破某些已难以适应发展需求的传统理念和方法，在加强交叉学科的借鉴和协作、大力学习引用高新技术的基础上，为切实防止高坝大库地震灾变的研究开拓创新的理念、思路、技术途径和方法。当然，这是一个科学求实、谨慎认真，并需要在实践中不断检验改进的长期积累的发展过程。

3. 梯级电站群高效安全运行中的前沿科技问题综述

（1）防洪与水资源高效利用。洪水具有高度的不确定性和风险性。防洪一直是西部梯级水电站群的重要任务之一。防洪与发电既有矛盾，又密切联系。采用先进的科学技术，针对梯级电站群各种实际情况，研究相应的最佳防洪规划方案和调度方案，不仅能够保障工程安全，满足防洪需要，同时也能够显著提高梯级电站群的水能资源利用效率。

（2）梯级流域水文预报技术。可靠的水文预报是保证水资源系统安全调度、充分发挥系统运行效益的前提条件。流域水文预报涉及的技术问题包括：①用水预报技术研究；②二元分布式水文预报技术研究；③梯级流域内长短嵌套水文预报方式研究；④汛末判断决策技术研究。

近 20 年来，随着自动化观测手段、信息传输和分析处理技术的高速发展，在短期入库径流预报方面取得了很大的进步，定量预报精度已基本满足工程需要。目前，水库汛限水位动态控制研究主要集中在复核水库功能任务、设计洪水复核、水库洪水预报、水库汛限水位分期控制，利用预报技术对水库汛限水位动态控制进行经济评价与风险分析、水库调度运用方式研究，取得了初步研究成果。但在全球气候变化背景下，梯级流域的水文预报还面临很多亟待解决的问题。

（3）梯级水库泥沙冲淤问题。河道上修建水电站后，必然改变原有河道的水沙关系，造成水库泥沙淤积、下游河道冲刷甚至河口侵蚀等一系列泥沙问题，伴随着规划、设计、施工和调度运行的全过程。与单个水库相比，梯级水库泥沙问题更加复杂。不仅要考虑上游的来水来沙和水库本身运用方式对本库泥沙冲淤影响，还应考虑到梯级开发次序、上库运用方式和下库回水对本库泥沙冲淤和出力的影响。系统研究梯级水库泥沙冲淤规律，为工程规划设计、施工安全、优化梯级联合调度、合理调控泥沙淤积、实现水库群长期有效运行提供科学依据。涉及的主要科技问题包括：①梯级水库排沙技术与电站进沙研究；②水库干流及支流变动回水区泥沙冲淤对有效库容和发电效益影响研究；③水库泥沙淤积调控与长期使用措施研究。

（4）大型水电工程的生态环境保护问题。发展具有防洪、发电、供水、航运等综合效益的水电工程是我国经济社会可持续发展的必然要求。然而，水电工程造成的河流阻隔效应和水文情势改变可能带来一系列深远的生态与环境问题。如何协调水电开发与生态环境保护之间的关系，保障经济—社会—环境—生态良性发展，成为我国未来水能资源开发中的一项重大挑战。西部梯级电站建设与运行过程中面临的主要生态问题包括：①流域梯级开发中的生态与环境累积效应；②流域梯级电站的生态调度；③中低坝过鱼设施；④泄水水温与溶解气体变化及其对鱼类的影响和对策；⑤库区水体富营养化防治以及水库消落区生态恢复和保护等。

（5）梯级水电站群联合优化调度问题。梯级水电站群系统是一个规模庞大、单元众多、结构复杂、关系错综的动态多目标复杂系统。联合优化调度的目标就是在确保安全的前提下，最大限度地发挥梯级枢纽群的效益，建立流域电站群之间的联合调度机制，实现优化调度。梯级水电站群联合优化调度是具有多目标、多阶段和多约束条件的非线性优化问题，涉及的主要问题有：①多目标优化问题求解的理论算法；②水库径流中长期预报方法；③梯级水电站中"龙头水库"的作用和补偿效益；④水库的动态汛限水位风险效益；⑤梯级水电站短期优化调度数学模型和求解方法。

4. 桥梁安全中的前沿问题研究综述

（1）预应力混凝土桥梁的裂缝问题。一些预应力混凝土桥梁，由于梁体裂缝严重、挠度大、危及使用安全而实施加固，预应力混凝土主梁也有裂缝发生。从根本上讲，应从设计和施工工艺方面采取有效措施。经检查发现，采用传统的压浆工艺，钢束管道内浆体不饱满，钢束严重锈蚀导致有效预应力降低。因此，对于预应力混凝土桥梁，为保证钢束管道压浆质量，塑料波纹管及真空辅助压浆工艺的推广应用不容置疑。有专家提出，预应力混凝土连续钢构桥的跨径不宜过大，跨径为100～200m，矮塔斜拉桥、梁拱组合体系等桥型具有可比性。大跨径斜拉桥主梁的结构形式，应总结已建桥梁的经验，经充分论证比较确定。

（2）斜拉桥的拉索。平行镀锌钢丝拉索在我国已应用多年，近几年，无黏结镀锌钢绞线拉索和环氧涂层钢绞线拉索也先后被采用。三种形式的拉索，其构造、防腐、制作安装和实施换索的方式不同。在现有的技术条件下，斜拉桥在百年使用期内，拉索的更换不可避免，但应尽量做到在保证拉索的安全耐久性前提下，换索的次数最少、最方便。目前，我国桥梁界对三种形式拉索的认识还不尽一致，有必要从拉索的性能，安全耐久性，应用效果以及建设、养护维修费的综合经济指标等方面，进行技术、经济的进一步研究论证，尽快取得共识。

（3）钢桥的桥面铺装和钢结构的防腐。我国以钢箱梁为主梁的悬索桥、斜拉桥，采用的桥面铺装形式较多，有的比较成功，但有的在通车后不久就因损坏而改建。其铺装的设计、材料、工艺问题，应通过研究和试验，尽快解决。对钢箱梁的防腐虽然比较重视，但尽管采用了较先进的防腐技术，严格的养护维修是不可或缺的。钢管混凝土拱桥拱肋构件的防腐，拱肋内混凝土脱空问题以及中承式、下承式拱桥吊杆易腐蚀、疲劳问题，也应认真对待。

4.5.3　土市工程安全研究中的重大工程科技问题

1. 城镇化建设安全研究的重大工程科技问题

（1）强地震动场的理论预测模型与数值预测方法。研究地震震源过程对近场强地震动场的影响规律，建立考虑精细震源过程、传播路径、复杂地形和局部场地条件的强地震动场全尺度理论预测模型和数值计算方法，揭示强地震动场的形成机理与分布规律。

（2）重大工程结构倒塌模式与防御。研究强地震动场和强/台风场作用下重大工程结构的倒塌模式及其高效分析方法，揭示重大工程结构的动力灾变和倒塌破坏的演变机理及共性规律，建立重大工程结构的动力灾变与破坏倒塌准则及防御方法。

（3）沿海台风的近地特性及结构致灾作用。研究我国东南沿海台风的近地特性及其对重大工程结构的致灾作用，建立模拟沿海台风近地特性的风洞试验方法和数值计算方法。

（4）内陆强风及其作用的现场实测与模拟。现场实测研究内陆强风的平均风特性和脉动风特性，建立内陆强风的平均风和脉动风普适性数值分析模型及模拟的风洞试验方法和数值计算方法。

（5）现代钢结构的关键基础理论与设计方法。超高度和超跨度的现代钢结构的整体稳定性、地震荷载下的动态响应、风荷载下的动态响应研究；大型钢结构的防火研究、吸声、隔音研究、防腐研究。

（6）城市地下工程结构安全关键科学问题。以城市地下工程的安全性为研究对象，围绕地层变形、破坏特点及演化规律、多体作用及灾变形成机制、安全性控制原理等关键科学问题，通过对施工扰动地层的破坏机理、地层变形传播及其与结构的相互作用特征、灾害演化过程、结构劣化评价及灾害控制的研究，揭示地层变形机理及灾害形成机制，构建我国城市地下工程安全性评估和控制的系统科学理论，为我国城市地下工程的发展提供科学的理论依据。

2. 西南多震地区高坝抗震安全评价中的关键科技问题

（1）高坝抗震设防标准。研究西南多震地区的高坝地震损伤和破坏机理，确定高坝设防的地震强度与频谱特性，提出高坝安全检测内容与安全标准。

（2）"溃坝"极限状态的定量准则。研究高拱坝两岸坝肩岩体的超常变形，提出其失稳条件的定量指标和控制标准；开展大坝混凝土和大体积岩体的复杂应力状态下的拉、压损伤演化规律和循环加载下的残余应变问题研究；研究混凝土高坝在强震作用下的动态损伤破坏过程；发展高坝损伤破坏过程的数值模拟方法；提出表征大坝整体失稳的控制标准。

（3）坝址地震动参数确定和地震动输入方法。开展西南地区坝址地震动衰减关系、水库地震机理和有限断层法的研究，生成更符合坝区具体地震、地质和地形条件的场地相关地震动输入；研究强震时坝体能量向远域扩散的辐射阻尼效应，提出更合理的坝址地震动参数确定方法。

（4）筑坝材料的动态特性和抗力研究。研究大体积混凝土材料的动态特性与非线性动力本构关系；加载速率、地震变幅循环作用、双轴和多轴加载作用对混凝土材料的应力应变关系、吸能能力、强度和变形模量的影响。开展土石料材料级配及力学性能的原位测试技术研究；高围压下大颗粒堆石料的力学特性与渗透特性研究；开展已建工程的反演分析，提出更合理的土石料强度、变形指标的取值规定以及更为普遍适用的本构关系。

（5）混凝土高拱坝的地震动响应分析。研究坝与无限地基的动力相互作用。坝与无限地基的动力相互作用对拱坝与重力坝的地震响应产生重要影响，相互作用改变了坝的固有频率与振动模态，使地震动输入发生变化，同时使振动能量向无限地基发生散逸。开展坝与无限地基的动力相互作用研究，揭示地基相互作用对拱坝地震响应影响。

开展高坝的非线性地震响应分析与地震损伤发展的数值模拟研究。由于目前大坝的抗震设计主要基于弹性动力分析，计算出的局部超强高应力难以对大坝的整体安全性作出可靠的估计。开展高坝的非线性地震响应分析，为高坝抗震安全的科学评价提供必要的技术基础。

（6）土石坝的地震动响应分析。建立土石坝的地震响应与安全评价的计算模型，对土石坝进行静力仿真和地震作用全过程进行分析，研究土石坝的抗震性能、震害形态以及各种因素对土石坝抗震性能的影响。

3. 梯级电站群高效安全运行的关键科技问题

（1）流域二元水循环模拟技术。从关注气候变化和人类影响的角度出发，以"天然-人工"二元驱动理论为指导，研究长江上游和其他西部河流域的大流域"大气—坡面—地下—河道"自然循环及"取水—输水—用水—排水"人工侧支循环过程。研究基于数字流域技术的流域二元水循环模拟平台，对水循环陆面全过程进行系统模拟，揭示"自然-人工"二元驱动下的水资源演化规律。

（2）全球气候变化背景下的流域水文预报模式。研究流域不同预见期长短嵌套的水文预报系统；根据实时作业预报中自动预报和人机交互预报的作业流程，研究大流域多节点耦合实时校正系统；针对西南地区气象水文特征，研究基于物理概念和统计方法的大流域实用型中长期预报模型。

（3）梯级水库群泥沙冲淤规律与调度。建立大型梯级水库泥沙淤积分析数学模型，考虑上游的来水来沙及水库运用方式对本库冲淤影响，研究梯级水库群的泥沙冲淤规律，合理配置泥沙淤积，为优化梯级调度、实现水库群长期高效运行提供科学依据。

（4）基于生态安全的水电站库群梯级调度。基于梯级水电工程对河流生态系统演变水力调控机制研究和生态安全综合评价，定量研究改善水库水质和富营养化状况、满足重要生物生命周期所需的生态水文过程、提供重要生态恢复与重建的水力条件以及保障河口生态流量等的生态补偿目标；研究梯级水电工程的生态安全补偿目标、梯级水库生态补偿的技术准则和技术方案。

（5）梯级枢纽联合调度综合优化技术。从整个梯级系统的角度出发，综合考虑防洪、发电、供水、生态、泥沙等方面因素，研究整个梯级系统综合效益最大的运行方式，研究多目标群决策的梯级水库联合调度优化模型；研究梯级各电站间水力联系与电力联系、相互间的水文补偿、库容补偿、电力补偿等，研究基于补偿调节技术的联合调度方案。

4. 桥梁安全中的关键科技问题

（1）预应力混凝土桥梁的裂缝问题。重点研究高性能预应力梁混凝土配合比设计，桥梁工程预应力箱梁开裂分析及防治对策，预应力混凝土桥梁结构加固与裂缝处理，预应力混凝土连续箱梁桥腹板裂缝问题，混凝土桥梁结构形式施工方法与裂缝控制关系。

（2）斜拉桥的拉索问题。研究斜拉桥拉索线密度对拉索索力测量的影响，斜拉桥施工控制方法，索力对斜拉索动力特性的影响，钢拱塔斜拉桥拉索锚固区局部应力与敏感性，斜拉桥索-塔-梁耦合参数振动，碳纤维索（CFRP）斜拉桥的抗震性能分析，混凝土斜拉桥索力优化与合理施工状态，CFRP 与钢组合斜拉索设计方案及理论，混凝土斜拉桥换索工程施工控制。

（3）钢桥的桥面铺装和钢结构的防腐问题。研究钢桥面铺装脱层破坏的原因及对策，桥面铺装对钢桥面板疲劳应力幅的影响，环氧沥青钢桥面铺装设计理论与方法，大跨径钢桥铺装组合结构疲劳性能，正交异性钢桥面新型复合铺装结构，钢结构防腐涂料的制备及其性能，钢结构腐蚀机理及影响因素，钢结构材料在沿海地区的应用，全寿命周期的桥梁结构耐久性关键技术。

（4）超大跨度深水基础桥梁强震灾变过程及控制分析。探索大跨度桥梁深水基础的地震动输入模型以及多维多点非一致性地震动激励作用下大跨度桥梁的动力非线性模型，研究上部结构—桥墩—基础—水/土多介质动力相互作用效应与损伤破坏演化过程及其控制，建立考虑地震动空间效应、结构非线性效应和多介质动力相互作用效应的大跨度深水基础桥梁强震灾变行为的精细化模拟模型与分析方法以及安全控制体系，揭示强震作用下大跨度深水基础桥梁动力灾变的形成机理与控制原理。

4.5.4　土市工程安全研究中的关键技术

1. 城镇化建设安全研究的关键技术

（1）城市地震安全关键技术。研究大尺度地震动随机场分析中的数值稳定性；研究钢筋混凝土结构的地震倒塌机理及其地震倒塌过程的离散元模拟方法；复杂高层结构的抗震设防标准、抗震性态评价；重大工程抗震数字减灾系统。

（2）城市建筑结构抗风关键技术。近地风特性和建筑结构响应的实测。大中城市尺度风特性和小区尺度风环境的风洞模拟理论和方法；高雷诺数效应的模拟方法及模拟效应；大型复杂结构风荷载和响应机理、结构抗风性能和设计方法；群体建筑结构的风荷载和响应的干扰效应及抗风设计；强风作用下典型低矮建筑的破坏机理；强风暴作用下重大工程结构的控制。

（3）城市建筑结构抗火关键技术。高温下与高温后建筑材料特性；高温下与高温后高强混凝土爆裂规律和力学性能；高强混凝土结构、预应力混凝土结构、异型柱混凝土结构、已加固混凝土结构等现代混凝土结构的火灾行为与灾后性能；结构抗火设计中"抗力"和"荷载效应"的概率模型，以及模型参数随温度的定量变化规律；大空间建筑、大跨度结构、多高层结构火灾升温模型。

（4）城市建筑抗爆关键技术。城市复杂环境中爆炸冲击波的传播、作用机理与荷载模型；爆炸飞片对结构的破坏作用；爆炸冲击荷载与其他灾害荷载对结构的综合作用；地下爆炸波冲击下土与地面结构基础的动力相互作用及地面结构的动力响应；空爆作用下考虑场地效应的地面结构物灾害响应的数值模拟分析；爆炸波冲击下城市生命线工程的灾害响应；爆炸波冲击下工程结构的减灾控制措施与加固技术；民用建筑爆炸防护设计。

（5）城市建筑结构灾变健康监测关键技术。城市建筑结构的损伤评定与健康诊断方法；大型结构动力模态指纹分析技术；城市建筑结构的非线性损伤变量及其识别；工程结构的损伤尺度谱与损伤定位；重大工程结构和系统健康监测的信号转换接口、海量数据的远距离传输技术和智能处理方法；工程结构安全评定的灾害风险分析、确定性的体系安全评定方法和体系可靠度评定方法。

（6）城市生命线工程安全性监测与重大灾害应急处置关键技术。研究内容包括：先进传感技术、结构与系统智能监测技术、重大突发灾害预警技术、系统可靠性决策技术、重大突发灾害应急处置系统。

（7）城市道路交通安全管理决策支持系统关键技术。针对道路交通安全问题的定性多、定量少的状况，应用城市道路交通安全管理决策支持系统的理论和方法，对系统管理中的事故成因机理分析与预测、安全评价方法、安全对策与决策等关键技术进行深入研究，建立决策系统中相应各子系统的数据库和模型库。

（8）城市区域性重大事故风险评价技术、城市安全功能区划分方法及其规划技术、城市整体（综合）安全规划技术、城市重大危险源综合整治安全规划技术和城市其他公共安全规划编制要点等。

2. 西南多震地区高坝抗震安全评价中的关键技术

（1）高坝整体稳定性的实时监控与预警关键技术。包括高坝稳定性宏观效应现代监控理论与技术、高坝整体稳定性在线动态诊断理论与技术、高坝失稳风险识别和评估理论与方法研究，开发高坝深层抗滑稳定分析和预警软件系统。

（2）新技术在大坝质量控制、健康监测和抗震评价中的应用研究。利用各种新技术发展快速、轻型、简便、精确的实时质量控制和结构损伤诊断技术。例如，利用声波、地震波、雷达电磁波技术开发快速测定材料的质量、含水量的方法与设备；利用纳米级的硅酸作黏结剂具有高断裂与抗压强度的性能，发展对结构进行改性或对结构的裂缝、损伤进行快速修补的技术与方法；利用 GPS 测量技术、三维激光测量技术、摄影测量技术、中子和伽马量子与介质的相互作用原理发展快速、轻便地进行结构隐蔽处的损伤诊断方法。

3. 梯级电站群高效安全运行中的关键技术

（1）气象水情自动测报系统。研究梯级流域气象水情自动测报系统，开发新型水情测报装置，进一步研究通讯新技术在水情测报系统中的应用。

（2）梯级枢纽联合调度决策支持系统。搭建基于 Web 和 GIS 的面向对象、功能强大、反应快捷、使用方便灵活、界面美观的梯级枢纽联合调度决策支持平台，综合利用模拟技术、预报技术和优化调度技术，指导整个梯级系统的运行管理，并适合各电站建设运行不同时期，为充分发挥工程的综合效益提供技术支撑和管理工具。

（3）水库汛限水位动态控制关键技术。研究内容包括：梯级流域内暴雨洪水分布规律；水库分期设计洪水；汛限水位动态控制运用的可行性和具体的汛限水位变化范围；防洪调度与决策的风险因子和风险特征；汛限水位不同动态控制方案及其调度运用方式的风险。

（4）联合调度评估分析关键技术。研究梯级枢纽调度运行评估理论，建立评估指标体系，构建评估分析的理论框架和方法体系，建立梯级枢纽联合调度后评估模型，评估代表洪水年份调度方案的综合效益，分析影响效益发挥的主导因素及影响度，提出改进手段及相应的提升空间。

（5）梯级电站库群的泥沙处理技术。针对西部水电开发运行管理中存在的工程泥沙技术问题，研究低水头闸坝枢纽水沙联合优化调度运行方式，针对冲沙和发电的矛盾，研究电站进口、渠道、电站前池的输沙排沙特性，提出流域水工程水沙联合管理及与电站水沙优化调度运行管理有关的工程泥沙处理技术。

4. 桥梁安全中的关键技术

(1) 研发桥梁出现危险征兆初期作出预警的小型传感器；
(2) 自然灾害对公路、桥梁影响的损害评价分析与思考；
(3) 应对自然灾害的桥梁新技术和方法研究；
(4) 千米以上级斜拉桥结构体系、设计及施工控制关键技术；
(5) 基于结构健康监测实测数据的伸缩缝评价系统方法；
(6) 考虑梯度温度等因素的悬索桥主梁挠度控制阈值指标。

4.5.5　土木工程安全的重要措施与政策建议

1. 低碳可持续发展约束下的城镇化建设

对正处于空前绝后的快速城镇化浪潮之中的我国，正确选择适合于国情和当地资源环境条件的城镇化模式已成为当务之急。倡导科学的建筑节能理念的今天，能源问题已成为人们关注的焦点。建筑节能是保证国家安全，建设资源节约型、环境友好型社会的重要举措。加强建筑节能是转变建筑经济增长方式的重要手段，是保障能源安全的迫切需要。针对新建建筑执行新的建筑节能标准，特别是严格执行强制性条文；对既有居住建筑进行节能改造，对既有的公共建筑包括政府办公建筑和大型公共建筑进行节能改造。大力推广可再生能源在建筑中的应用及解决可再生能源技术和建筑结合的问题，即可再生能源与建筑一体化问题。因此需要从材料、设计、施工以及各个层面积极关注建筑节能，在实际工程中采用新的结构体系。

2. 提高城镇建筑结构、桥梁和大坝工程的安全性与耐久性

在重大工程结构的安全性设计上，除了要提高工程的使用荷载及相应的安全储备外，更为重要的是必须加强工程的抗灾、减灾能力。

建议有关部门明确规定各类土建工程的设计使用年限（设计寿命），并规定在重要工程和可能遭受冰冻以及接触海水、除冰盐和腐蚀性气体、水体或土体的工程设计文件中，必须有耐久性设计的独立章节及论证。对于桥梁、大坝等基础设施工程，应该在设计中进行工程投资的全寿命投资成本分析，包括初始的建造投资和后期的维修投资之间的合理性评估。提高城市多、高层房屋特别是大型建筑物和高层建筑的设计使用年限和桥梁等基础设施工程的设计使用年限。

3. 建立城市宏观空间模式与城市防灾体系

间隙式城市空间结构将在城市的整体形态上建立一个战略性的有利于城市防灾减灾的空间格局。

4. 合理规划城市地下空间

地下空间的规划应注意保护和改善城市的生态环境，科学预测城市发展的需要。坚持因地制宜，远近兼顾，全面规划，分步实施，使城市地下空间的开发利用同国家和地方的经济技术发展水平相适应。城市地下空间规划应实行竖向分层立体综合开发，横向相关空间互相连通，地面建筑与地下工程协调配合。

5. 真正树立和始终坚持质量安全第一的理念

建设单位、设计单位、施工单位、工程监理单位及其他与建设工程安全生产有关的单位，切实执行 2003 年 11 月国务院出台的《建设工程安全生产管理条例》，依法承担建设工程安全责任。政府主管部门要严格的监督检查，出台实施细则，提高安全第一的认识，除国防、抢险工程外，在安全与投资、工期发生矛盾时仍坚持安全第一的原则。

6. 加强对建筑设计规范的研究

开展立足于更高安全标准的建筑设计规范研究，及时修订土木工程设计规范，满足新形势和新条件下的重大工程结构安全的设计需求。

4.6　生产安全相关工程科技发展战略[*]

4.6.1　当前我国生产安全的研究现状

生产安全是人类为其生存和发展向大自然索取和创造物质财富的生产经营活动中一个最重要的基本前提。在生产经营活动中生产安全问题无所不在，无时不有。生产安全工作就是对生产经营活动中的事故风险进行识别、评价和控制过程的监测、预警、应对、管理和相关科技活动。

党的"十六大"明确指出"高度重视生产安全，保护国家财产和人民生命的安全"。生产安全是社会文明和进步的重要标志，是国民经济稳定运行的重要保

---

[*]　本节内容是中国工程院课题报告（2010），合作者：钟群鹏，马宏伟，黄世清。

障，是坚持以人为本的发展观的必然要求，是坚持人与自然和谐发展的前提条件，是全面建设小康社会宏伟目标的重要内容，是实践"三个代表"重要思想的具体体现。

我国正处于并将长期处于社会主义初级阶段。生产力、科技和教育还比较落后，实现工业化和现代化还有很长的路要走。现阶段我国的生产安全形势表现为总体稳定，趋于好转的发展趋势与依然严峻的现状并存[2,5]。如果不采取强有力的措施，生产安全形势在未来相当长的时间内，仍将十分严峻，事故发生率仍将在高位徘徊。随着我国社会经济和科技水平的发展，生产经营手段、设备和工艺不断复杂，运行（或使用）条件不断苛刻，更易出现各种重大、特大的灾难性事故，所造成的损失和社会影响也更大，因此，生产安全问题不仅不会自行消亡，反而会更加突出。同时，人们的生产安全理念发生了深刻变化，对生产安全的关注已经上升到前所未有的高度，追求人-社会-经济-环境的可持续发展成为全社会首要的共同目标。近年来，我国生产安全形势依然严峻，伤亡人数居高不下，造成的经济损失每年约在 1500 亿人民币以上，已经对我国的社会经济发展和国际声誉造成很大负面影响。因此，高度重视生产安全问题仍是我国的主要任务之一。

2004 年国务院出台《关于进一步加强安全生产工作的决定》，明确了我国生产安全的中长期奋斗目标：到 2020 年实现全国生产安全状况的根本性好转，亿元 GDP 事故死亡率、10 万人事故死亡率等指标达到或接近世界中等发达国家水平。要把安全发展作为一个重要的理念纳入我国现代化建设的总体战略。要坚持把实现安全发展、保障人民群众的生命财产安全和健康作为关系全局的重大责任，与经济社会发展各项工作同步规划、同步部署、同步推进，促使生产安全与经济社会发展相协调。要经常分析生产安全形势，深入把握生产安全的规律和特点，抓紧解决生产安全中的突出矛盾和问题，有针对性地提出加强生产安全的政策举措。

生产安全的长期性、复杂性、艰巨性和紧迫性，决定了必须从我国经济和社会发展全局出发，依靠安全科技技术，防止和减少各类事故，保障人民群众的生命和财产安全。

目前我国生产安全状况从总体上看，接近世界中等水平，如 2001 年我国每 10 万工矿企业从业人员事故死亡率为 7.1，但与工业发达国家相比仍存在相当大的差距。我国煤矿事故死亡人数是世界上其他主要采煤国煤矿死亡人数的 4 倍以上，百万吨煤死亡率是美国的 160 倍、印度的 10 倍；百万吨钢死亡率是美国的 20 倍、日本的 80 倍；压力容器等特种设备的事故发生率是发达国家的 5～6 倍；工矿企业 10 万人死亡率高达 10% 左右，是工业发达国家的 4～5 倍。

我国生产安全科技发展严重滞后于经济和社会的发展，在科学技术整体中属于发展落后领域，但还没有得到科技界和全社会的广泛重视，生产安全科技工作中存在的主要问题表现在以下几个方面。

1. 生产安全专业人才缺乏

生产安全事业的发展离不开专业人才。我国工矿商贸领域从业人员已达 4 亿多人，现有政府安全监管人员 4 万～8 万人，2020 年全国城镇就业人员将达 5 亿，按工业化国家万名职工配 2～4 名安全监察员的比例，2020 年我国政府安全监管人员总量需达到 10 万～20 万人。按目前 300 多万个企业的数量和规模，企业生产安全管理和安全技术人员数量应在 30 万人以上。目前，全国仅有 80 余所高校设立了安全工程本科专业，每年毕业生不足 5000 人。加强安全科学与工程学科建设，培养和造就百万安全技术和安全管理人才是未来 20 年的当务之急。

2. 生产安全科技和装备落后

科学技术是生产安全的重要基础和技术保障。目前，我国安全科学理论研究滞后于实践，企业安全技术与装备落后，安全科技投入严重不足。必须研究开发适合我国国情的安全管理理论，提高安全技术、工艺与装备，通过安全科技创新引领生产安全发展，提高企业生产安全和政府安全监管的科技含量。重大事故风险辨识、评价，重大危险源监测、预警、控制与事故应急救援技术仍然是未来安全科技研究的中心任务。将生产安全工作转变到预防为主和依靠科技进步是长期的战略任务。《国家中长期科技发展规划纲要（2006—2020 年）》已将公共安全列为重点发展领域。国家安监总局提出了科技兴安战略，印发了《"十一五"安全生产科技发展规划》。

3. 生产安全标准滞后

生产安全标准的水平在很大程度上代表着生产安全水平，我国生产安全形势严峻的重要原因之一是生产安全标准的落后、滞后和不落实。我国现有生产安全相关国家标准近 1500 项，行业标准 3000 多项，大多数标准滞后、内容过时、技术水平低，与国际标准接轨程度低等问题严重，难以适应生产安全形势的需要。安全技术和产品安全标准已成为我国加入 WTO 后，国际贸易中的技术性贸易壁垒。调查显示，近年来技术性贸易壁垒已取代反倾销成为制约我国出口的最大障碍，71% 的企业、39% 的产品出口因此受挫。生产安全标准若不能与国际接轨，一方面将削弱中国出口产品的竞争力，另一方面将影响安全健康，导致污染环境的生产活动和产品可能向中国转移。国家安监总局印发了《安全生产标准化"十一五”规划纲要》，建立健全与国际接轨的生产安全标准体系是未来的迫切任务之一。

4. 生产安全教育培训严重不足

事故预防离不开生产操作岗位，离不开数以亿计的劳动者。2020 年我国就业总量将达到 8.4 亿人，城镇就业人员将达 5 亿人。目前工矿商贸企业 4 亿职工中的 2 亿农民工的职业技能培训严重不足，国务院研究室发布的《中国农民工调研报告》显示，目前 76.4％的农村劳动力没接受过技术培训；建筑行业 3200 万农民工，参加过培训的仅占 10％；矿山、建筑等高危行业事故中农民工伤亡人数占 75％以上。现阶段我国高等教育毛入学率仅为 17％，美国等工业化国家超过 80％，工业化国家农民工受过职业培训的比例都在 70％以上。如何提高几亿劳动者，尤其是只具有小学、初中学历的高危行业的劳动者的安全技术素质是实现生产安全形势好转的根本性任务之一。当前亟须解决的问题是要尽快扭转“高风险岗位、低安全素质、低收入报酬”的现象。

5. 安全文化落后

安全文化是个人和集体的价值观、安全态度、能力和行为方式的综合产物，它决定着安全管理层的承诺、工作作风和效能。近 20 年来国内外生产安全的实践和理论研究表明，文化的伦理功能、社会定向和规范功能及先进的安全文化产生的凝聚力和约束力既是保障生产安全的有效力量，也是落实以人为本的科学发展观的必然要求。我国“三违”事故占事故总数的 70％以上，同类事故重复发生，出现“经济发展、事故难免”等错误论调，近 10 年平均每年发生各类事故 70 多万起，死亡 12 多万人，伤残 70 多万人等现象都是安全文化落后的反映。要提高全民的安全意识，树立“安全是相对的，风险是永存的，事故伤害是可以预防的”科学的安全理念，营造“关爱生命，关注安全”的文化氛围，培养遵章守纪的安全行为习惯，必须加强安全文化建设。

6. 中小企业生产安全监管不力

中小企业生产安全问题是国内外生产安全领域长期面临的重要问题之一。中小企业工伤事故占我国工伤事故死亡人数和事故起数总数的 70％以上。由于安全技术、专业人才、安全管理和政府监管等多方面的原因，未来中小企业安全问题仍将是全社会关注的重点。工业化国家的经验表明，中小企业生产安全离不开生产安全准入制度，安全培训、安全技术中介服务网络等安全措施。目前，我国职业危害严重，全国有 50 多万个厂矿存在不同程度的职业危害，实际接触粉尘、毒物和噪声等职业危害的职工高达 2500 万人以上，每年新发尘肺病超过 1 万例，职业病发病人数和死亡人数是比较突出的国家之一。预防和减少职业危害应作为我国现代化进程中生产安全工作的重点任务。

7. 厂房选址与土地使用缺乏科学规划

当代著名的社会学家、风险社会学派的代表人物之一，乌尔里希·贝克认为，当今社会由于工业化带来的事故灾难风险不同于工业化以前人类所遭遇的各种自然灾害，事故灾难风险源于人们的决策，已不可避免地成为一个政治问题，社会成员、企业、国家机构、政治家都应该对工业化所造成的事故灾难风险负责。我国工业化和城市化进程中，由于缺乏土地使用安全规划法规和标准，留下的土地开发利用和工厂选址等布局性隐患已成为今后长时间内生产安全的重要风险，也是生产安全引发环境保护和公共安全问题的根源之一。吉林石化"11·13"爆炸及松花江水域污染事件后开展的全国化工石化项目环境风险排查结果显示，7555 个化工石化建设项目中 81% 布设在江河水域、人口密集区等环境敏感区域，45% 为重大风险源。据估计，现阶段全国范围内因安全距离不足，布局不合理需搬迁的危险化学品生产企业达 2000 多个。中国的工业化、城市化不能走入"盲目建设→搬迁→再盲目建设→再搬迁"的恶性循环，应尽快出台土地使用安全规划、厂房选址布局安全法规和政策，切实落实"安全第一，预防为主，综合治理"的方针。

8. 农村生产安全未引起足够重视

随着全面小康社会和新农村建设目标的逐步实现，中国 21 世纪的现代化进程中不能不重视农业生产安全。2020 年我国农村劳动力仍将保持在 3 亿左右。在农业生产过程中，目前每年因农机、农电、农药中毒和其他职业危害造成的死亡人数估计高达 1 万～2 万人。如何保障 3 亿农业生产者的安全是我们面临的一个新课题。

9. 生产安全应急救援保障体系不完善

生产安全是公共安全的重要内容，生产安全问题极易引发环境污染、社会不稳定等公共安全问题。随着城市化和工业化进程的加速，重特大事故更具灾难性和社会危害性。与发达国家完善的公共安全保障体系相比，我国的差距仍然很大：与公共安全面临的巨大挑战相比，迄今为止的应对措施仍仅局限于部门或地区性、行业性，缺乏全局的战略意义上的宏观设计和考虑；应对的方式仍然是传统的行政式的陈旧办法，科学技术的支撑显得软弱无力；应对时间仍然是救火式的事后诸葛，缺乏预见的事前监督措施；应对意识仍然是被动挨打式的心理，缺乏主动的科学的防范策略。社区安全基础差，还没有形成以社区为中心的矩阵式的、综合的事故灾害预防、管理与监督模式，部门分割、条块分割的现象严重；重大危险源分布分类不清，还没有建立起以社区为中心的重大危险源监控、事故预警和应急救援体系相结合的公共安全保障体系。建立健全多元化的、严密有效的公共安全保障体系，是建立生产安全长效机制、构建和谐社会和我国现代化进程中重要的战略任务。

回顾我国生产安全的历史经验和教训，综合分析和总结我国生产安全工作的发展规律和变化特点。在我国生产安全出现的三个较好历史时期，各级政府和企业对生产安全十分重视，注重解决实际问题和取得实效；国家与企业都加大对生产安全的投入；国家生产安全监察机制适时调整，各级政府的管理力度大；处理重、特大事故严肃、及时，执法严格。而在三次事故高峰期（仅就事故发生环境和条件而言），第一次事故高峰是人为地破坏了在计划经济条件下的经济规律，即大跃进时代；第二次事故高峰（两段）是由于"文化大革命"中破坏了经济工作（包括当时的生产安全管理架构）正常运行和不按经济规律办事，并在"文化大革命"结束不久，急于求成，生产安全管理架构未及时到位所造成的；第三次事故高峰主要是在我国由计划经济向市场经济转轨初期发生的。

总之，要做好生产安全工作必须做到坚持"安全第一，预防为主"方针，树立"以人为本"思想，不断提高生产安全素质；加强生产安全法制建设，有法可依，执法必严，违法必究，落实生产安全责任制；建立完善生产安全管理体制，强化执法监察力度；突出重点，专项整治，遏制重特大事故。归根结底，需要加大生产安全投入，依靠科技进步，标本兼治，全面改善生产安全基础设施和提高管理水平，做好生产安全工作。

4.6.2　当前生产安全研究的国际先进水平与前沿问题综述

一个国家的生产安全状况与该国的社会经济发展水平有着密切的联系，发达国家的生产安全状况普遍好于发展中国家。通过对国外一些国家生产安全发展趋势的分析，人均 GDP 为 1000~3000 美元时，生产事故基本呈上升趋势，人均GDP 达到 5000 美元之后事故才开始下降。但是，及时地制定生产安全法律法规，认真执法，加强监管，建设安全文化等做法，可以有效减少伤亡事故的发生。发达国家的生产安全也经历了一个由乱到治的过程。美国、日本、德国和俄罗斯等生产安全状况较好的国家，在以下几个方面有很好的经验。

1. 立法先行确保生产安全

生产安全立法是为了保护劳动者的安全与健康，保障生产经营人员的利益和应享受的法定权利，保障社会生产资料和国家及人民财富安全。英国、德国、美国等工业发达国家是劳动安全立法最早和最为完善的国度。现在英、美等国已根据职业安全卫生的要求制定了不少法律法规，形成了较为完整的安全卫生法律体系，并具有以下几个特点。

（1）立法层次高，权威性强。美国、俄罗斯、南非、韩国等国家对煤矿（矿山）的立法非常重视，煤矿（矿山）的安全立法都由国会审议通过，并由总统颁布。

（2）法律体系严密，完整性强。美国、苏联、印度、韩国除了制定煤矿（矿山）安全法律外，还制定了一系列相配套的安全规程或实施细则，建立了完善的法律、法规体系。例如，美国矿山安全与健康局制定的矿山安全与健康标准，包括了煤矿和非煤矿的详细标准。由于有了全面严格的法规，煤矿安全工作走上了正规化、法制化的轨道，煤矿安全状况明显改善。进入 20 世纪 90 年代，煤矿事故持续减少，保持世界最好水平。苏联制定了《煤矿和油页岩矿安全规程》，内容十分具体，为了更有效地实施该规程，还制定了实施细则。

（3）法律条款明确，操作性强。美国《联邦矿山安全与健康法》明确规定，颁布与有毒和对身体有害药剂有关的法定标准时，劳工部部长必须在最可靠的基础上制定安全标准，以确保矿工在该安全标准规定下，有害环境中长期工作而健康或工作能力不会受到实质性的损害。

（4）技术规程、标准上升到法律层次。美国、苏联、印度、澳大利亚等主要产煤国家都把技术规程、标准写入法律之中，以法律的形式颁布实施。美国《联邦法典》"矿产资源卷"由美国国会审议通过，是与 1977 年《联邦矿山安全与健康法》配套的全套法规标准，并每年进行修订出版。

预计随着社会、经济、生产的不断发展，生产安全立法一定会有新的发展，21 世纪，人类的生产安全立法将体现出如下趋势和特点：

（1）生产安全法规由专门化走向综合化，从分散逐步发展为体系。

（2）生产安全法规的任务更突出预防性，更强调超前和本质安全化的特点。

（3）生产安全立法的目标体系更趋明确。立法的目标不但包含防止生产过程的人员伤亡，还包括避免生产过程的危害（职业病）以及生产资料的安全保障和社会财产损失的控制等方面。

（4）生产安全立法的层次体系更为全面。国际通用的生产安全法规（建议书、国际劳工公约等）、各国的国家生产安全法规、世界范围及本国的行业生产安全法规（石油、核工业等）、地区生产安全法规（欧盟、亚太）等，得到全面发展。

（5）生产安全立法的功能体系更为合理。建议性法规，如 ILO-OSH：2001

职业安全健康管理体系导则；强制性法规，一般各国制定的国内生产安全法规都属此类；承担不同法律功能的法规，如法律、技术标准、行政法规、管理规章等，各守其责，发挥各自的功能和作用。

2. 实施职业安全与健康计划

世界各国的生产安全理念已经从以控制伤亡事故为主向全面做好职业安全健康工作转变，把职工安全健康放在第一位。所以，很多国家在制定生产安全的相关立法之后，为了进一步提高职业安全状况和生产安全率，都制定了更加详细的职业安全与健康计划。综合各国近年提出的一些职业安全与健康计划，可以发现以下几个特点。

(1) 目标明确。2002 年，欧盟提出了 2002～2006 年关于提高安全与健康标准的共同体战略，该战略讨论了在制定实施战略的政策和行动计划时要考虑的因素。战略指出，关于执行职业安全与健康的共同体战略，必须与国际劳工组织、世界卫生组织及其他国际机构正在开展的工作联系起来。

美国职业安全与健康署（OSHA）于 2003 年制订了一项战略管理计划，支持劳工战略计划司的关于建立一支有准备的劳动力队伍的建议，提出实现筹建劳动力队伍和高质量工作场所目标的手段。战略目标反映了以下几个主题：加强职业安全与健康署的战略监督能力，将其资源集中在能得到最高回报的领域；采用直接干预和合作方式，在提高人们尊重和促进安全与健康工作场所文化方面取得更大的进展；确保职业安全与健康署具有国家层面上的领导职责，在履行对工作场所安全与健康职责方面具备专门知识和技术能力。

(2) 措施有力。欧盟提高安全与健康标准的共同体战略考虑到劳动世界的变化和新的危险，特别是心理素质变化的现实，共同体战略对工作中的健康问题采取了综合解决办法，并以提高工作的质量为目的，将安全和健康工作环境作为实现的根本手段之一。新战略基于加强和巩固危险预防文化，基于将包括立法、社会对话、进步措施和最佳实践，公司法人责任和经济奖励等多种政治手段结合起来，以及在包括工人参加的安全与健康平台上建立伙伴关系。

3. 工伤保险制度预防在先

职业伤害是大工业生产的必然产物。工人在生产过程中，可能遭受伤害，也可能受到物理的、化学的、生物等因素的影响而导致职业病。工伤保险可以为受害者及其家庭提供得以在未来体面地生存下去的保障。近年，世界各国工伤保险制度经历了一次新的变革，扩大了工伤保险的覆盖范围，调整和完善了工伤保险待遇标准。

德国工伤保险制度规定工伤保险由同业公会负责。为了促进企业的生产安全，减少工伤事故，各工伤保险同业公会在全国自上而下设立了安全技术监察部门，配备专职安全监督员，监督人员在工作中发现企业存在生产安全问题时，一是能够及时提出指导性意见，督促企业整改，二是可提请国家生产安全监督管理部门监督企业整改。此外，同业公会内还设有技术支援机构、医院和研究室。技术支援机构可帮助企业培训和检测分析，指导企业改进工作，医院可医治一些较轻的伤员和职业病患者，研究机构可对一些影响职工安全与健康的危害因素作一些前瞻性的专题研究。由于工伤保险在事故预防工作方而发挥了积极作用，德国全行业工伤死亡人数年年下降，2001 年已降低到 1975 年总量的 75％。

工伤预防能大大降低事故的发生率，是国外工伤保险经过 100 多年的实践得出的结论。各国推行工伤保险管理制度，其目的是为了促进生产安全，维护社会公平和稳定，保障企业可持续发展。以下是各国在实施工伤保险制度方面的一些共同特点。

（1）职业伤害税制。其目的是通过收税方式筹集资金用于工伤补偿或职业安全卫生研究和立法，它克服了工伤保险的弊端，被认为是建立工伤赔偿基金最直接的方式。

（2）制定工伤保险费率的处罚机制，促进职业安全。处罚机制的指导思想是，如果雇主欲避免高费率处罚，则他们就必须搞好职业安全工作。

（3）工伤保险与事故预防相结合的一体化体系。德国是工伤保险与事故预防一体化的样板国家。职业安全卫生专家直接面向生产安全记录不良的企业，并帮助这些企业改进职业安全卫生状况。该体系的工作一体在计划专门资助职业安全卫生系统的开发。同时，如果企业的投资或技术革新是将工作风险降低到法规或标准规定之下，工伤事故保险联合会通过返还部分保险费以帮助企业实施这些安全技术，包括采用新工艺、增加设备的防护装置以及建立生产安全小组等。在该计划的实施期间，德国的职业伤害和职业病记录逐年大幅度下降。

4. 严密的生产安全监察监管体制

世界上大多数国家实行"国家立法，政府监察，业主负责，员工守章"的生产安全管理体制。国家为了保障公民的生命安全与职业健康，颁布生产安全法律强制业主执行，健全完善国家生产安全法律体系；政府依照国家生产安全法律制定生产安全监督（察）法规，督导业主（企业）依法做好职业安全健康工作。一些非政府组织和行业协会密切配合政府的生产监察工作，加强同业监管。很多企业在内部也设立管理机构，建设职业健康安全管理体系，提升自身的社会形象，减少工伤事故给企业带来的损失。

（1）政府部门依法行政，职责清晰。美国联邦政府负责生产安全执法的部门众多，根据所涉及的具体行业领域由不同的部门参与。但是，为了保证执法的强制性和统一性，美国联邦政府成立了专门的机构，以加强生产安全的立法和执法。职业安全与卫生管理局（Occupational Safety & Health Administration）是美国生产安全管理的主要机构，其宗旨是通过建立并实施职业安全卫生标准、提供教育培训等服务、与其他联邦部门和地方政府建立伙伴关系、促进工作场所安全与卫生状况的持续提高，保障美国所有从业人员的安全与健康。日本的劳动安全事故与职业病统一由日本厚生劳动省劳动基准局管理。《劳动基准法》明确了厚生劳动省负责一切与工人安全、健康有关的事务，包括制定标准、管理规章、行政监察、工伤保险和中介机构的管理等。

（2）非政府组织协助监督。国外的非政府组织非常发达，在生产安全管理方面，很多国家也采取小政府、大社会的模式，给予非政府组织明确的定位和职责，协助政府工作。在日本，除了厚生劳动省垂直领导的政府生产安全监管体系以外，还有一些与劳动安全卫生有关的非政府组织，在政府授权的条件下代行一些检查与监督职能。例如，日本劳动安全卫生协会（JISHA）、日本建筑安全卫生协会（JCSHA）、日本道路运输安全卫生协会、日本港口工伤事故预防协会（PCAPA）、森林和木材加工事故预防协会、日本矿山安全卫生协会、日本锅炉协会、日本起重机协会、锅炉和起重机安全协会、劳动安全技术研究所等都是被授权的检验和监察职能机构；还有被授权的合格评定机构的安全卫生合格评定研究所。除此以外，还有一些基金会、促进会等组织。德国的行业协会也具有公共管理部门的性质，可以依法强制企业缴纳工伤保险和采取安全防范措施，并由政府进行监督。行业协会既负责调查事故、办理赔付，也负责所辖范围内企业生产安全日常性监督检查，提供生产安全政策、技术等方面的咨询和指导。

（3）监察人员权力大、执法力度强。德国劳动保护局的监察力量相当强大，全国范围内有大约3000多人的监察力量。监察人员可在不事先通知的情况下，任何时间对企业进行抽查，对不符合安全规定的企业提出限期整改通知，如果企业在规定的时间内没有达到要求，监察人员有权力令企业停产。正是在这种严密的生产安全监管、监察体系之下，很多国家的生产安全已经从被动防范走向了源头治理，机构、人员、职责定化，依法行政，形成了生产安全的长效管理机制。

5. 安全科学快速发展减少事故发生

安全科学是人类生产、生活、生存过程中，避免和控制人为技术、自然因素或人为-自然因素所带来的危险、危害、意外事故和灾害的学问。它以技术风险作为研究对象，通过事故与灾害的避免、控制和减轻损害及损失，达到人类生产、生活和生存的安全。随着安全科学学科的全面确立，21 世纪，人们更会深刻地认识安全的本质及其变化规律，用安全科学的理论指导人们的劳动与生产实践活动，保护劳动者与社会大众的安全与健康，发展生产，增长经济，创造物质和精神文明，推动社会进步。世界各国都高度重视发展安全技术，实现生产过程的安全系统工程，使技术系统的本质安全化提高到理想的水平。

发达国家普遍重视生产安全的科技与投入，很多国家政府都把生产安全科技的研发作为国家的研发重点。美国矿山安全与监察局财务预算也逐年增加，2000 年预算资金额度为 2.28 亿美元。这些预算资金主要用于建立煤矿安全监察信息系统和更新安全与健康监察仪器设备。英国健康与安全执行局每年发布几百项科研项目，科研费用大约有 3000 万英镑。法国国家安全研究中心以人机工程研究为基础，进行动作研究、工作空间（环境）研究、人与设备关系研究、新型机械性能研究等，开发先进的劳动防护用品。

目前，欧、美等发达国家已经普遍采用了多种现代化生产安全技术，以煤矿业为例，有以下几种非常先进的手段，确保煤矿的生产安全。

（1）瓦斯检测、吸收技术。瓦斯是煤矿生产安全的最大隐患。德国的煤矿都装有瓦斯检测、吸收装置，矿山的"自动断电系统"，会随时与检测装置相连，当瓦斯浓度超过 1.5% 的警戒线、温度超过 25℃ 上下 5℃ 及新鲜空气输入量不够时，所有采矿设备用电就会跳闸，自动停止采掘。

（2）机器人替代装置。在危险性极高的矿山作业中，用机器代替人的工作是生产安全技术的重要分支。澳大利亚科学家研制出世界上第一台矿井用遥控紧急营救车。这种车的主要用途是在地下深处作业。它能够攀登和爬过瓦砾堆，能在被毁坏的矿井或被水淹没的坑道中涉水而过。发生事故时，这种车的传感器能够收集有关矿井里空气和自然环境的信息，为营救工作引路。

（3）井下环境多功能计算机监测系统。德国石煤股份公司、德国矿冶技术有限公司及多家科研机构共同研制出井下 WLAN 无线局域网系统，这种技术利用安装在矿工头盔上的摄像头传送地下煤矿实时图像，并通过手机、耳麦等移动通讯设备，借助微型电脑进行数据传输等。

21 世纪，生产安全仍然是各国经济稳定发展的重要保障，安全科学技术也会迎来更快速的发展和应用。充分利用好安全科学技术这一强有力的武器，世界定会更加稳定、和谐，社会经济定会更加发展、富足，人民定会更加平安、康乐。21 世纪人类的安全技术将在如下领域获得重大突破。

（1）深入开展安全人机学研究，建立不同国家和民族的人体要素尺寸数据库和人的可靠性数据库，为制定安全人机学标准提供依据。

（2）研究实现技术系统的安全自组织功能，如消防系统的高度阻燃材料、可靠的防爆电气、灵敏的自灭（喷淋系统）装置、高性能的个体防护用品和设备。

（3）实现可能的替代技术。能量的替代技术——用安全能源代替危险能源；用机器人代替进入危险作业场所；在火灾、泄漏等危险生产过程中，使用安全卫生的高性能材料等。

（4）研究重大工业事故预防与控制技术，特别是火灾、爆炸、毒物泄漏监测、控制和防护技术，建立各国的重大危险源数据库和监控系统网络，建立地区重大事故应急系统。在不久的将来，人类重大工业事故将得到极大的消除和抑制。

（5）研究重大危险源监控技术。在对重大危险源进行识别、监测与风险分析评价的基础上，实施适时的监控，使其可能的危险与危害控制在许可的状态和水平上。

（6）研究矿山、建筑等事故多发行业的事故控制措施与对策；中小企业、外资、合资企业安全监察与管理措施。

（7）安全工程技术和劳动保护产业得到极大的发展。形成安全工程设施、设备，安全监测仪器，个体防护用品以及安全信息咨询与工程设计，安全教育与仿真培训系统的安全产业发展支柱。

6. 建设安全文化重视安全培训

安全文化指人类安全活动创造的生产安全、安全生活的观念、行为、环境、条件的总和。安全文化的目的是提高人的安全素质、建设本质安全的环境和氛围。其意义在于为预防事故构筑基础工程、具有长远的安全战略性意义。英国健康安全委员会核设施安全咨询委员会（HSCASNI）把安全文化定义为："一个单位的安全文化是个人和集体的价值观、态度、能力和行为方式的综合产物，它决定于健康安全管理上的承诺、工作作风和精通程度"。

在生产中，引起事故的直接原因一般可分为两大类，即物的不安全状态和人的不安全行为。生产安全技术解决的只是物的不安全状态。不得不承认，科学技术和工程技术是有局限性的，并不能解决所有的问题，其原因一方面可能是科技水平发展不够，另一方面可能是经济上不合算。因此控制、改善人的不安全行为也是十分重要的，安全文化可以补充安全管理的不足，是和企业的生产安全实践活动紧密结合在一起的。

从观念上体现本质论的倾向，从行为上实现预防型的趋势，是 21 世纪安全文化突出的特征。各国各行业安全文化发展已成燎原之势。据国际劳工组织提供的资料，许多国家已经开始重视并促进安全文化的发展。例如，欧盟在其共同体战略中直接提到了加强并巩固危险预防文化；日本的 5 年计划的一个基本政策是促进安全文化，使公司和个人重视安全并促进职业安全与卫生措施，建立自我保护机制；英国最近发起的"恢复卫生与安全"的举措，卫生与安全委员会的一个主要目标是在日益变化的经济中为建立并维持一种有效的安全文化发展新的方法；美国在其 5 年计划中寻求在朝着创造一种根深蒂固的文化方面取得更大的进展，使企业更自觉地参与自我管理计划（VPP）。

生产安全状况的好转与强化全民安全意识是分不开的。安全文化的作用在于产生一种内约束，即人们在作业行为方面主动、长效的自我约束。各类安全周和展览活动是各国政府对社会普及安全文化的绝佳形式。欧洲安全委员会时常开展以预防职业危害为主题的"欧洲安全卫生年"活动。英国卫生执行局（HSE）1992 年开始举办工作场所卫生安全周活动，以后每年下半年都开展一次安全卫生周活动。美国在每年的 10 月由美国国家安全委员会（NSG）组织，开展全美安全大会及展览会。美国安全工程师学会把每年的 6 月 20～27 日作为"全国作业车间安全周"，通过活动达到减少工作场所事故的目的。加拿大安全工程协会（CSSE）每年 6 月都发起"加拿大职业安全卫生周"活动。日本每年 7 月 1 日至 7 日是全国安全周，10 月 1 日至 7 日是全国劳动卫生周，推进企业事故预防和劳动卫生管理活动，提高全民的安全意识。

安全培训是塑造员工的安全行为文化最为有效的途径。欧盟把培训教育作为搞好安全与健康工作的重要手段。在欧盟，职业安全与健康培训教育大多是免费的。培训内容比较广泛，从安全心理学到操作技能都培训。德国把企业的安全教育状况作为重点监管内容，促进企业将其变成自我行动，以不断提高工人的防护意识和防护能力。加强职业资格管理，对安全管理人员分层次进行培训，提高其安全管理能力。

4.6.3　生产安全研究中的重大工程科技问题

生产安全是以人为本，是坚持全面、协调、可持续发展观的直接体现，是全面建设小康社会的重要内容。安全科学技术是保障生产安全的基础，人才、投入、科研设备、条件以及政策、法规、环境等都是重要保障措施。

立足于"高、新、深、实"（"高"就是把握生产安全全局，高屋建瓴；"新"就是开拓创新，耳目一新；"深"就是深谋远虑，体现战略思维；"实"就是增强可操作性，解决实际问题）思想，坚持"安全第一、预防为主、综合治理"的方针和"安全发展"理念，充分发挥生产安全科技在有效遏制重特大事故、促进生产安全形势根本性好转、推动安全保障型社会建设进程中的重大作用。

围绕生产安全科技的新任务和新要求，需要进一步深入开展以下几个方面研究工作。

（1）创新生产安全理论，在下述工作中寻求突破：①安全科学基本理论；②矿山重大灾害事故致因机理及动力学演化过程；③典型工业事故发生机理及动力学演化过程；④生产事故应急救援理论；⑤生产安全长效机制理论。

（2）针对生产环境和生产工艺过程中的灾变因素和危险源特性，争取在以下方面取得创新性研究成果：①煤矿重大灾害防治关键技术；②煤矿灾害连续监测、预警及防控技术；③煤矿重大灾害的救灾技术与装备；④海上油气勘探安全保障技术；⑤大型油轮泄漏油围堵清除设备；⑥深海资源开采生产安全关键技术；⑦特种设备失效模式、失效准则、风险评价、剩余寿命预测等的关键技术；⑧重大危险源辨识指标体系、监测与监控网络化技术；⑨重大事故模拟仿真与虚拟现实技术；⑩重大事故应急救援预案及指挥决策系统；⑪构筑物（地基、大坝、高陡边坡、尾矿库等）失稳监测预警技术；⑫埋地压力（气、水、油）管线检测、报警、关断及维护技术；⑬故隐患辨识与评价、监测与控制及治理等关键技术研发。

建设社会化、网络化科技服务力量，加强先进适用技术推广应用，加强国内外合作交流，及时对新技术、新成果进行消化、吸收、集成、再创新，逐步形成具有自主知识产权的技术成果；不断发挥专家队伍作用，持续培养生产安全战线的高水平科研队伍，为生产安全科技工作的明天积蓄力量。

4.6.4 生产安全的重要措施与政策建议

新中国成立以来，我国生产安全工作取得了很大进步。特别是近几年来，我国在生产安全的专项治理和整顿方面，成绩显著，生产安全状况明显好转，但形势仍然十分严峻，任重道远。随着我国经济的发展、人民生活水平的不断提高，特别是社会主义市场经济体制的建立，生产安全工作亟须不断加强，以保障人民生命财产安全和经济可持续发展。

为使我国的生产安全工作尽快走上良性、可持续发展的轨道，我们认为我国今后生产安全工作的思路和目标是：以邓小平理论重要思想为指导；继续坚持"安全第一，预防为主"的方针；大力加强生产安全法制建设；健全国家生产安全监察体制；大力推进安全培训教育和科技进步；以企业为主体，以人为本，标本兼治，综合治理；努力实现"四个转变"（即生产安全工作由事后查处向事前预防转变；生产安全监察重点从国有企业向多种所有制经济成分转变；生产安全管理方式逐步从计划经济下的传统方式向依法、依靠科技进步和运用市场经济手段的方式转变；生产经营单位的负责人和广大职工从"要我安全"向"我要安全、我会安全"转变），按照"十六大"提出的全面建设小康社会的目标，力争通过十五到二十年的扎实工作，建立起适应社会主义市场经济的生产安全工作体制和生产安全的长效机制，使生产安全水平整体提高，实现生产安全状况明显好转，以满足新世纪全面建成小康社会的需要。具体措施建议有以下几个方面。

1. 依靠科技进步，促进我国生产安全水平的提高

组织对生产安全领域重大的工程技术、管理问题开展科研和攻关，并列入国家科技重大项目攻关计划。建立国家和省级安全专家组和专家库，充分发挥其在重、特大事故调查、隐患评估和整改、重大危险源监控等方面的重要作用；在严肃事故责任追究的同时，重在分析事故原因和落实防范措施。

跟踪国际生产安全领域科技发展动向，引进、推广国内外先进的生产安全技术和管理方法，促进生产安全领域科技成果的推广应用和产业化，培育和发展生产安全产业，使保护人类生命安全与健康为目的的职业安全卫生仪器、设备、防护用品等产品的研制、生产和应用得到快速健康的发展。国家要定期公布明令淘汰、禁止使用严重危及生产安全的工艺、设备，禁止使用超期服役的运载工具，为建立新型工业化起保障作用。

2. 促进企业建立"预防为主，持续改进"的自我约束和激励机制

企业是搞好生产安全工作的主体和基础。必须通过法律、行政、经济和社会舆论等各种手段，促使企业遵守生产安全法律法规，建立生产安全的长效机制，积极倡导企业像质量、环保管理那样建立职业安全健康管理体系，建立健全生产安全责任制，完善生产安全条件，确保生产安全。严格生产安全条件的市场准入，运用工伤保险费率和银行贷款等经济手段，按照违法必究和严明奖惩的原则，强化生产安全监督检察，强化工会、广大群众和社会舆论监督，形成全社会对企业的外部强大制约机制，使企业真正建立起"预防为主，持续改进"的生产安全自我约束和激励机制。

3. 尽快建立适应社会主义市场经济的工伤保险机制

针对我国现行工伤保险存在的赔付水平低、覆盖面较窄、保险费率差异小，与事故预防相脱节等问题，必须改革并完善工伤社会保险制度。根据不同行业、企业的危险程度、事故的概率、生产安全管理水平与业绩，实行差别费率和浮动费率制度；根据国内有关试点城市的经验，学习和借鉴国外做法，可以省（区、市）或地级市为单位，把不低于 8% 的工伤社会保险资金，由本地区生产安全主管部门负责，用于生产安全宣传教育和培训等工作。真正建立起强制性的、覆盖全社会的，赔偿、康复和事故预防相结合的社会主义市场经济的工伤保险机制。

4. 建立健全生产安全的六大支撑体系

第一，建立健全适应社会主义市场经济体制的生产安全法律体系。围绕贯彻落实《安全生产法》，力争在"十五"期间，与《安全生产法》配套的主要法规、规章、标准陆续出台。

第二，建立健全生产安全信息体系。大力改进和完善伤亡事故统计方法并与国际接轨，积极推进生产安全信息网络建设，建立健全重、特大事故隐患警告、事故统计分析、政策法规信息等生产安全信息发布制度，建成上下贯通、反应快速、信息准确的生产安全信息体系。

第三，建立健全生产安全的宣传教育体系。建立必要的生产安全宣传教育机构，并充分依靠和发挥各种宣传媒体的作用，组织开展多种形式的宣教活动，把以"关爱生命、关注安全"为主要内容的安全文化作为先进文化的重要内容，加强小学、中学、大学和各种岗位的全民安全素质教育，不断提高人们的安全意识和安全文化水平。

第四，建立健全生产安全培训体系。建成多层次、多渠道的生产安全培训网络，逐步使培训机构、考核标准、证书管理、师资和教材建设等管理工作规范化、制度化。

第五，建立健全生产安全技术保障体系。加强生产安全科技研究，大力发展并规范安全评价、评估、认证、咨询、检测检验、技术服务、技术培训等社会中介组织，积极培育具有执业资格的注册安全工程师队伍，为生产安全工作服务。

第六，建立矿山事故和危险化学品事故等综合性的统一应急救援体系，对现有应急救援资源进行整合和优化，增强对各类重、特大事故的应急救援能力。

5. 加大国家和企业对生产安全的投入

针对长期以来国家和相当一部分企业对生产安全投入严重不足，历史欠账较多，生产安全基础薄弱的实际，国家和企业都必须加大对安全的投入。根据国际劳工组织统计和我国专家研究分析的保守估计，伤亡事故和职业危害造成的经济损失占年 GDP 的 2% ～ 4%，而我国 90 年代的生产安全投入与产出比为 1∶4.505，生产安全的经济贡献率（安全产出/国内生产总值）为 3.15%。因此国家和企业都应加大生产安全投入力度。首先是企业必须依照《安全生产法》，确保生产安全条件的投入，并对安全投入不足导致的后果负责。

与此同时，国家对生产安全监管部门和生产安全科研工作的直接投入也应加大力度。美国 2002 年职业安全健康监察局经费预算总额为 4.26 亿美元、矿山安全健康监察局为 2.46 亿美元，合计 6.72 亿美元，而我国在这方面的经费预算与之无法相比，如同年我国煤矿安全监察局的经费预算仅是美国的 1/60，煤矿数量约是美国的 300 倍。2002 年美国联邦政府预算中直接分配给国家职业安全研究院和事故伤害控制中心的经费为 4.1 亿美元，而我国"十五"期间直接用于安全科研和事故预防的经费只有 8200 万元人民币，年平均不足 2000 万元，约为美国的 1/200。借鉴发达国家经验，我国在生产安全方面（监督管理、科技研究、事故预防、事故救援及调查处理、关系公共利益的重大事故隐患治理和建设项目等）的直接经费投入应该明显增加，并像我国环保治理那样列为中央预算。

6. 设立直属国务院的权威、高效的国家生产安全监察机构

要做好以上工作，需要进一步深化生产安全监察体制的改革，落实《安全生产法》的执法主体，加强生产安全监察机构建设，改变当前生产安全监督管理工作上存在的职能交叉、职责重叠、多重多头执法、权威性差的状况，解决安全管理与安全监察不分和机制不顺的问题，做到既不脱离我国的实际，又能使生产安全监察工作有效，建议设立直属国务院的权威、高效的国家生产安全监察机构。实行中央与省级地方政府两级监察，以省（自治区、直辖市）为责任区，省以下垂直监察的生产安全监察体制。

充实加强基层安全监察力量。目前，我国生产安全监察人员与每万名职工的比例小于 0.83，而英国为 4.5，德国为 3.5，美国为 2.1。建议我国可按每万名职工 1.5 人的比例配备专职生产安全监察员，使全国专职生产安全监察员总数至少为 3 万人。

4.7 社会安全相关工程科技发展战略[*]

4.7.1 中国社会安全相关工程科技研究的意义

改革开放 30 多年来，在党和政府的领导下，我国经济、政治、文化、社会建设都取得了举世瞩目的伟大成就，中国的国内生产总值保持持续的快速增长，与此同时，人均收入持续快速提高，人民生活实现了由解决温饱到总体上达到小康的历史性跨越。

世界发展进程的规律告诉我们，当一个转型国家发展到人均 GDP 处于 1000～3000 美元的阶段，人口、资源、环境、效率、公平等社会矛盾的瓶颈约束最为严重，也往往是经济容易失调、社会容易失序、心理容易失衡、社会伦理需要调整重建的关键时期。2008 年我国人均 GDP 达到 3260 美元，一举突破

* 本节内容是中国工程院课题报告（2010），合作者：王礼恒，孙永福，姚作为。

了 3000 美元大关。这些数据在一定程度上预示着中国正处在一个至关重要的社会转型时期。中国面临的最大挑战是要在一个相对较短的时间内完成两个重要的转型：第一要完成由传统经济形态向现代经济形态、由传统社会结构向现代社会结构过渡等一系列重大任务；第二是平稳实现由计划经济体制向市场经济体制转变的独特的艰巨任务。而不管哪一项任务，其他国家都是用了很长一段时间才完成的。因此，无论从哪个角度来看，中国正在与即将经历的都是前所未有的、艰难和复杂的社会转型，这必然使中国面临着更大的社会压力和更多的不确定性因素，并已经形成或者正在形成更为广泛、多层次的和突出的种种社会风险[6]。

2010~2030 年，对于中国来说是个攸关发展的重要时期。一方面，2020 年前后，我国力求实现全面建设小康社会的目标。2030 年，我国要基本完成城市化目标：超过 50% 以上的人口将居住在城市。这一波澜壮阔的发展进程会将占全球人口 1/5 的大国带入繁荣昌盛、文明富强的现代化轨道。另一方面，2020 年前后，中国环境污染的势头才会出现真正的拐点；2024 年左右中国也将进入老龄社会，65 岁以上的人口占总人口的 14%。未来 20 年，中国众多国内供应资源都将面临严重短缺，尤其是水资源可能出现严重危机。这些问题的解决，不仅需要长足的经济发展提供支撑，更需要一个稳定与和谐的社会作为保障。因此研究社会安全相关工程科技发展战略问题不仅对推进中国的现代化进程、实现我国社会的长治久安有深远的战略性意义；而且对构建我国公共服务型政府、提高我国政府和群众的社会安全意识，建立政府为主导的全民参与的社会安全管理新局面有重要的现实意义；对于弥补我国社会安全管理学科领域的空白，拓宽社会安全研究领域更具有非同一般的理论意义。

由于社会安全的含义比较广泛，为有效集中精力研究其中的热点、重点问题。本节并不涉及对社会安全问题的全方位探讨，只将重点放在社会安全（含金融安全）的工程技术发展战略问题上，重点研究领域包括危机的早期预警、危机的预警系统构建、危机的处置技术、金融安全的早期预警与预警系统构建等，其他问题则不做探讨。

4.7.2　当前我国社会安全管理的现状分析与评价

社会安全是一个较为复杂的概念。由于其内容的广泛性，因此产生了广义和狭义之分。广义的社会安全是指整个社会系统能够保持良性运行和协调发展、最小化不安全因素和其影响度的社会运动状态；从能力建设的角度则指全社会各个群体避免伤害的能力和机制。显而易见，广义的社会安全包括了国家安全、政治安全、军事安全、经济安全、文化安全、科技安全、社会生活安全等诸多方面，也包含有关机制与体系等操作性的内容。而狭义的社会安全是指除经济、军事、文化和政治等系统以外其他领域的安全，直接地说，主要是局限在人们的日常生活领域及其环境空间。基于上述两个方面的分析，本节采用狭义的社会安全，将社会安全定义为人群公共生活环境空间不受侵害并相对稳定的状态，它包括公民生命、财产、社会生活秩序和生态环境的安全，它直接体现了与公民密切相关的公共安全利益的需要。社会安全代表所有社会阶层、利益集团在共同的社会生活中公共安全利益的需要。但要注意的是，影响社会安全因素包括了可能影响社会安全的经济、技术、自然与社会等诸多因素[7]。

1. 有关社会安全危机的早期预警系统尚未建立

自 2003 年"非典"事件以来，我国政府高度重视社会安全管理工作，不仅要求各级政府尽快建立公共危机预案，而且按传统的条块分割模式建立起政府的危机管理框架，各级政府、各个专管部门基本上建立起了相应的应急应对体系。此外，随着 2007 年 11 月《中华人民共和国突发事件应对法》的正式实施与 2008 年 5 月《中华人民共和国政府信息公开条例》的正式施行，与危机管理相配套的应急法律体系也趋于完备。目前，我国政府将危机管理的重点工作放在安全危机发生时的紧急应对与危机之后的简单反思，而对于社会安全危机发生前的预测与预防没有足够的重视。综观国内学术界相关方面的文献，可以发现有关研究对至关重要的社会安全危机的早期预警系统没有进行全面的分析，尤其是在社会安全危机的早期预测与预警方法、早期预警的智能决策与咨询系统等方面的研究基本上属于空白。此外现有研究对社会危机管理的分析比较偏重政府的主导地位，忽视了第三方组织的作用；而对危机处置技术的研究也没有什么进展。实际上，即使在国外学术界，有关危机的早期预警系统建设依旧是个前沿的课题，有待人们去探索。

2. 全国社会安全危机早期预警指标体系尚未研制出来

早期的研究只是将社会安全问题等同于社会保障问题。随着我国近十年来社会安全事故的频发，人们开始重视对社会安全事件产生的背景与演变规律进行研究。但从现有文献来看，学术界对社会安全的研究重点主要包括社会安全应急机制与社会（安全）预警等主题。我国学者在西方学者的研究成果基础上对我国社会预警指标的研究有了较为成熟的成果。这些研究可以分为以下四类。

（1）单一的社会安全指标体系，如文献［8］探讨了社会保障指标体系。

（2）基于社会-经济系统交叉影响的社会安全指标体系，如较具代表性的中国社会风险综合指标体系[9]和社会预警指标体系[10]等。这些指标体系的特点是在指标的选择基本上涵盖了经济与社会领域的众多方面，但一些指标体系缺少必要的实际检验支持。

（3）基于巨系统思维的社会安全指标体系，较具代表性的是运用社会物理学提出的社会稳定预警指标体系[11]和运用"自然-经济-社会"复杂巨系统理论所建立的社会稳定与安全预警指标体系[12]。这些指标体系的特点是结构相当复杂，几乎考虑到了影响社会安全稳定方面的所有因素。

（4）基于利益群体心理的社会安全指标体系，其中较具代表性的是文献[13]所提出的基于公众心理的社会预警指标体系。但令人遗憾的是尚没有一个能够经得起时间检验的、被公认的国家级的社会安全预警指标体系被研究出来，这直接影响了我国社会安全早期预警指标体系的应用效果，也影响到我国社会安全危机管理的有效运作。

3. 社会安全事件的风险评估能力和关键技术有待加强

对社会安全事件演变成危机的风险进行评估是我国开展有效的社会安全管理最为基础的工作。强化对社会安全事件或危机的风险评估能力本是社会危机管理的重中之重，风险评估就是通过对各种社会安全状态的监控，发现可能影响社会安全的风险因素，主动搜集与风险有关的各种信息，通过对信息的整合、处理、判断和相关数据的分析，掌握风险的各种变化和最新信息，监测风险发生的概率和趋势，运用一定的科学方法对风险趋势进行科学的评估，预测可能出现的社会危机，以便为不同类别或级别的社会安全危机制定相应的危机应对策略。及时发现风险因素、准确进行风险评估，有利于及时采取有效的处置行动，将危机消灭在萌芽之中，这是危机管理的最高境界。

但目前不管是从政府的运作还是从学术界的研究来看，有关社会安全的风险评估至今尚不属于重要的操作主题或者研究课题。政府多将风险评估看作是专家的任务，而不少文献只不过强调风险评估的重要性，却缺少对风险评估全面的理论探讨，尤其是缺少对风险评估方法与技术的研究。这直接导致我国政府在面对社会安全危机时对可能出现的危机后果常常预备不足，有关的危机物质储备时常短缺，危机预案内容空洞，应对技术手段落后，危机应对捉襟见肘。而国外对于各种风险的评估非常重视，不仅设置专门的机构来开展社会风险评估研究，还特别重视运用跨学科的方法对本国乃至国际上众多冲突热点问题进行风险评估，以利于及早把握应对的时机与策略。例如，美国兰德公司、日本野村综合研究所都拥有世界上最新的风险评估技术与方法，这对于帮助政府预测社会安全危机，及时采取应对措施具有重要的作用。

4. 社会安全危机的处置能力还不够强

当危机发生之后，社会安全危机管理的重点就转向了危机的处置，危机的处置步骤、速度、技术与方法会直接影响危机处置的效果，更会极大地影响到政府的形象与信誉。而其中的关键环节是分门别类地区分社会安全危机，并根据不同类型社会安全危机的特点与演变规律详细确定危机处置的具体技术，这本是危机预案中非常重要的内容之一。应该说我国政界与学术界对于社会安全危机的处置相当重视，不仅在研究中非常关注这些问题，而且在公共危机管理机制中将社会安全危机的处置放在了非常重要的地位。但从对 2005 年哈尔滨水危机、2010 年大连沿海石油污染、2010 年富士康员工连续跳楼等重大事件的处置情况可以看出，有关部门依旧缺乏有效的危机处置方法与技术选择，这直接导致政府在社会安全危机应对过程中依旧采取传统的人海战术与运动应对的方法。这种状况说明我国目前的社会安全危机的处置能力还不够强，尤其是缺乏对关键环节-危机处置的技术与方法的把握。

5. 社会安全事件的预测方法还不够科学

从国际上研究来看，有关危机或者突发事件的预测方法最早是用于经济危机或者金融危机的预测或者预警，后来有关方法被运用于社会危机的预测。最经典的预测方法有：①KLD 信号法；②FR 概率模型；③STV 横截面回归模型；④冯芸和吴冲锋[14]的多时标货币危机预警模型。这些方法的共同特点是具有类似的架构与内容：①搜集一个危机的样本；②选定一个指标序列；③选定一个观察期；④考察样本个体的各项指标在各自观察期的运动趋势；⑤总结所有样本个体各项指标的运动规律；⑥运用这些运动规律作为预警机制从而达到预测危机的目的。

我国在这方面的研究进展多数是沿用国外的研究成果，采取以上方法运用中国的数据进行危机预测。但这些方法本身就具有一定的缺陷，如方法的运用需要特定的条件；在实际运用时，常常面临难以准确预测危机出现等问题。尽管人们已经认识到这些问题，开始运用计量经济模型、案例推理、神经网络、遗传算法、灰色理论等方法或理论来预测金融危机，但有关预测金融危机的方法如何能够被合理地移植到中国社会安全危机的预测当中依旧是个有待解决的课题。因此，我们无可避免地需要面对有关社会安全危机的预测方法本土化问题，尤其需要考虑如何借助更为先进的理论与方法来创新本土的研究思路。

6. 缺少适用于中国实际的金融安全预警研究

金融安全一直是我国金融界与学术界关注的问题之一[15,16]。随着经济全球化的进程不断加快，人们的关注点转向金融全球化背景下的金融安全问题。基于西方学者的研究成果，中国的学者们对金融安全的概念与内涵、金融安全与金融风险的关系、金融危机与金融安全的关系、金融安全与金融创新的关系、开放经济下的金融安全、金融安全与法制建设等问题进行了深入的研究。尤其是重点探讨了金融安全预警体系、机制、预警指标与方法。但现有研究在金融危机的早期预警方法上还有进展的空间。此外，涉及中国金融安全的特有因素，如金融业的效率低下、金融市场的开放、金融的虚拟化所引起的安全问题都为后人留下了研究的空间。

4.7.3　当前社会安全研究的国际先进水平与前沿问题综述

目前国内外学术界有关社会安全领域的最新研究课题与前沿问题主要包括以下三个主题：社会安全的早期预警、社会安全危机的有效应对与金融安全的早期预警等。

1. 社会安全的早期预警

（1）社会安全的早期预警系统与网络。目前国际上有关社会安全的早期预警系统与网络的研究尚处于起步阶段，前沿研究主题围绕着理论基础的整合与探索、早期预警决策模型的研制与社会危机的仿真模拟模型的建立。有学者在总结金融领域早期预警系统研究经验的基础，提出要运用一整套新的理论和技术，用来建立一种全面的、综合的、自动化的、可推广和有效的预警系统，以实现对社会危机的有效监测、评估和预报。学者们[17]还一致认为早期预警系统应该建立在多学科交叉影响的理论基础上，并将社会看作是基于"自然-社会-经济"相互影响的复杂巨系统，由此出发提出有关社会安全早期预警系统的构成、完善与网络构建。有关早期预警决策模型研究则集中在研制基于知识积累、案例推理与逻辑推理的危机预警模型，基于情景模拟的决策模型和基于学习与认知的风险评估模型上。

（2）社会安全的早期预警指标体系。目前有关社会安全的早期预警指标体系研究主要集中在影响因素的选择及早期预警指标体系的系统设计与运行。对应于解决类型不同的社会问题，中外学者分别提出了社会稳定预警指标体系、民族团结预警指标体系、社会风险预警指标体系、社会安全预警指标体系、心理角度的社会安全预警指标体系等多种既有相同点、又有不同点的指标体系。但令人遗憾的是目前并没有一个被国际学术界所公认的社会安全早期预警指标体系。值得关注的是西方学者多将社会预警指标体系的设计、运用与政策制定相结合，注重其实用性；而中国学者则更关注全方位地考虑影响社会安全的因素来设计早期预警指标体系。

（3）社会安全的早期预警方法。学术界对社会安全的早期预警方法的研究主要集中在以下几个方面：①基于案例推演的社会安全危机预测的混合软推理方法；②基于迁移学习的社会安全危机预测方法；③基于学习与案例推理的社会安全风险模糊评估方法；④基于案例仿真的社会安全危机的智能模拟技术。

2. 社会安全危机的有效应对

（1）社会安全危机的整体应对。目前对社会安全危机应对的前沿研究主要集中在有关社会安全危机的整体应对上，主要包括社会安全危机的整合应对机制、应对组织的整合以及处置技术的整合运用等三个方面。文献［18］提出面对日益复杂的公共危机，需要建立一种全面整合的危机应对模式，其中的关键是建立一个资源整合、机制整合、组织整合与信息整合的高效的整合机制。这方面不管是国内还是国际都还处在摸索阶段。尤其是政府组织与第三方组织之间的整合与有关处置技术的整合更具有一定的迫切性。在这里需要指出的是，有关社会安全的整体应对是一项艰巨的系统工程，非常需要政府细化行政工作的各个过程。

（2）社会安全危机的处置技术。有关社会安全危机的处置技术探索基本上也处在一种不断完善的进程中。国际上相关的前沿研究主要集中在以下几个方面：①恐怖事件的现场处置技术与早期干预技术；②群体突发事件的现场处置技术与早期干预技术；③劳资纠纷事件的现场处置技术与早期干预技术；④民族团结事件的现场处置技术与早期干预技术；⑤非传统社会事件的现场处置技术与早期干预技术。

（3）社会安全危机应对的科学管理。有关社会安全危机应对的科学管理是老课题，又是新课题。西方国家在这方面的前沿研究，主要集中在以下几个主题：①有关安全应对物资的调配、储存与发放的规划管理；②安全应对物资仓库选点的规划；③社会安全危机中的人员使用规划与管理；④社会安全危机中的资金使用规划与管理；⑤社会安全危机应对中的后勤保障规划与管理。

3. 金融安全的早期预警

（1）金融安全的早期预警系统与网络。目前国际上有关金融安全的早期预警系统与网络的研究有比较丰富的研究成果，前沿研究主题包括早期预警决策模型的完善与金融危机的仿真模拟模型的建立。目前学者对有关金融危机的形成机制的构思已经历了四个阶段，新一代金融危机理论所提出的造成金融危机的因素越来越复杂，各国迫切需要在总结金融领域早期预警系统研究经验的基础上，提出一套新的理论和技术，用来建立一种更加全面的、综合的、自动化的、可推广和有效的预警系统，以实现对金融危机的有效监测、评估和预报。有关金融危机早期预警决策模型研究则集中在研制基于知识积累、案例推理与逻辑推理的金融危机预警模型、基于情景模拟的金融危机应对决策模型和基于学习与认知的金融风险评估模型等方面。

（2）金融安全的早期预警指标体系。有关金融安全的早期预警指标体系研究已经形成了比较丰富的研究成果，目前的前沿研究主要集中在有关指标体系构成的完善及其效果的检验上。目前中外学者所提出的金融危机早期预警指标体系主要包括信用危机（货币安全）预警指标体系、银行危机预警指标体系、金融危机早期预警体系、资本市场预警指标体系等。但目前没有一个指标体系得到了国际学术界的公认，并具有可接受的预测准确性。

（3）金融安全的早期预警方法。有关金融安全（危机）的预警方法的研究有较长的历史，但至今为止依旧没有形成验证准确性高的研究成果。现有的金融安全（危机）预警方法包括 KLD 信号法、FR 概率模型、STV 横截面回归模型与多时标货币危机预警模型等。目前有关前沿研究多集中在运用新的理论与方法（如粗糙-模糊神经网络理论、灰色系统理论、层次分析模型、计量经济学、熵权法、投影寻踪技术、遗传算法等），来研究新的金融安全的早期预警方法，如基于案例推演的金融危机预测的混合软推理方法、基于迁移学习的金融危机预测方法、基于学习与案例推理的金融风险模糊评估方法、基于情景仿真的金融危机的智能模拟技术等。

4.7.4　社会安全研究中的重大工程科技问题

1. 社会安全的早期预警工程

（1）工程目标与内容。跟踪国内外相关领域的进展，运用最先进的技术手段、创新理论基础，将最新的理论与最新的技术融入社会安全早期预警的各个环节，重点开发一个面向认知和基于学习的早期预警系统框架及其模块。框架应能够描述如何指导基于学习的知识推理、基于案例软推理的预测和模糊风险评估、基于虚拟技术的社会安全危机事件模拟，以应对社会危机的综合预警和认知决策。这将成为一个系统级的使用案例库、知识容器、推理技术和预测模型的指南。按需要适时开发以下技术：社会安全早期预警的智能决策与咨询技术、社会安全事件的虚拟模拟技术、社会安全风险的早期预测方法、社会安全的风险评估技术、社会安全事件的群体心理干预技术、社会安全的舆情管理与干预技术、社会安全早期预警系统软件与维护技术等。

（2）关键技术[17]。①社会安全事件智能全程模拟技术。运用虚拟技术等多种技术，研制能够真实模拟社会安全事件全貌与演变趋势的智能全程模拟系统，以便为科学决策提供有力的依据。②社会安全危机的专家辅助决策技术。运用案例推理、专家决策、情景仿真等知识模块与数据库，总结与提升专家的知识与经验，形成社会安全危机的专家辅助决策技术。③社会安全事件的早期预测方法。总结前人研究的成果，运用多种理论与方法来开发研究适应中国社会发展状况的社会安全危机的早期预测方法。例如可以开发基于案例的混合软推理方法。该方法将整合案例推理、软计算、规则推理、模型推理、约束满足问题求解和优化、机器自学习等多种算法，提出一个注重预警生成效率和预警生成的可靠性、准确性的早期风险预测技术；也可开发一个基于迁移学习的知识推理方法，这一方法与基于案例的软推理方法相结合，建立一个新的危机预测模型。该方法能通过机器学习将积累的知识转移到新的预测任务，并帮助问题的快速求解。④社会安全风险评估技术。利用各种先进的理论与技术，开发适应本国文化心理与经济发展态势的社会风险评估技术，如可以开发一个基于学习的模糊风险评估方法，该方法与基于案例的推理方法相关联，用于决定预警级别和辅助危机战略决策。⑤社会安全危机智能决策系统。在 2020～2030 年，应以研究社会安全危机的智能决策系统为主要研究方向。以前面的专家辅助决策系统为基础，利用预警系统提供的警情信息，基于知识库、案例库、指标体系、法律库等数据库，运用图像仿真、智能模拟等技术，形成社会安全危机智能决策系统。例如，可以开发一个基于认知驱动的决策过程模型，以支持在社会危机早期预警系统中的认知驱动决策。这个模型的关键元素是知识检索、心智模型和情景推演，其基础是足够深度的知识库（包含相关领域的经验知识与理论知识）与丰富的案例库。⑥社会安全预警系统软件与维护技术。应运用以上提及的各种方法与技术，开发一个用户友好的面向认知和基于学习的早期预警系统软件原型，并验证其合法性和有效性，之后提供给决策者，以便能系统地预测和响应未来可能发生的危机。应提出一个有效的应用方法与技术，用于指导、设计、开发和维护实际的早期预警系统，使之适用于一些专门的社会危机问题，并找到相应的解决方案。

2. 社会安全信息的数字化工程与知识共享工程

（1）工程目标与内容。运用最新信息技术，以国家、省级社会安全早期预警研究中心为主体，开发社会安全危机管理领域的知识数字信息化工程。主要内容包括：警情信息数字化、案例库数字化、社会安全管理知识的数字化、对策库的数字化。建立国家与各省的知识共享平台，并通过一定技术手段满足人们查询、复制、运行、研究、咨询、演示等功能需要，通过一定技术手段形成一个完整的社会安全管理的数字信息网络与知识共享平台。

（2）关键技术。①建立有关社会安全管理知识的数字信息网络。运用最新技术，开发将预警警情库、案例库、知识库、对策库数字化的先进技术，并以国家和各省社会安全早期预警研究中心为网络基点，形成国家的社会安全管理知识的数字信息网络。②基于互联网的社会安全知识库共享技术与平台。利用最新技术，在社会安全知识数字信息网络的基础上，通过开发基于互联网的社会安全知识库共享技术与平台，来有序集成和整合利用各种分处中央、各省、市的、数字化的社会安全知识资源，以虚拟社会安全知识库为入口，以专题知识为线索整合理论资源、三维资源、视频资源、学术成果、虚拟书架、案例库、对策库等各类资源，来实现社会安全危机管理知识的全国覆盖与瞬时共享。③基于网络共享的重要文献门户系统。按照社会安全危机的种类与涉及的行业或者专业领域，专门定制一套用于构筑自主分类的互联网社会安全信息情报中心的软件工具，为局域网用户进行社会安全学术研究提供参考信息，同时适合物理隔离环境，通过网络开关实现定时信息更新和系统内外网切换。④基于用户友好的多媒体演示技术与平台。利用虚拟技术、多媒体、数据库技术，集声音、图像、文字、视频为一体，开发基于用户友好的多媒体演示技术与平台，通过多媒体导览、三维辅助陈列展示、视频点播（VOD）等方式，为全国网络用户提供社会安全案例演示、事件真实回放、模拟仿真等个性化服务。

3. 社会安全危机的整合管理科学工程

（1）工程目标与内容。基于管理学、系统工程、数学、政治学、公共管理与项目管理等多学科理论，通过理论与技术创新，开展社会安全危机的整合管理科学工程研究。主要内容包括：①社会安全危机管理的整体系统规划，如在不同社会安全危机事件中人、财、物等各种资源之间的整体管理与协调规划、各参与行政主体之间的协调运作管理规划、政府机构与第三方组织之间的协调运作管理等；②社会安全危机管理中的物资运筹规划与管理，如物资的前期储备点与运输线路选择规划；危机爆发时物资的调配、购置与运输、发放规划与管理；捐赠物资的登记、运输与发放规划与管理；在危机后期物资储备规划再评估；③社会安全危机管理中的人员规划与管理，如针对不同类型社会安全事件，在危机爆发时所需要的救援人员、医护防疫人员、工程科技人员、后勤保障人员、志愿人员与部队人员的协调合作机制；危机应对人员的紧急选拔与调配机制；危机后期人员调配机制的再评估；④社会安全危机管理中的资金策划规划与管理，如政府监管下的由第三方实施的募捐资金的登记、使用与审计机制；募捐资金在不同危机处置项目的分配规划等；⑤社会安全危机管理中受难人员救助规划，如对受难人员的资金与物资发放、就业救济、保险救济等综合规划；⑥社会安全危机情景中的政策规划与实施；⑦社会安全危机管理中的后勤保障规划；⑧危机中的人员撤离规划与管理；⑨应急处置中的在线决策支持系统。

（2）关键技术。①应急物资的资源储备与调度技术。运用排队论与选址理论、随机规划理论，研究涉及有关应急物资的前期储备种类、质量、布局与调度、运输问题。②社会安全危机状态下的物资调配与分配技术。运用项目管理理论、运筹学等理论研究危机状态下的物资调配技术，如危机处置中物资运用与管理的动态博弈网络技术、不确定信息背景中的多阶段随机规划技术、不确定信息背景中的多目标约束下的资源调度模型等。③社会危机状态下的人员调配技术。运用排队论与随机规划理论研究危机状态下的人员调配技术，如在危机应急处置阶段的人员调配技术等。④社会危机状态下的救援与后勤保障服务系统。基于排队论与选址理论、随机规划等理论，研究有优先权的多服务台的应急服务的排队系统（包括医疗救护、人员转移、警力、部队、道路疏通等），主要涉及应急服务设施的布点选址与服务区域的划分等。⑤不同社会安全危机事件中人、财、物等各种资源之间的整体管理与协调规划技术；社会安全危机管理中受难人员救助规划技术；危机中的人员撤离规划与管理技术等。

4. 金融安全的早期预警技术工程

（1）工程目标与内容。跟踪国内外相关领域的进展，运用最先进的技术手段，创新理论基础，将最新的理论与最新的技术融入金融安全早期预警的各个环节。重点发展金融安全的早期预警系统及其重点板块，按需要适时开发以下技术：金融安全早期预警的智能化决策技术、金融安全事件的虚拟模拟技术、金融安全事件的早期预测方法、金融安全的风险评估技术等。

（2）关键技术。①金融安全危机智能全程模拟技术。运用虚拟现实技术等多种技术，研制能够真实模拟金融安全事件全貌与演变趋势的智能全程模拟系统，以便为科学决策提供有力的依据。②金融危机的专家辅助决策技术。运用案例推理、专家决策、情景仿真等知识模块与数据库，总结与提升专家的知识与经验，形成金融危机的专家辅助决策技术。③金融事件的早期预测方法。总结前人研究的成果，运用多种理论与方法来开发研究应对中国金融行业发展中出现的金融事件的早期预测方法。④金融危机智能决策系统。应以研究金融危机的智能决策系统为主要研究方向。以前面的专家辅助决策系统为基础，利用国家与各省预警中心的警情库，基于知识库、案例库、指标体系等数据库，运用图像仿真、智能模拟等技术，形成金融危机智能决策系统。

4.7.5　社会安全研究的重要措施与政策建议

1. 社会安全研究的重要措施

（1）加强领导，统筹兼顾，有序推进。深入开展社会安全（含金融安全）工程研究，尤其是开展有关社会安全（金融）危机早期预警的研究是建设和谐社会的战略需求，是实现社会平稳转型的重要保障。未来的社会安全（含金融安全）研究要满足社会经济飞速发展的需要，必须坚持党的领导，突出政府主导的作用，发挥社会主义制度的优势，按科学规律办事，使社会安全管理机制与社会转型的需要相协调，统筹兼顾中央与地方、政府与民间组织、行政机构与研究团体在社会安全（含金融安全）危机预警与应对、社会安全（含金融安全）警情监测与分析、社会安全（含金融安全）管理研究与人员培训等各方面的分工合作，充分调动社会各阶层的积极性，使我国社会安全（含金融安全）管理工作能够追上发达国家的步伐，实现我国加强社会安全（含金融安全）管理，建设和谐社会的伟大目标。

（2）结合实际，建设全国、区域与各省的社会安全早期预警研究中心。要实效推动我国本土的社会安全研究，需要根据国家行政区划与社会发展态势，建立中国的各级社会安全（含金融安全）早期预警研究中心。首先，可以先在中国社会发展较发达的地区，如珠三角、长三角、京津唐、环渤海湾等地区，设立区域社会安全（含金融安全）早期预警研究中心；其次，适时在各省建立省级社会安全（含金融安全）早期预警研究中心，可以先在重点区域与经济发达省份同步设立，再到非重点区域与经济不发达省份依次建立；再次，在区域与各省社会安全（含金融安全）早期预警研究中心建立之后，考虑建立国家社会安全（含金融安全）早期预警研究中心。在建立各级研究中心的进程中要注意几个问题：①要高标准、严要求地进行研究中心的规划与建设；②要预先留下省级中心、区域中心与国家中心之间的各种接口：包括数据库连接接口、与国家以及相应级别社会安全（含金融安全）早期预警网络与警情采集中心的连接接口；③要预留与其他不同领域的安全预警中心的接口，以利于建立覆盖全国的总体安全预警中心系统。

（3）创造条件，完善法制，有力推动社会安全早期预警体制的建立。功能完备、法制完善的社会安全（含金融安全）早期预警体制是我国监控社会安全态势、应对社会安全危机、建设和谐社会的重要体制，也是我国加强社会安全管理的战略基础。要建立社会安全（含金融安全）早期预警体制，应采取以下措施：①及早完善现有的危机预警组织结构与功能，使其成为社会安全（含金融安全）的早期预警管理组织；②在调研的基础上，适时推出我国社会安全（含金融安全）早期预警法律法规，为我国社会安全早期预警系统的有效运行提供法律支持；③引入第三方评价机制，对我国现有的危机预警机制进行评估，并提出整改意见；④在汲取国外经验与第三方所提整改意见的基础上，修正与完善现有危机预警体制的不足。建议做好以下工作：完善早期预警体制中有关不同利益群体的诉求机制与预警机制；研究并制定非政府组织参与社会安全（含金融安全）预警与应对的具体组织结构对接、协作机制，以实现各方在信息传递、物资调运与发放、志愿人员的组织与调配、心理干预与救助等多个方面的统一；研究并制定在危机状态下，危机处置的核心组织架构的建立、临近地区的参与机制和协作机制、不同救灾部门的合作与分工；研究与制定政府机构与部队之间在社会安全危机状态下的分工与协作机制；根据不同时期的危机管理要求，研究社会安全（含金融安全）早期预警体制的运行与工作重点。

2. 社会安全研究的保障条件

（1）加强社会安全工程技术研究，提升社会安全管理的技术支撑。在社会安全工程研究中，要特别重视加强社会安全技术研究。社会安全事件的应对与管理同其他领域的安全事件一样，需要运用科学的技术与管理手段。而人们对诸如卫生领域的安全事件、或者食品安全事件的应对与管理技术与方法有一定程度的了解，而对于越来越容易诱发社会不稳定的社会安全危机的应对与管理技术却不是非常清楚。要解决这个困局，就应加强社会安全技术研究：①要对社会安全事件早期预测技术与方法进行深入研究，并在有关危机应对中有效实施；②结合未来社会安全形势的需要，组织各级预警研究中心与相关高校专业研究机构对社会安全管理中存在的关键技术问题进行技术攻关，尤其是对重点社会安全事件的风险评估技术与危机应对处置的具体方法进行技术攻关；③结合我国国情，对国家与各省的社会安全危机早期预警系统的构建与完善技术进行深入研究；④跟随我国社会发展的速度，积极开展专项社会安全事件的危机管理科学工程项目的研究，如研究第三方组织与政府在危机管理人员与物资调配方面的协作方法、群体冲突事件的具体监管技术问题等；⑤建立健全各级科技支撑体系，发挥各自功能，做好社会安全危机管理的科技指导与技术服务工作。用类似的方法与步骤，可同步加强金融安全技术研究。

（2）强化社会安全研究人员培养，提升社会安全管理研究能力。为了适应未来日益复杂的社会安全态势，需要有一支素质过硬、能力超群、有责任心、有奉献精神的研究人员来从事社会安全研究。为此，建议：①在部分重点高校设立社会安全管理与技术工程专业，培养能够从事社会安全管理与安全技术管理的基础管理人员；②在部分中心城市早期预警研究中心与部分重点高校设立社会安全管理与技术工程研究生学位培养点，培养高级的社会安全管理人员与研究人员；

③制订计划，抽调师资，利用现有的资源，对现有社会安全管理人员进行培训，提升这些管理者探索问题与实际操作的素质与能力。与此同时，也要加强对金融安全研究人员的培育与金融安全管理人员的培训。

（3）加快社会安全管理的基础设施建设。基础设施建设是社会安全管理得以有效进行的基石和保障。要遵循适应需要、突出重点、量力而行、分步实施的原则，加快包括社会安全早期预警网络与警情采集点建设、社会安全早期预警中心建设、社会安全案例库与知识库的建设、社会安全早期预警阀值库等社会安全管理的基础设施建设；加强对社会安全状况的监测与预警，努力降低社会安全事件可能造成的损失与影响；利用信息、计算机等现代化技术和手段，建立快捷、有效的监测预警与信息管理体系，为政府的决策提供准确、及时、科学的依据。用类似的方法与步骤，可同步建设金融安全管理的基础设施。

（4）有效规划，瞄准热点，持续进行地方社会安全热点管理细化工作。应根据社会转型不同时期的特点，在深入研究的基础上，做好地方社会安全热点的管理细化工作：①在不同的时期关注不同的热点，通过规划来研究其演变规律，并据此采取有效的管理对策化解矛盾、增进和谐；②修改与细化地方社会安全危机应对预案，使之更具可操作性；③强本固基，加强对现有村一级党组织与行政机构的建设，转变工作作风，继承光荣传统，密切党、政府与群众的血肉联系，使其具备原有的传声筒、稳压器、降压阀的作用；④做好省级研究中心、省市早期预警系统同各地行政部门危机应对管理机构之间的互动，强化对各类安全隐患的监控。

3. 社会安全研究的政策建议

（1）借助现有国家科研项目遴选机制，集中开展社会安全（含金融安全）危机项目研究。为了早日掌握社会安全（含金融安全）事件演变的规律以及对应的社会安全（含金融安全）管理对策、方法与技术，需要利用现有的国家科研项目遴选制度——国家、省、市三级社会科学基金与自然科学基金项目申请制度，结合我国社会发展进程，在不同时期围绕多个研究领域的研究主题提出项目申请目录，向社会发布，吸引社会人才参与社会安全（含金融安全）管理的各种研究。尤其要注意对社会安全（含金融安全）形势的新动向的持续研究、对社会安全（含金融安全）事件的模拟技术的持续研究、对社会安全（含金融安全）事件的处置技术的持续研究、对政府提高社会安全（含金融安全）应对能力的持续研究、对社会安全（含金融安全）热点问题的演变规律的研究、对社会大众的社会公平感心理感知的研究、对金融风险动态监控技术的研究。

（2）启动早期预警网络示范项目，推进国家社会安全早期预警系统与网络建设。要稳步推进国家社会安全早期预警系统与网络建设，应采取树立标杆、建立典型的方法。为此，要适时启动早期预警网络示范项目，在全国发达地区选择多个典型城市，试点建设早期预警网络示范项目，争取在预警网点布局与地点选取、警情采集布点、项目人员配备、组织架构、系统运作机制、设备采购与安装等方面形成一套可行的操作程序，并在专家审核的基础上通过总结提高，形成可供复制与仿效的操作手册，这样可以加快国家社会安全早期预警系统与网络的建设。可以根据金融业的特点同步建设金融安全早期预警系统与网络，也可仿照以上做法，推动国家金融安全早期预警系统与网络的建设。

（3）推进应对社会安全危机工作的法制化完善工作。要力求在法制的轨道上推进社会安全危机管理工作。为此，建议做好以下工作：①适时对突发事件应对法进行修订，增加与完善有关社会安全早期预警法规的有关条文；②鼓励各地通过地方立法来推进社会安全早期预警管理条例的起草，力促各地社会安全危机预警预案内容的完善与修正，并要做到常修常新；③鼓励地方立法清晰界定赋予第三方组织参与危机应对的权力与义务；④鼓励地方政府通过立法来完善有关救助物资发放、募捐物资使用、责任的追究等不明晰的地方；⑤鼓励地方政府通过立法或者出台管理条例来处理有关社会安全危机中志愿人员出现伤亡事故的保险与赔付问题；⑥要特别关注关于金融运作监管的法制化完善工作。

4.8　生态安全相关工程科技发展战略[*]

4.8.1　当前我国生态安全的研究现状

我国生态安全问题的提出始于 20 世纪 90 年代后期，主要背景是国内生态环境恶化，生态赤字膨胀，自然灾害加剧。特别是连续出现的特大洪灾和急剧扩大的荒漠化，引起全国上下的极大震动。我国西部大开发的生态环境保护和建设问题引起人们的普遍关注，由于我国西部地区生态环境脆弱，而西部地区又是全国生态环境的源头地区，事关全国的生态安全[19-22]；四川汶川地震确认 69 225 人遇难，374 640 人受伤，失踪 17 939 人，公路受损里程累计 53 295km，受损供水管道累计 48 275.5km；舟曲特大山洪泥石流灾害造成 1156 人死亡、588 人失踪。此外，还有俄罗斯和西方国家关于生态环境安全的理论与实践在我国产生的反响。

当前我国生态安全的研究内容主要集中于区域生态安全状况分析、生态系统健康状况评价、生态安全预报与预警、生态系统功能的可持续性分析和生态安全

* 本节内容是中国工程院课题报告（2010），合作者：金鉴明，庞国芳，尹华。

管理。其中区域生态安全状况分析包括了自然生态系统（水域、湿地、森林、草地）和人工生态系统（农田）的变化、生态演替、景观斑块动态、系统对外界干扰的恢复与阻抗能力等，重点是优势生态系统的稳定性和完整性。此外，区域生态安全的分析内容之一是研究重要生态过程的连续性，包括对过程强度、速率和方向的判断研究。生态系统健康状况的评价主要是通过生态价位以及生态系统成熟度来实现，然后确定生态系统的安全系数。

在生态保育、修复与重建方面，研究了保护重要生态功能区生态功能、遏制区域生态恶化趋势的科学和技术问题，开展草原退化、水土流失、矿区生态环境状况评价方法和理论研究；完善环境标志、环境认证和政府绿色采购制度，研究制定发展循环经济和建设生态补偿机制的政策、标准和评价体系。"十一五"期间，重点解决了重要生态功能区的系统保护与建设理论和支撑技术；生态脆弱区保护与建设研究；生态保护的技术支撑体系；生态环境监控技术；生态承载力与区域可持续发展理论和方法等环境科技问题。

在重大流域水污染和区域大气污染控制方面，重点解决了流域或跨流域水环境容量、生态环境容量测算技术方法和实施技术路线；重点流域水环境承载力和生态需水量阈值；饮用水安全保障技术、面源控制技术、水污染控制生物与物化技术和中小城镇污水处理厂成套技术与设备、城镇污水处理厂污泥处理利用等环境科技问题。

在城市化快速发展进程中面临的突出环境问题方面，重点研究了城市大气环境复合污染、水环境复合污染、固体废物污染及其优化控制技术；大气细颗粒物和超细颗粒物的控制技术；城市生态综合调控系统；城市重污染水体修复、饮用水源地保护及饮用水安全保障技术；城市连绵带和城市群复合污染综合调控技术；环境安全、健康安全和经济合理的城市垃圾和危险废物处理技术；城市臭氧、大气有毒有害污染物、有毒化学品和持久性有机污染物污染控制；城市物理污染控制对策和方法；城市环境污染对公众健康的影响，包括污染暴露评估技术、污染-健康剂量反应关系评估以及室内污染防治技术等；城市物流、能流优化控制和管理技术等问题。

4.8.2　当前生态安全研究的国际先进水平与前沿问题综述

1987 年，第四十二届联合国大会通过的 169 号决议确定 20 世纪后十年为"国际减轻自然灾害十年"，第四十四届联合国大会又通过了《国际减轻自然灾害十年行动纲领》。1992 年联合国召开环境与发展高峰会议，专题商讨危害全球生态安全的环境问题，并通过了会议宣言和相关的公约。鉴于环境问题的严重恶化，联合国决定于 2002 年 9 月在约翰内斯堡再次召开环境与发展高峰会议，进一步商讨生态安全大计。2000 年 2 月 21 日联合国环境署执行主任托普费尔在"环境安全、稳定的社会秩序和文化"会议上指出:"环境保护是国家或国际安全的重要组成部分,生态退化则对当今国际和国家安全构成严重威胁。"他还指出:有清晰的迹象表明,环境资源短缺在世界上许多地方可能促成暴力冲突。在未来几十年,日益加剧的环境压力,可能改变全球政治体系的基础。

美国国家安全部门早在 20 世纪 70 年代末就资助科学家进行全球环境变化的系列研究计划,研究成果成为美国在国际事务中处理全球环境问题的依据。1991 年 8 月,美国首次将环境视为国家安全问题而写入新的国家安全战略。美国国防部 1993 年成立了"环境安全办公室",并自 1995 年起每年向总统和国会提交关于环境安全的年度报告。美国前国防部长佩里 1996 年 11 月 20 日指出:"一个强有力的环境规划,是一个强有力的国防的有机组成部分。"美国白宫 1996 年发表的《国家安全科学和技术战略》指出:"环境压力加剧所造成的地区性冲突或者国家内部冲突,都可能使美国卷入代价高昂而且危险的军事干预、维护和平或者人道主义活动。"1997 年,美国中央情报局成立"环境研究中心",以维护国际生态安全、国家安全之需。美国环保局 1999 年 9 月提交了题为《环境安全:通过环境保护加强国家安全》的报告。

20 世纪 80 年代末期,美国人就提出了生态安全的概念,冷战结束后,美国人认为国家安全政策的目标已开始从单纯的军事安全逐渐演变为包括环境安全、经济安全和军事安全在内的几重目标,具体包括以下四方面的内容:资源安全、能源安全、环境安全和生物安全。美国的国家生态安全所依据的是,外国的环境行为可以影响到本国的环境系统,引起所谓的域外环境损害,而对本国的环境造成威胁。美国的国家环境安全主要目标并不是针对其本国的环境问题,其逻辑是任何发生在他国的、他国之间的、地区性的乃至全球性的事件,只要对美国的环境安全造成损害、威胁或者有潜在的威胁,美国就可以进行干预,以解除、减少对美国的损害或者威胁,以保护美国的环境安全。

为应对气候变化,欧盟在温室气体排放交易机制、能源政策、交通运输政策、适应能力建设等方面制定了相应的政策。欧盟近年大力发展风能、太阳能、生物质能等清洁低碳的可再生能源,部分地取代石油、煤炭和天然气等化石能源的使用,减少温室气体排放 (2008 年 CO_2 排放总量前十名国家见表 4.1)。可再生能源主要用于发电、制热、制冷、交通燃料等。2005 年 12 月,欧盟委员会提出了一项专门针对生物质能发展的立法建议,即"生物质能行动计划",其主要目的是:建立相应的市场激励机制,扫除开发生物质能的障碍,最大限度挖掘生物质能潜力,扩大生物质能在供热、发电和交通运输业中的应用。

表 4.1　2008 年 CO_2 排放总量前十名国家

位次	国家	CO_2 排放总量/亿t
1	美国	28
2	中国	27
3	俄罗斯	6.61
4	印度	5.83
5	日本	4
6	德国	3.56
7	澳大利亚	2.26
8	南非	2.22
9	英国	2.12
10	韩国	1.85

在温室气体控制方面,英国诺丁汉大学碳捕获和存储技术创新中心研制了二氧化碳存储新技术,利用了一种含硅酸盐矿物质捕获二氧化碳,使二氧化碳永久储藏在岩石中。

2001 年 3 月,英国外交部(环境政策司)和国际发展部(冲突事务司)在伦敦召开了"环境安全与冲突预防"国际研讨会。78 名与会代表主要来自欧美、非洲、亚洲国家,以及北约、欧盟、欧洲安全与合作组织等政府间组织和世界自然保护同盟等非政府组织和研究机构,我国也应邀派代表参加了会议。伦敦研讨会的议题主要包括:环境与安全的相互关系;环境和暴力冲突的联系;环境压力的根源;环境与冲突预防;防务系统对促进环境安全的作用;种族问题和环境安全挑战等。英国外交国务部长巴特尔在研讨会上提出:"我们需要严肃地对待环境问题,不论它是目前正在影响国家安全,还是将来可能影响国家安全。这种努力是值得的,也是符合成本效益原则的:因为投资于负责任的环境管理,不仅有助于预防可能产生的环境冲突,也有助于避免代价高昂的军事介入。"

2009 年 11 月,法国率先制定"碳税"法案,规定从 2010 年 1 月 1 日起对化石能源的使用按照每排放一吨二氧化碳付费 17 欧元的标准征税。

日本也较早提出"环境安全关系国家安全"的观点,并认为"只有在地球环境问题上发挥主导作用,才是日本为国际社会作贡献的主要内容"。俄罗斯、欧盟等也把生态安全列入国家安全战略目标。俄罗斯的环境资源法学界将生态安全作为环境资源法调整对象的一类社会关系大致也始于 20 世纪 80 年代后期,《俄罗斯联邦宪法》将保障生态安全规定为俄罗斯及其各主体共同管辖的事项,《俄罗斯苏维埃联邦社会主义共和国自然环境保护法》将保障生态安全作为保证人的生态权利得以实现的保障措施,1995 年 11 月 17 日还通过了《联邦生态安全法》,

作为保障生态安全方面的专门性联邦法律。

4.8.3　环境安全研究中的重大工程科技问题

1. 生态安全综合监测体系建设

建成环境、地质、气候和灾害的综合监测体系，为中央和各级政府提供及时、可靠的决策依据，为全社会的参与和监督提供丰富翔实的信息。主要内容包括：以水和大气质量为主的环境质量监测体系，特别是跨省河流水质的自动化定时监测和重点污染源的在线自动监测；以遥感和地面观测站相结合的生态与资源监测体系；重大自然灾害的监测、预报和应急系统。综合监测体系的建设要依靠高新技术改造现有的信息获取、加工、传输网络，并与传统方法相结合，提高系统的总体可靠性。

2. 重点流域综合整治工程

在实现国家和地方节能减排目标的基础上，建立基于生态健康、足以支撑我国未来可持续发展的高功能河流水质评价新体系、水污染系统控制工程新体系和水环境综合管理新体系；实现从常规水质指标、痕量毒害物指标、水体生物毒性指标与水生态完整性指标等四方面系统评价河流水环境的安全性；在当前主要控制常规污染物达标排放的前提下，建立有毒有害物减排、废水脱毒减害深度处理及资源化、受纳排水河道水质净化与生态修复以及河流生态功能恢复等组合技术构成的高功能河流水污染控制工程体系；以发展布局优化、产业结构升级、工程减缓、综合调控等四大措施系统保证重点江河高动能目标的实现，并分阶段、分区域、有侧重地示范推广。

3. 城市垃圾处理及资源化技术

实行城市垃圾减量化、资源化、无害化，加快城市垃圾无害化处理设施的建设。

4. 水体石油污染强化生物修复工程

该工程将分别针对中低浓度石油污染土壤和高浓度石油污染土壤，开展关键技术研发、系统集成与应用示范，建立适合我国国情的石油污染土壤修复技术体系。开发高效生物修复技术，治理水体和土壤中的石油污染；研制可生物降解、高效安全的表面活性剂。

5. 尾矿安全处置、利用和矿山污染区域生物修复

在矿产开采和选冶过程中所排放的重金属等有毒有害物质部分进入人们赖以生存的土壤系统，给矿山周边及下游民众的生活质量和农产品质量带来严重威胁。本重大工程将针对我国矿区及其周边土壤存在大量砷、铅、镉、铜等重金属复合污染问题，开展关键技术研发、系统集成与应用示范，为保障矿区及其周边地区的农产品质量、生态安全和提高综合环境质量提供技术支撑。通过物理化学和多种生物联合修复技术稳定土壤、控制污染、改善景观、减轻污染对人类的健康威胁，在矿区土地建立一个可自我维特的良性生态系统。

开发酸性矿山废水回用浸出技术回收尾矿贵重金属；开发尾矿综合回收与利用技术、尾矿再选、矿山采空区尾矿回填技术、尾矿高效整体利用技术，生产微晶玻璃原料、矿物肥料、土壤改良剂、尾矿砖、混凝土骨料、砂浆、铁路道碴、筑路碎石、井下回填料、复垦料，使矿山向无尾矿山目标迈进；开发矿区宜耕宜居复垦技术。对复垦土地的利用要因地制宜，采取不同的利用途径，可将废弃地恢复为农业用地（种植业、水产养殖业、林业用地），或改造为休养和娱乐场所，或为工业、建筑业所用。

6. 燃煤污染控制工程

我国 90% 二氧化硫、67% 氮氧化物、70% 烟尘排放量来自于煤炭的燃烧。其中，燃煤电站、燃煤工业锅炉、燃煤炉窑等烟气排放污染问题最为突出。本工程将围绕我国大气污染控制方面的重大需求和国际技术前沿，通过关键技术研发和系统集成，开发具有自主知识产权的燃煤电站、燃煤工业锅炉、燃煤炉窑等烟气排放污染物控制技术与设备，推动我国大气环境质量改善。

7. 生物质能源

以生物质发电、沼气、生物质固体成型燃料和液体燃料为重点，大力推进生物质能源的开发和利用。在粮食主产区等生物质能源资源较丰富地区，建设和改造以秸秆为燃料的发电厂和中小型锅炉。在经济发达、土地资源稀缺地区建设垃圾焚烧发电厂。在规模化畜禽养殖场、城市生活垃圾处理场等场所建设沼气工程，合理配套安装沼气发电设施。大力推广沼气和农林废弃物气化技术，提高农村地区生活用能的燃气比例，把生物质气化技术作为解决农村和工业生产废弃物环境问题的重要措施。努力发展生物质固体成型燃料和液体燃料，制定有利于以生物燃料乙醇为代表的生物质能源开发利用的经济政策和激励措施，促进生物质能源的规模化生产和使用。

8. 气候安全

推进中国气候变化重点领域的科学研究与技术开发工作。加强气候变化的科学事实与不确定性、气候变化对经济社会的影响、应对气候变化的经济社会成本效益分析和应对气候变化的技术选择与效果评价等重大问题的研究。加强中国气候观测系统建设，开发全球气候变化监测技术、温室气体减排技术和气候变化适应技术等，提高中国应对气候变化和履行国际公约的能力。重点研究开发大尺度气候变化准确监测技术、提高能效和清洁能源技术、主要行业二氧化碳、甲烷等温室气体的排放控制与处置利用技术、生物固碳技术及固碳工程技术等。

9. 城市地质灾害监测预报与应急救灾技术

城市地质灾害种类繁多，对人类的危害广泛而严重。因此，本工程将开展城市地质灾害监测预报与应急救灾技术研究。重点对各类地质灾害的地质环境背景进行评价；研究各类灾害性地质作用发生和发展的规律、强度、形成机制及作用速率；从工程建设和地质环境的相互作用出发，评价和预测各类工程建设可能产生的灾害性地质作用及危害程度；对区域性和严重危害人类生产、生活的地质灾害开展长期监测，进行时间、空间、强度的预测、预报；开展地质灾害的防治研究和指导防治工作。

4.8.4　生态安全研究中的关键技术

1. 生态安全综合监测体系建设

1）水和大气环境质量监测体系

建立以水和大气质量为主的环境质量监测体系，特别是流域和跨国河流水质的自动化定时监测和重点污染源在线自动监测。

研究沉积物中毒害污染物的含量水平与化学组成特征，掌握沉积物中毒害污染物的分布特性及空间格局；研究沉积物的物理、化学组成特征，评估毒害污染物对水体的"释放"形成"二次污染"的程度、与微界面交换过程及在这一过程中的化学/生物作用与主导影响因素。

建立以海量数据库和网络技术为基础的水和大气环境质量监测体系信息系统平台。实现流域水环境毒害污染物信息、毒害污染物基准、标准的查询、统计和分析。建立优控毒害污染物清单与动态信息管理系统，以应对由毒害污染物带来的永久性或突发性环境灾害。

关键技术：沉积物中毒害污染物的含量水平、化学组成特征、分布特性及空间格局。

2）生态与资源监测体系

建立以遥感和地面观测站相结合，以海量数据库和网络技术为基础的生态与资源监测体系，形成具有现代化装备、技术优化、科学适用的生态与资源监测技术集成。

关键技术：遥感长期自动定标与数据校正技术，快速高效的遥感解译技术。

3）重大自然灾害的监测、预报和应急系统

建立并优化自然灾害数据库，依托现场监测以及 GIS 的空间分析能力和图像功能，以发生地质灾害地段的地形、地物、地质情况、自然降水及地下水变化情况等空间图形数据和工程属性数据为计算分析基础，依据地质灾害类型及发生机理，确定地质灾害的发生因子及各因子对地质灾害的影响程度，建立正确可靠的数学模型，科学预测、预报各类地质灾害发生的条件、影响的范围和危害的程度。

关键技术：地质灾害发生因子的筛选与赋值。

2. 重点流域综合整治工程

1）微污染饮用水源地水体净化工程

强化传统水处理工艺的处理效果，开发合适的预处理工艺和深度处理工艺，寻求新型微污染水源水处理工艺，从而有效地去除微污染水源水中的有机物、氨氮等污染物，避免消毒剂与原水中的有机物反应产生有毒的消毒副产物。

关键技术：高毒持久性污染物去除技术。

2）典型毒害污染物/典型行业事故排放应急处理工程

含毒害有机物和重金属等典型毒害污染物废水的事故排放应急处理。

关键技术：毒害污染物快速吸附和去除技术。

3）流域湖泊和湿地水生态修复、拓建和防洪工程

对蓄滞洪区进行合理分类，优先安排使用频率较高、在流域防洪体系中发挥重要作用的蓄滞洪区安全建设，进一步重视在蓄滞洪区内生活和生产的群众的安居问题，采取综合措施，为群众建设安全住房创造条件。加强国家确定的重点防洪城市和重要经济区的防洪工程建设，通过制定城市河湖治导控制线，避免城市向洪水高风险区发展，优化城市布局，加强城市水系综合整治，构建城市综合防洪减灾体系。

努力维护河流建康，通过生态补水、面源治理等综合措施，逐步修复部分生态脆弱河流、湖泊、湿地的水生态系统和部分城市水生态系统。充分利用水生生物的净化作用，改善水域生态环境。

关键技术：流域湖泊和湿地生态恢复技术。

3. 城市垃圾处理处置及资源化技术

1）城市生物质垃圾高温快速发酵制肥的关键技术

通过高温好氧堆肥技术将生物质垃圾堆积在发酵装置中，添加适量的调理剂，利用高效微生物将垃圾中易降解有机物逐步降解，最终形成稳定的腐殖质，制备肥料。

关键技术：垃圾高温快速发酵的主要控制因素，及发酵过程臭气的控制。

2）城市生物质垃圾发酵制备清洁能源的关键技术

利用产氢、产甲烷菌在厌氧的条件下，发酵生物质垃圾，制备氢和甲烷，用作燃料、供热和发电，实现资源和能源的回收，发酵后的固体残留物制备为高质量的有机肥料和土壤改良剂。

关键技术：垃圾厌氧发酵分为产酸和产甲烷两个阶段，产酸阶段将复杂有机物水解和发酵形成脂肪酸、醇类、CO_2 和 H_2 等，产甲烷阶段将产酸阶段的产物进一步转化为 CH_4 和 CO_2。由于产甲烷菌对 pH 变化敏感，最适 pH 为 6.8～7.2，而产酸阶段会导致系统 pH 降解，因此，需要解决产甲烷菌对 pH、DO 变化敏感这一关键技术问题。

3）城市垃圾无害化焚烧高效发电技术

城市垃圾焚烧发电的环保性及发电的效率受焚烧温度、空气过剩系数及蒸汽温度等关键因素影响。焚烧温度低于 850℃时，焚烧过程可能会产生二噁英等有毒污染物；蒸汽温度越低，发电效率越低。在规模化畜禽养殖场、城市生活垃圾处理场等建设沼气工程，合理配套安装沼气发电设施，解决垃圾焚烧发电关键技术。

关键技术：二噁英的控制与发电功效的优化。

4. 水体石油污染强化生物修复工程

1）亲脂无毒型表面活性剂开发与应用

石油烃污染物的乳化和分散是增加石油烃比表面积，促进石油烃和微生物相互接触的关键步骤。表面活性剂可以达到该目的。本技术的目的是开发出无生物毒性，可以高效地促进石油烃乳化和分散的亲油型表面活性剂。

关键技术：表面活性剂的亲脂性和无毒性。

2）亲脂无毒型石油烃降解菌营养物质开发与应用

开发亲油无毒型营养物质，投放到受石油烃污染的水体，该类营养物质可以缓释到含油水层中，加速降解菌对石油烃的降解，避免营养物质污染净水层。

关键技术：营养物质的亲脂性和缓慢释放效果。

3）水体石油污染强化生物修复技术

建立亲脂性无毒型表面活性剂和营养物质添加量与石油烃生物降解的数学模型，确定表面活性剂和营养物质的添加模式与添加量；开展水体石油烃微生物降解实验室和现场试验，建立土著微生物和外源微生物与石油烃生物降解的数学模型；筛选石油烃生物降解标记物，建立水体石油污染强化生物修复技术的评估方法。

关键技术：表面活性剂和营养物质等添加物对石油降解菌降解石油烃的促进作用。

5. 尾矿安全处置、利用和矿山污染区域生物修复

1）矿区重金属与持久性有机污染物污染土壤联合修复与生态恢复技术

针对我国矿区及其周边土壤存在大量铅、镉、铜、镍、砷、锌等重金属复合污染问题，采用物理、化学、根际微生物—土壤动物—超富集植物的联合技术进行修复，开展关键技术研发、系统集成与应用示范，为保障矿区及其周边地区的农产品质量、生态安全和提高综合环境质量提供技术支撑。

关键技术：超富集植物快速生长的培养技术；根据微生物和超富集植物处理重金属污染物的复合效应。

2）酸性矿山废水回用淋滤尾矿耦合微生物采矿技术

开发酸性矿山废水回用浸出技术回收尾矿贵重金属，加快硫氧化菌氧化还原性硫和铁的反应速度，促进硫酸及氧化态铁对尾矿的淋滤速率，实现贵重金属的回收。

关键技术：解决酸性矿山废水和浸出液对设备的腐蚀问题，解决硫氧化菌快速生长的控制技术。

3）尾矿综合回收与利用技术

通过尾矿再选，矿山采空区尾矿回填，生产微晶玻璃原料、矿物肥料、土壤改良剂、尾矿砖、混凝土骨料、砂浆、铁路道碴、筑路碎石等，实现尾矿高效整体利用，使矿山向无尾矿山目标迈进。

关键技术：尾矿低成本综合利用技术。

4）矿区宜耕宜居复垦技术

开发矿区宜耕宜居复垦技术，实现复垦后土地的重新利用，减少雨水和地表径流对尾矿废矿层的渗透，避免复垦后矿区对地下水的污染。

关键技术：外源植物快速生长技术。

6. 燃煤污染控制工程

1）脱硫副产物资源化利用技术

开发脱硫副产物资源化利用技术。

关键技术：脱硫副产物形成、加工、应用技术。

2）燃煤过程 SO_2、NO_x 同步控制与治理技术

针对我国湿法脱硫工艺能耗较高的问题，以节能和降低脱硝成本为目的，开发节能低成本型脱硫脱硝技术，为我国大型燃煤烟气脱硫脱硝提供有力的技术支撑。基于现有的石灰石/石膏湿法脱硫系统，开发经济高效、可工业化使用的脱硝剂或添加剂，优化脱硝工艺及脱硫脱硝匹配技术，实现同一装置内同时脱硫脱硝；开发石灰石/石膏湿式脱硫系统降低能耗技术。

针对我国烟气半干法脱硫存在的运行可靠性差，对机组负荷、煤种、脱硫剂适应性差的问题，开发大型燃煤火电机组烟气半干法烟气脱硫技术。

关键技术：脱硫脱硝技术的稳定性。

7. 生物质能源

发展生物质固体成型燃料和液体燃料，利用能源型生物发酵制备以乙醇为代表的生物质能源，促进生物质能源的规模化生产和使用。

关键技术：能源型生物的低成本预处理技术，发酵废水的再利用和高效处理技术。

8. 气候安全

1）CO_2 捕集与利用技术

捕集和分离天然气井、煤化工、煤气化联产和燃煤电厂等行业和排放点所排放的二氧化碳，开发油气储层和不可开采的甲烷煤层二氧化碳注入技术；制成高纯度干冰，用于食品、消防等行业领域，实现 CO_2 的利用。

关键技术：CO_2 与共存气体成分的分离技术。

2）CO_2 捕集与封存技术

捕集点污染源的二氧化碳，进行地质封存。

关键技术：CO_2 与共存气体成分的分离技术。

9. 城市地质灾害监测预报与应急救灾技术

1）城市地质灾害监测与预警预报新技术

耦合遥感、地面调查、地球物理勘探、钻探、原位及室内实验分析、地球化学勘探和动态监测技术，开发区域崩（滑）塌和泥石流预警技术，地质灾害气象预警预报技术。重点开展泥石流易发区地质灾害监测及预警预报技术方法研究。完善突发性地质灾害实时监测系统，加快突发性地质灾害应急救灾技术研究；针对主要突发性地质灾害如泥石流，建立应急调查、治理技术体系、灾情评估技术

体系。

关键技术：多种监测技术和方法的耦合技术。

2）城市地质灾害形成机理与应急救灾技术体系建设工程

耦合遥感、地面调查、地球物理勘探、钻探、原位及室内实验分析、地球化学勘探和动态监测技术，开展突发性地质灾害早期识别技术研究，阐明灾害发生机理；根据城市主要地质灾害发育分布的规律，建立地质灾害数据库，建立城市地质灾害信息系统；逐步建立标准化的地质灾害危险性和风险性评价的技术方法体系，进一步完善地质灾害综合防治技术体系。

关键技术：遥感长期自动定标与数据校正技术。

4.8.5 生态安全的重要措施和政策建议

1. 加强研发资源配置

（1）面向全国，广聚人才。生态安全研究是多学科交叉的、长期的系统工程，要面向全国研究机构，广招人才，建立吸引和广聚人才的机制，构建结构合理、专业齐全、适度竞争、精干高效的研发队伍。

（2）建立协调、长效的筹资和投入机制。建立多元化的筹资机制，以保障长期研究开发和工程建设的资金需求。研究制定经费的筹集、管理、使用、监督和审计的法律、规章制度，确保研发活动投入的持续稳定供应，促进基础与能力的协调发展，实现研发投入产出的高效率和高效益。

（3）加大科研经费投入，加强科技基础条件建设。加大政府对生态安全相关科技工作的资金支持力度，建立相对稳定的政府资金投入渠道，确保资金落实到位、使用高效，发挥政府作为投入主渠道的作用。多渠道筹措资金，吸引社会各界资金投入生态安全的科技研发工作，将科技风险投资引入生态安全领域。充分发挥企业作为技术创新主体的作用，引导中国企业加大对生态安全领域技术研发的投入。积极利用外国政府、国际组织等双边和多边基金，支持中国开展生态安全领域的科学研究与技术开发。

2. 加强科技管理体制和机制建设

（1）构建科技决策与协调机制。依据政府相关部门的管理职责，在国家层面建立高放地质处置决策、规划、协调机制，完善重大决策议事程序，加强跨部门的协调。

（2）创新管理体制和运行机制，加大组织管理工作的力度。建立创新的组织管理体制和运行机制，适应投资多元化、全国多学科长期联合攻关任务的需要；形成勇于探索、科学求实的科技创新环境；树立"尊重知识，尊重人才，尊重首创"的良好风尚，发挥科技人才在研究开展中的主体地位；建立和完善竞争、评价、监督和激励机制，完善科技规划计划、执行评估、监督管理制度。

（3）建立和完善信息交流和公众参与机制。逐步建立健全信息交流与公众参与的机制；执行机构应当以适当的方式使公众了解有关计划、时间表、活动以及进展情况；认真听取公众意见，接受公众监督，促进高放废物地质处置研究开发工作的顺利开展。

3. 加强部门合作

生态安全研究开发和建设本身是一项探索性工作，涉及立法、决策、审管、执行、实施等层面的众多政府行政部门或企事业单位，需要各部门加强沟通、协调和合作。

4. 加强国际合作

（1）走出去，请进来，加强科技交流。通过聘请外国专家来华讲学，鼓励和支持研究人员参加国际会议、考察访问，充分借鉴国外的经验和教训。通过国际合作，开展对一些重大问题的研究和评估，促进国内相关工作开展。

（2）积极参与国际合作研究。积极开拓多种国际合作渠道，参加国际合作研究计划，利用国外的设施和装置，发挥共同研究的智力互补及融合的优势，提高研究起点，加快研究进度。

5. 强化和细化产业扶持政策及激励措施

政府需在投资、税收、价格、财政等方面出台针对性比较强的激励扶持政策，有序有效的引导和扶持生态安全产业的发展。

进一步推动生态安全产业的机制建设。按照政府引导、政策支持和市场推动相结合的原则，建立稳定的财政资金投入机制，通过政府投资、政府特许等措施，培育持续稳定增长的生态安全产业市场；改善生态安全产业的市场环境。

6. 培育核心企业，完善产业链条

在重点扶植龙头企业的同时，积极培育目前规模不大，但具有一定产品优势和发展基础的公司。引导企业不断完善公司组织结构，形成长效的公司治理机制和适应大规模企业管理的组织结构，鼓励企业在既有价值链的基础上进一步进行分工与协作，拉长产业链条。

7. 推进科技创新，掌握核心技术

大力推进科技创新，提高自主创新能力，建设创新型企业。一是抓企业创新

能力建设，促核心竞争力提升。引导企业加强和新建一批国家、省、市级工程技术研究中心、企业技术中心，支持企业通过原始创新、集成创新和引进消化吸收再创新，用高新技术和先进适用技术改造提升传统产业，促进产业转型升级。二是抓企业技术创新项目实施，促新产品开发。围绕新兴战略性产业和传统优势产业，组织实施重大科技项目攻关，形成一批拥有自主知识产权的核心技术和高新技术产品。三是抓企业品牌和信息化建设，促生产经营规模扩大。推进企业信息化建设，提升企业技术装备水平，以信息化和先进装备扩大产能，提高效益。四是抓公共技术服务平台建设，改善创新服务环境。深化企业与高校、科研机构的合作，加强产学研结合，突破一批关键和共性技术瓶颈，加快转化一批科研成果，促进形成现实生产力。培育发展各类科技中介服务机构，并引导其向专业化、规模化和规范化方向发展，建设社会化、网络化的科技服务体系，提高科技服务水平。集中力量，多渠道筹集研发资金，多渠道、多形式引进高水平的研发人才，在整合的基础上成立研发中心，提升研发能力。致力搭建人才培训及流动平台、物流支持平台、信息平台、售后服务平台、资金流优化配置平台。通过委托培养或补贴的形式培养产业集群发展所需要的技术人才和经营管理人才。

8. 制定关键扶持政策，支持重点工程建设

通过合理的税收制度和科学的价格形成机制，促进新能源和节能环保产业的健康快速发展。安排政府预算内投资和财政专项资金，采取补助、贴息、奖励等方式，支持重点工程建设。建立增强自主创新能力的体制机制，支持和引导科研机构围绕新能源和节能环保产业发展中的共性技术、关键技术进行研究开发。

采取财政补贴、税收减免、价格优惠等措施，重点开拓使用市场，显著提高新能源在能源消费中的比重；对采用合同能源管理方式实施的节能项目给予投资补助或财政奖励、税收减免和会计处理制度；深入推进循环经济试点，依法设立循环经济发展专项基金，在投资、价格、财税等方面健全相关配套政策，细化完善有关方案，形成发展循环经济的激励与约束机制，对污水、垃圾处理企业和再生资源回收利用企业免征土地使用税和房产税，出台节能环保和循环经济鼓励类产品、工艺和技术目录；进一步推进资源性产品价格改革，完善脱硫电价，尽快出台脱硝电价政策，加大财政建设性资金投入力度、提高污水垃圾处理收费标准、采取"以奖促治"、"以奖代补"等办法，进一步推动环保产业发展。

9. 完善制度法规，强化监督管理

完善产业标准化制度建设。逐步提高重点用能产品能效标准，扩大终端用能产品能效标示范围，修订提高重点行业能耗限额强制性标准和污染物排放标准。

建立健全节能环保产品认证体系，再制造产品标志管理制度。加强市场监督、产品质量监督，落实招投标各项规定。加强宣传教育，增强全社会节约环保意识，倡导绿色消费，引导消费者更多地购买节能环保产品。

建立严格的节约资源能源管理体制，制定节能、节水、节材等专项规划，严格控制资源消耗强度，创建节水型社会，实行区域总量控制和定额管理相结合的用水管理制度；建立资源性产品价格形成机制，完善差别化能源资源价格制度，建立绿色电价机制，实施太阳能光伏并网发电收购制度；优化政绩考核体系和干部考核制度，加大生态环保、节能降耗、开发新能源产品等的指标考核权重，引导各级政府和部门把工作重点转移到为新能源和节能环保产业主体营造环境和改善服务上来。

参 考 文 献

[1] 常平，刘人怀，林玉树. 20 世纪我国重大工程技术成就. 广州：暨南大学出版社，2002.

[2] 范维唐，钟群鹏，闪淳昌. 我国安全生产形势、差距和对策. 北京：煤炭工业出版社，2003.

[3] 吕新奎. 中国信息化. 北京：电子工业出版社，2002.

[4] 许世已，李志强. 新时期中国食物安全发展战略研究. 济南：山东科学技术出版社，2003.

[5] 刘铁民. 迈向新世纪的中国劳动安全卫生——21 世纪安全生产宏观战略研究. 北京：中国社会出版社，2000.

[6] 吴忠民. 渐进模式与有效发展——中国现代化研究. 北京：东方出版社，1999：220.

[7] 魏永忠，员绍忠. 论城市社会安全与稳定预警等级指标体系的建立. 中国人民公安大学学报，2005，(4)：150-155.

[8] 王林. 社会安全体系的发展及其启示. 管理世界，1992，(6)：149-153.

[9] 宋林飞，中国社会风险预警系统的设计与运行. 东南大学学报（社科版），1999，(1)：69-76.

[10] 阎耀军. 城市社会预警基本原理刍议——从城市社会学视角对城市社会问题爆发的预警机理探索. 天津社会科学，2003，(3)：70-73.

[11] 牛文元，叶文虎. 全面构建中国社会稳定预警系统. 中国发展，2003，(3)：1-4.

[12] 杨多贵，周志田，陈邵锋，等. 中国社会稳定与安全预警系统的理论设计. 系统辩证学学报，2003，11 (4)：82-87.

[13] 白新文，王二平，周莹，等. 团队作业与团队互动两类共享心智模型的发展特征. 物理学报，2006，38 (4)：598-606.

[14] 冯芸，吴冲锋. 货币危机早期预警系统. 系统工程理论方法应用，2002，11 (1)：8-11.

[15] 王岗，刘人怀. 证券公司风险的实证分析及风险券商处置模型研究. 管理工程学报，2006，20 (1)：118-123.

［16］何向陶，刘人怀．新形势下金融风险及防范对策的思考．参事建言（2008）．香港：中国
　　　评论学术出版社，2008：223-228.

［17］路节．加强社会危机早期预警系统的研究. http：//www. wrsa. net/11/10/25@3201.
　　　htm，2009-11-10.

［18］张成福．公共危机管理：全面整合的模式与中国的战略选择．中国行政管理，2003，
　　　(7)：6-11.

［19］刘人怀．关于改善我国北方水资源缺乏的一个建议．参事建言（2004～2005 年）．香港：
　　　中国评论学术出版社，2006：538.

［20］刘人怀．绿色制造与学科会聚．学科会聚——高新技术高峰论坛．杭州：浙江大学出版
　　　社，2006：15-18.

［21］刘人怀．爱低碳生活创绿色校园．绿色澳门建设研讨会，澳门，2010-06-05.

［22］徐乾清．中国防洪减灾对策研究．北京：中国水利水电出版社，2002.

第5章 东水西调工程

5.1 关于改善我国北方水资源缺乏的建议*

众所周知,我国华北和西北地区水资源极其匮乏。据统计,黄河、淮河、海河三大流域的河川径流量不到全国的6%,而耕地面积却占全国的40%。就连首都北京附近的海河流域耕地亩均水量,也低于以干旱著称的以色列。一些城市已长期对居民实行水的限制供应,一些城市(包括首都北京)大量超采地下水,造成地面大幅沉降。长此下去,后果不堪设想。这必将制约我国经济社会的可持续发展,影响工农业生产,影响人民日常生活,影响我国现代化的实现,威胁中华民族的生存繁衍。

党中央、国务院已着手南水北调工程,以改善北方水资源严重缺乏状况。但是,就我国整体来说,人均水资源本来就少得可怜,不到世界平均水平的1/4。笔者认为,单靠南水北调一项工程,不能根本解决问题,故建议再增加一个解决办法,即实施东水西调工程。

地球上的海洋之水丰富,取之不尽。建议从渤海和黄海取海水,用管道将海水输向华北和西北,沿途建咸水湖。湖水的蒸发,会改善干旱的气候,使土地不致沙漠化,同时再沿途实施海水淡化,用于居民日常用水和耕地灌溉。

5.2 东水西调工程的目的与意义**

2004年,笔者基于我国北方严重缺水的形势,向国家提出实施"东水西调"工程的建议[1]。随后便开始了本课题的研究。2011年的一号文件——中共中央国务院关于加快水利改革发展的决定,是一个特别重要的文件,是关系我国人民和子孙生活幸福的文件。为此,更加深了本课题的研究深度。

本项研究认为东水西调工程是解决我国北方缺水问题的战略性工程,是着眼于海水综合利用的系统工程。东水西调不仅是海水西调,也可以直接从长江口取水。不应局限于长距离调水和沿途蓄水,而应具有调整工业布局、优化用水结构

* 本节内容原载《参事建言(2004~2005)》,广东省人民政府参事室编,香港:中国评论学术出版社,2006:229。

** 本节内容是中国工程院课题报告(2009~2012),合作者:孙东川、孙凯、朱丽、刘泽寰。

及复原特定地区生态系统等一系列功能。

东水西调工程是增加我国水资源总量的新思路。在近期，可与南水北调及各地区的局部调水工程，以及各种节水及优化水资源配置的措施相配套；在远期，可逐渐减少北方地区对"南水"的过分依赖，保证南方用水丰富。东水西调工程是集长距离输水、海水综合利用、清洁能源替代及信息化建设等多种高新科技应用为一身的系统工程。

中国是一个严重缺水的国家，淡水资源总量为 28 000 亿 m^3，占全球水资源的 6%，人均水资源量只有 2300 m^3，仅为世界平均水平的 1/4，是全球人均水资源最贫乏的国家之一。然而，中国又是世界上用水量最多的国家。2008 年，全国淡水取用量达到 5910 亿 m^3，大约占世界年取用量的 13%。

中国不仅水资源匮乏，地区分布也很不平衡，长江流域及其以南地区，国土面积只有全国的 36.5%、人口占 53%、耕地占 35%、GDP 占 55%，其水资源量占全国的 81%；长江以北地区，国土面积占全国的 63.5%、人口占 47%、耕地占 65%、GDP 占 45%，其水资源量仅占全国的 19%。全国 600 多个城市中，有 2/3 城市处于缺水状态，缺水城市有 400 多个，其中严重缺水城市 114 个。严重缺水城市中，北方城市占 71 个，南方城市占 43 个[2]。

中国已成为世界少数几个最缺水的国家之一，目前有 16 个省（区、市）人均水资源量（不包括过境水）低于 1000 m^3 严重缺水线，有 6 个省、区（宁夏、河北、山东、河南、山西、江苏）人均水资源量低于 500 m^3 极度缺水线。而在现有的水资源中，有 78% 的淡水污染物超标，40% 的水源已不能饮用，50% 的地下水被污染。因此，治理污染，保护水资源，维护生态平衡已到了刻不容缓的地步。

我国的水资源不仅匮乏，而且分布不均匀。随着北方地区经济的发展，对水资源的需求日益强烈。例如，河北省近 20 年超采了 1000 亿 m^3 地下水，地下水位大幅沉降，现在只有打 500m 左右的深井才能出水；山西省也面临同样的问题，煤炭开采造成地下水位沉降，不仅造成了取水困难，还使得煤矿透水事故频繁发生，2010 年 3 月的王家岭矿难就是例证。

我国的中西部地区，特别是北方中西部地区，由于多年大兴水利，开垦农田及过度放牧，造成了大量内陆河流断流，尾闾干涸，形成了大量的干盐湖，周围土地沙化和盐碱化，沙漠范围不断扩大，形成的沙尘暴每年对北方城市造成了严重的威胁。2010 年 4 月的特大沙尘暴覆盖了西北大部及几乎整个华北地区。

水资源长期的超额使用，已打破了原有的生态平衡。尽管国家近年来实施了一系列大型的调水工程，但由于中国的水资源总量不多，有限的资源重新分配并不能从根本上解决问题。南方地区只是在丰水年才显得水量稍多,当遇到枯水年也同样面临无水可用的局面。如遇 2010 年春季西南大旱及 2011 年的长江中下游旱情,可向北方调取的水量就可能大为减少。

东水西调工程正是在这一背景之下提出的,将海水、淡化海水或长江口淡水调往内陆干旱地区以改善气候,恢复生态,改变中国水资源匮乏的现状所带来的益处是显而易见的。但是,对于这样一项庞大的系统工程,如何计划与实施、如何将对环境的负面影响降到最低、如何确保不对沿线经济造成新的负担,以及调水的手段、调水的总量、调水的方式等问题,都需要仔细研究、小心论证、谨慎思考。

5.3 东水西调工程方案[*]

5.3.1 调水规模与线路

东水西调工程计划将东部海水和长江口淡水通过华北平原调入黄土高原及内蒙古高原,最终引入新疆地区。工程的目的一方面是用以补充当地水资源的不足,改善当地的生态结构;另一方面通过优化当地的用水结构,达到调整产业布局,提升地区竞争力的目的。

东水西调工程的实施应在确定各地用水需求的前提下确定规模,先行试点、逐步推进,以调整用水结构为主线,以工程可实现性为前提。

1. 调水规模

东水西调工程的用水地区包括北京、天津、河北、内蒙古、山西、陕西、甘肃、宁夏及新疆 9 省(区、市),工程水源地位于河北、天津、山东、辽宁沿海,以及江苏省长江入海口北岸地区。整个工程涉及 13 个省(区、市)。各受水地的用水现状如表 5.1 所示。

表 5.1 东水西调工程沿线各地用水现状　　　　(单位:亿m³)

省(区、市)	年份	工业用水	农业用水	生活用水	生态用水	合计	南水北调
北京	2008	5.20	12.00	14.70	3.20	35.10	10
天津	2008	5.36	13.21	3.11	0.65	22.33	10+10
河北	2007	25.11	155.75	19.76	1.21	201.83	60+10

---

[*] 本节内容是中国工程院课题报告(2009~2012),合作者:孙东川,孙凯,朱丽,刘泽寰。

续表

省（区、市）	年份	工业用水	农业用水	生活用水	生态用水	合计	南水北调
内蒙古	2004	10.40	149.40	10.90		170.70	
山西	2007	10.00	28.81	5.23	0.45	44.49	
陕西	2004	12.47	51.30	8.96	2.80	75.53	
甘肃	2005	14.46	97.48	7.95	3.08	122.97	
宁夏	2008	3.33	69.13	1.72		74.18	
新疆	2003	8.23	457.70	10.36	18.13	494.47	

表 5.1 根据各地当年水资源公报整理而成。因各份报告中用词不一致，表中数据进行了相应的处理。其中，工业用水包括第二产业用水、第三产业用水；农业用水包括第一产业用水、农田、灌溉、林牧渔畜；生活用水包括城镇公共用水、居民生活用水、农村居民（或人畜）供水。南水北调数据包括中线和东线两部分，加号之前为中线水量，之后为东线水量。

通过对相关省（市、区）近年用水现状的分析，以工业用水、农业用水、生活用水、生态用水等的使用现状作为基础数据，以确定未来用水需求量，并以此估算东水西调工程的调水规模。

对表 5.1 数据进行分析，我们可以将数据分为三组。

第一组包括北京、天津及河北 3 省（市）。其共同特点是人口密度大，大部分城市都在海拔 200m 以下，据海岸线较近，且地势平坦，没有大的山脉阻隔。工业用水合计在 9 个省市区中占 37.7%，农业用水占 17.5%，生活用水占 37.6%。近期的用水缺口基本可以由南水北调补充，如河北省目前每年超采地下水约 50 亿 m³，南水北调工程可以补足这一缺口。但是，南水北调工程调水量的多少会因南方地区当年的水情发生变化。如遇南方旱情，来水量势必减少；因而，还需要通过海水利用进行补充。此地区的海水利用采用海边淡化，再以适当口径管道定点输送到特定地区或企业，淡化海水的用途以工业用水和生活用水为主。在工业用水方面，也可以采用管道直接输送至工矿企业的方式，由于海拔较低，所需的能源是非常有限的。

第二组包括内蒙古南部地区、山西、陕西、甘肃及宁夏 5 省（区）。其共同特点是均为内陆省（区），地域广大，人口密度相对较低，且基本都是重要的产煤区。离海岸很远，海拔大都在 1200m 左右，需要长距离、高扬程输水。工业用水合计在 9 省市区中占 23%，农业用水占 59%，生活用水占 27%。这些省（区）是东水西调工程将海水淡化后调往的主要地区。在调水方式上，东水西调工程以采用大口径管道长距离输送之后再分水，送至当地使用。

第三组包括新疆及内蒙古北部地区。其特点是地域广阔，多为沙漠及干旱地区，人烟稀少，海拔大都在 1000m 以上。输水距离长，沿途有大量干涸或半干涸的湖盆可用于蓄水改善生态环境及发展海水养殖业，建议直接将海水调往这些地区，用湖盆蓄水，视需要再进行淡化处理。但由于海水远距离运输尚无先例，技术方案有待进一步研究，对生态环境可能造成的负面影响还需要进一步论证；此外，还需要对工程的运营模式做进一步的探讨，以使工程的成本与经济效益达到平衡，确保工程运营的长期稳定。

考虑工程规模、成本效益及技术条件等方面的因素，我们建议东水西调工程主要用于解决工程沿线各省（区、市）的工业及生活用水。一方面由于工程提调的水量有限，必须计划使用，以最经济的方式解决关键性的问题，特别是农业用水的水量巨大，工程由于技术条件及成本等方面的限制，尚不能全面满足沿线的用水要求。另一方面农业及生态用水的大部分可通过再生水来补充，这样就降低了总体用水成本。

虽然东水西调的调水成本较高，但海水淡化后的水质非常好，故应主要用于置换和增补现有的工业用水和生活用水。这也就相当于提高了农业用水及生态用水的可用量。根据各省（区、市）的用水状况，工程输水区里的距离远近及工程实施的难易程度等因素，将东水西调工程分为近期规划和远期规划：近期规划分为三期工程实施，采用"先淡化，后调水"的模式；远期规划拟采用"直接抽调海水"的模式。

一期工程供水范围：北京、天津、河北，调水规模 20 亿～35 亿 m³。

二期工程供水范围：山西、内蒙古（鄂尔多斯高原为主），调水规模 20 亿～35 亿 m³。

三期工程供水范围：陕西、甘肃、宁夏，调水规模 30 亿～50 亿 m³。

远期规划供水范围：内蒙古（鄂尔多斯高原以外的大部分地区）、新疆，调水规模 25 亿～40 亿 m³。

鉴于上述方案中海水淡化的成本较高，故提出第二套方案。即由长江口直接取水，以解决上述省（区、市）的缺水问题。

2. 线路规划

东水西调工程的调水线路分为两类，A 类为近期规划的淡水线路，B 类为远期规划的海水线路。从分散布置海水淡化设施的角度考虑，A1 线路自渤海取水，A2 线路自黄海取水；S 线为长江口取水线路，自江苏启东境内、临近长江北入海口处取水，经净化后输送至 A1、A2 线，线路长度为 500～800km。东水西调工程的线路总体情况如图 5.1 所示。

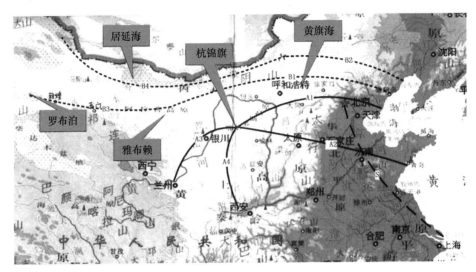

图 5.1　东水西调线路规划

图中各线路距离由地图测量估算得出，情况简述如下。

A1：唐山→北京→张家口→大同→鄂尔多斯，1000km。

该线在河北省境内滦河入海口附近取渤海水，在淡化后经过河北、山西两省，过黄河后进入内蒙古，在位于鄂尔多斯高原的库布齐沙漠与毛乌素沙地之间与 A2 线汇合。调水量为 20 亿～30 亿m³/a。

A2：日照→济南→石家庄→太原→鄂尔多斯，1000km。

该线在山东省境内取黄海水，在淡化后经过山东、河北及山西，过黄河后进入内蒙古，在位于鄂尔多斯高原的库布齐沙漠与毛乌素沙地之间与 A1 线汇合。调水量为 30 亿～55 亿m³/a。

A3：鄂尔多斯→银川→兰州，600km。

该线由鄂尔多斯高原起，向西过黄河，经银川到达兰州，满足宁夏及甘肃两省（区）的用水需要。调水量为 15 亿～25 亿m³/a。

A4：鄂尔尔多斯→西安，600km。

该线由鄂尔多斯高原起，向南至西安，经过宁夏、甘肃及陕西，满足 3 省（区）的用水需要。调水量为 15 亿～25 亿m³/a。

B1：秦皇岛→阴山以南→阿拉善高原南部→玉门→敦煌→罗布泊，3000km。

B2：辽东湾→阴山以北→居延海→哈密东北部盆地，3000km。

A 类线路工程为"先淡化，再调水"，主要用于置换和增补沿线地区的工业及生活用水，调整用水结构和产业结构。在 A1 与 A2 线汇合地的杭锦旗境内有大量的干湖盆，可选择适当地点建立大型水库，一方面供本地使用，另一方面作为 A3 与 A4 线的水源。鄂尔多斯高原是内蒙古、陕西、甘肃、宁夏、山西 5 省（区）的交界点，是我国主要的煤炭产区，可以建设大型坑口电站群，为东水西调工程提供充足的能源；更重要的是，东水西调工程引入的水资源也为煤电一体化基地的建设提供了新的契机，通过建设大型电站群，减少原煤外运，降低物流成本，实现煤电及化工联产，对于改善产业结构有着积极的意义。此外，A1 线路起于渤海，A2 线路起于黄海，这样可在一定程度上减少海水淡化设施过于集中对海洋产生的污染。

S 类线路为长江口取水线路。其作用是与海水淡化方案类似的水源地工程建设，即 A 类线路的水源可选择海水淡化和江口取水两个方案。

B 类线路为远期规划线路，直接调取海水，海水可直接用于沿线地区的生态用水并发展海水农业，用于改善沿线植被及气候。部分海水在当地淡化后，可用于工业及生活用水。线路沿线是我国主要的风场，调水所需能源中的相当一部分可通过风力发电提供。线路所经过的居延海等地区海拔较低，在注入海水的同时可利用高度差建设水电站，所得收益可弥补工程的运营成本。工程输水进入新疆前，海拔为 1200m 左右，而新疆境内的几处注水地点海拔较低，其中，罗布泊海拔约 780m，吐哈盆地最低点艾丁湖为 $-155m$，准噶尔盆地最低点艾比湖湖面海拔为 190m，在注入过程中可建立多个梯级水电站，在很大程度上补充工程前段提水至 $1200 \sim 1300m$ 的能源消耗，同时也为新疆当地提供强劲的电力供应。

3. 网络化调水

相比较而言，东水西调工程采用多线路组成的网络化调水模式是比较可行的方案，与单线路调水方案相比，其优点有以下几点。

（1）覆盖区域广阔。由于东水西调工程需要为沿线服务，因此考虑各线路沿能源基地及工业基地展开。每个途经省份均有两条以下的线路经过，使得工程可以充分惠及沿线，发挥最大效益，平衡各地的用水需求，并减少支线管道的埋设距离。

（2）降低施工难度，提高工程进度。调水网络各线路基本沿河谷、公路及铁路布置，降低施工难度，减少施工道路的修筑，便于安装提升设施。同时网络化的线路配置，可实现多线路多工程段同时开工，加快工程的进度，单条线路完成后就可以局部开始输水，使工程早日发挥效益。

（3）方便配套能源项目布局。由于东水西调工程所需要的电力巨大，采用风力发电需要大面积的布置风力发电机。而我国的地形特点是，海拔 200m 过渡到 1200m 的区域比较狭窄。如线路过于集中，风力发电设备规模布置难度较大。而采用多线路的网络化布置线路，这一问题就可得到妥善解决。

（4）多水源地建设。工程不仅考虑了调取海水，还考虑以长江口取水作为第二套方案。整个工程设计了多个取水点，一方面避免水源地的建设在一处占用较多土地；另一方面当一处地点出现污染或疫情导致水源中断时，整个输水网络仍能够运转。

（5）就地生产或购买管道。工程所需夹砂玻璃钢管的生产工艺并不复杂，全国各地的生产企业很多，多线路的布局可以方便在工程沿线就近购买或生产管道，降低运输成本。同时也可以提高工程沿线的生产制造水平。

（6）安全保障提高。当某条线路出现故障或所经地区发生自然灾害时，可及时关闭该条或其中一段线路，工程的其他部分仍可继续输水，使工程运作的安全性得到充分保障，为线路维修提供充足的时间。

（7）推广海水淡化。随着陆地水资源的日益匮乏，海水淡化是大势所趋。但是由于建设大规模海水淡化厂需要占用土地，消耗大量能源，如果所有的海水淡化厂都建在海边，势必造成土地匮乏。调水网络可以将海水输送到使用地，按需淡化，促进资源的合理利用。为降低成本和增加效益，在海水淡化的同时，还可以深度开发盐、镁、钾、锂等相关资源。

（8）汛期调蓄洪水。调水网路沿黄河及其支流布置，一期工程基本覆盖黄河流域中上游流域。如遇汛期，可从河中抽取多余水量进入输水管道，降低洪水的威胁。如遇较大洪水的发生，甚至可关闭海边的提升设施，让抽取的洪水从抽水点向管道两边流动，则每条线路理论上可抽取 $75.56\mathrm{m^3/s}$ 的洪水，作用非常明显。

（9）便于建设配套风电设施。除主体工程之外，工程还考虑建设与之配套的能源设施用于提水和输水。工程可在沿线配套风力发电设施，用于对管道进行加压。另有部分小型独立设施可采用太阳能发电。因为工程所经过的区域都是风能储量极高的地区，有采用风力发电的极好条件。采用配套的风力发电网络可以减少购置电力的成本，同时也不会对沿线造成庞大的电力负担。

（10）全线通信配套。东水西调工程沿线将全部铺设通信光缆，并配套建设包括检测设施在内的自动控制系统，用于实现工程的实时信息传输和远程集中控制。同时，工程配套的通信工程实施实际上已构成了一个覆盖北方大部分地区的网络，加以充分利用，不仅可以满足工程运行的需要，还可以发挥更大的社会作用并带来相应的效益。

5.3.2　工程技术特点分析

东水西调工程面临两个主要问题，一是如何利用现有技术长距离、高扬程的提升和输水，二是如何使工程对沿线生态环境的影响降到最低。

1. 海水淡化

综合多方面的因素分析，工程的 A 类线路宜采用"先淡化，再输水"的方式。主要有以下几个原因。

(1) 海水长距离运输尚无先例，相关技术有待完善。A 类线路所经大都为人口稠密地区及主要的工农业基地。输送海水需要特别防护，将大幅提高工程成本；且一旦发生事故，会对周边环境造成极大污染。

(2) 海水淡化的产出比为 $30\% \sim 40\%$，高浓度的海水尾液在内地难以处理，对环境影响极大。目前全国盐产量为 6000 万t，而 20 亿 m^3 海水的含盐量已经达到 7000 万t 以上，故海水淡化的尾液目前尚无法在内地消化。一个出路是逐渐减少现有海盐产量，用尾液产盐替代，并开展相关化工业，提取镁、钾、锂有用原材料。

(3) 如果"先调水，再淡化"，则相当于有 $60\% \sim 70\%$ 的运能浪费，大幅降低工程的效益。相对于长距离水利设施建设的投入而言，海水淡化设施投入为输水设施投入的几分之一。此外，随着技术的不断进步，海水淡化的各项成本还会逐步降低。

(4) 输送淡水可与现有的水利设施相结合，充分利用既有资源。

(5) 输送淡水的技术已经非常成熟，产业完善。而输送海水需要解决防腐等一系列问题，需要进行大规模的设备改造，大量的研发投入，且会推后工程的实施。

随着海水淡化技术的发展，生产 $1m^3$ 淡水的成本已降至 5 元以下，且随着技术的不断更新及装置规模的扩大，最终的生产成本有望降至 3 元左右，与城市的水价相当。

由于淡化海水的水质远高于饮用水标准，无须再处理即可直接进入城市自来水或直接饮水管道；相比长距离调水后再处理而言，两者的综合成本相当。此外，与调水工程所不同的是，海水淡化的水源地建设不会淹没土地及产生移民问题，建设成本高度可控，建设周期比较短，且治水成本呈现不断下降的趋势，可以根据具体的需求分阶段建设。

目前成熟的海水淡化技术主要包括低温多效蒸馏和膜反渗透法两种方式，两者生产淡水的成本大致相当。通过参考有关案例[3-6]，对海水淡化的成本进行了分析，相关案例的数据如表 5.2 所示。

表 5.2　两种海水淡化技术的成本比较　　　　　　　　（单位：元）

成本项目	低温多效蒸馏			膜反渗透法		
	案例 A	案例 B	取值	案例 C	案例 D	取值
药剂消耗	0.36	0.28	0.28	0.4	0.23	0.23
电力消耗	0.2	0.3	0.3	1.17	1.2	1.17
蒸汽消耗	1.6	2.2	1.6			
膜更换费				0.96	0.88	0.88
维修费用	0.41	0.08	0.08	0.25	0.22	0.22
运行成本	2.87	2.86	2.26	2.78	2.53	2.5
工资福利	0.45	0.05	0.05	0.45	0.07	0.07
资产折旧	1.18	1.49	1.18	0.79	1.87	0.79
管理费用	0.12		0.12	0.12	0.13	0.12
管理成本	1.63	1.54	1.16	1.24	1.55	0.98
总成本	4.5	4.4	3.61	4.02	4.57	3.48

　　表 5.2 中的数据取自参考文献，根据比较分析的需要对部分数据进行了变换、合并等处理。

　　案例 A 和 C 为山东黄岛电厂（山东青岛），日产淡水规模均为 3000t。

　　案例 B 为沧州国华电厂（河北沧州），日产淡水规模为 10 000t。

　　案例 D 为华能玉环电厂（浙江台州），日产淡水规模为 30 000t。

　　表 5.2 中所列 4 个案例的日产淡水规模从 3000t 到 30 000t 不等，考虑到大型海水淡化装置的单位成本将会低于小型装置，因而表中的"取值"一律采取小中取小的原则确定，分别得到低温多效法的成本为 3.61 元/m³，膜反渗透法为 3.48 元/m³。

　　分析表 5.2，在运行成本中，低温多效法的电力消耗及蒸汽消耗之和与膜反渗透法中的电力消耗及膜更换费之和相当，随着规模的扩大和工艺的改进，这部分的成本将会有所降低。此外，表中的用电以 0.3 元/度计算，如电厂能实现电水联产，以发电成本约 0.25 元/度计算，这一部分的费用约可降低 1/4。药剂消耗则视海水的污染程度而定，维修费用一般也会随着规模的增加而降低。

　　依托滨海电厂建立海水淡化项目，通过充分利用滨海电厂机组的产能实现电水联产是较好的海水淡化产业模式。其优势主要体现在以下几方面。

　　（1）利用电厂的成本电价，可以大幅降低海水淡化的能源成本。

　　（2）不增加当地输电网络负荷，同时可避免输电损耗。

（3）海水淡化装置可与发电机组共用海水抽取及排放设施，避免重复建设。

（4）以海水淡化装置作为调节手段，可使发电设备的利用效率维持在较高水平。

（5）可以提高电厂锅炉的热效率，减少蒸汽损耗。

（6）以电厂机组冷却后的高温海水作为冷却水可提高淡水产量，进一步降低能耗。

（7）可充分利用电厂土地资源及运输设施。

（8）滨海电厂都有海水淡化装置，在设施建设及维护方面已有成熟的经验。

海水淡化单套设备的产水规模相对不大，且建设周期较短，可视实际需要逐渐增加设备的数量，并视电厂多余电量动态调节产量。此外，独立运行的海水淡化厂只能采用膜反渗透方法，而依托电厂建立的海水淡化厂可以同时采用低温多效蒸馏和膜反渗透两种方法，其中低温多效蒸馏可以充分利用电厂锅炉的低压蒸汽，使锅炉效率由 40％提高到 60％。综合分析，大规模海水淡化的单位成本大约可降到 3 元。

初步估计，年产 1 亿 m^3 淡水的装置投资约为 20 亿元（以年运行 6000h 计算），则 A 线工程的海水淡化装置总投资为 1400 亿～2400 亿元，其中：一期工程年输水规模为 20 亿～35 亿 m^3，海水淡化装置投资为 400 亿～700 亿元；二期工程年输水规模为 20 亿～35 亿 m^3，海水淡化装置投资为 400 亿～700 亿元；三期工程年输水规模为 30 亿～50 亿 m^3，海水淡化装置投资为 600 亿～1000 亿元。

2. 江口取水

江口取水主要指从江苏启东境内、崇明岛北侧长江临近入海口处取水，经净化后输送山东省境内，汇入东水西调工程 A1、A2 线。此项工程内容为可选性质，按实际用水考虑是否建设。在具体实现上，可考虑利用南水北调东线部分河道送水，或另行建设 500km 管道输送至山东省境内，再送至京津冀地区。

在长江口取水不会对流域的生态及用水产生影响，所取水量在长江年平均入海水量为 9600 多亿 m^3 中所占的比例极小。例如，取 1％即可达 96 亿 m^3/a，不会对长江入海口的生态环境产生明显的影响。

在长江近入海口处所取淡水只需进行简单的过滤，减少了海水淡化过程中的能源消耗；江水过滤后的污水排放也较少，避免了海水淡化对生态的影响。考虑到江水抽取、过滤及输送需要消耗一部分能源，按照目前的技术水平，将其单位成本设定在 1 元。

江口取水虽然因调水线路加长而增加了管道工程建设投资，但多水源地、多种取水方式的综合建设，可以在最大程度上保证用水安全，增强应对突发事件的能力。此外，还可以起到免去海水淡化成本、减少能源消耗、净化海洋环境的作用。

以下计算长江口取水的管道工程投资。管道采用与 A 类线路相同的、直径 4m 夹砂玻璃钢管，双线铺设考虑，即每输送 10 亿 m³ 水，每公里投资约为 6000 万元（具体数据计算参考下面第 3 小节）。长江口取水的总规模为 70 亿～120 亿 m³，管道总投资为 5160 亿～8790 亿元。其中，一期工程年输水规模为 20 亿～35 亿 m³，沿 S 线输水至京津冀地区，管道长度约为 800km，线路投资为 960～1680 亿元，二期工程年输水规模 20 亿～35 亿 m³，沿 S 线和 A1 线输水至山西、内蒙古境内，管道长度约为 1100km，线路投资为 1320 亿～2310 亿元，三期工程年输水规模 30 亿～50 亿 m³，沿 S 线和 A2、A3 线输水至陕西、甘肃、宁夏境内，管道长度约 1600km，线路投资为 2880 亿～4800 亿元。

3. 管道输水

工程计划全线采用管道输送的方式输水，采用管道方式虽然工程成本较高，但可以把对周边环境的影响降到最低，还可以大幅提升工程运作的可靠性。其优点有如下几个方面。

（1）减少土地占用，并有利于环境保护。采用管道输水时，管道埋在地下管沟里，回填覆土的厚度不小于 1m（具体深度根据当地最大冻土层厚度和地面荷载确定）。除水泵站、调节阀门站等局部地段外，其余绝大部分地段仍可在覆土上种植作物，可大大减少占地面积，并有利于环境保护。

（2）土建施工难度低，工程量较小。渠道输水是依靠重力自流，所有渠段都必须沿等高线布置，并保持合理的纵向坡降。管道输水则不受此限制，管道总是按最简捷（最短）的路线布置，可大大减少土建施工工程量。当输水线路与河流、道路以及其他管线等交叉时，采用管道时的处理方式要比渠道简单很多。部分管线可沿公路布置，无需修建专门的施工道路。

（3）不存在冬季和早春结冰问题，有利于保证长年正常供水。东水西调工程所处地区冬季和早春的气温低，处于结冰期。采用渠道输水方式，轻则减小输水流量，重则引起断流，并需要对调节闸门等各种活动结构件采取防冻措施。如不能很好解决这两个时节输水过程中的结冰问题，则工程的功能将大打折扣。显而易见，如采用管道输水，管道埋在冻土层以下，该问题将迎刃而解。

（4）可避免输水过程中的渗漏和蒸发，输水损失小。水在输送过程中的损失形式主要有三种，即渗漏、蒸发和泄漏。输水距离越长，损失比例越大；土质越差（渗透能力越强），损失比例也越大。东水西调工程输送的水量毕竟有限，如沿途渗漏和蒸发过大，则将影响对预计的发挥，沿途渗漏也会对当地环境产生不可预知的影响。

（5）输水保证率高，并有利于分期施工投运。对于渠道输水方式，当因自然灾难或人为因素造成渠堤溃破时，势必造成停水。东水西调工程的各线路基本都采用双管并铺的方式，可以使风险分散，保证率提高。另外，修复管道所需的时间一般也比恢复渠堤所需的时间短，检修维护也非常方便。再者，采用管道非常有利于分期施工建设，以后再根据需水情况，采取增加管道条数的方式续建和完建。

（6）可在不停水或基本不停水的条件下对输水线路进行维修和更换。不管采用土渠、衬砌渠道或管道，当达到一定使用寿命后，都需要进行修复或更换。假如采用渠道，要想在达到寿命期后修复或更换衬砌层，则必须先停水才能进行作业；如采用管道输水，当需要修复或更换时，逐条管道进行，可保证持续输水。

（7）便于实施远程和集中控制。由于东水西调工程线路较长，且需穿越沙漠等人烟稀少的地带，工程运作的安全性是需要考虑的重要因素。采用管道方式输水，可以间隔一定距离设置电动调节阀门和监控设备，通过结合沿管道布置的通信网络远程调节输水的流量和方向，实时掌握水情和水质的变化，减少人工维护成本。如遇突发事件，可立即关闭阀门，将灾害影响降到最低。

（8）维护费用低。管道的寿命大都在 50 年以上。在此期间，管道基本不需要维护。而渠道（尤其是土梁）则不同，很容易出现淤积、冲蚀、杂草滋生、泄漏等问题，可以说每时每刻都需要维护。可以预见，假如采用渠道输水，当工程建成投入运行时，沿线将需要配备一支规模庞大的看管维护队伍，其费用可能也相当可观。

相关资料[7-10]显示，目前国内已经产品化的、可用于长距离输水的管道的最大直径为 4m。如按照通常采用的 1.5m/s 的流速计算，则管道每秒的流量大约为 $18.84m^3$，年流量大约为 5.94 亿 m^3。考虑到实际应用的情况，同时也为了简化计算，本工程按单管 5 亿 m^3/a 的倍数设计各线路的输水规模。

按照南水北调中线应急供水工程等数据分析，以直径 4m 夹砂玻璃钢管双线铺设考虑，则每输送 10 亿 m^3 水，每公里投资约为 6000 万元。A 线输水总规模为 70 亿～120 亿 m^3，线路工程总投资为 4284 亿～7257 亿元，其中：

一期工程：年输水规模为 20 亿～35 亿 m^3，沿 A1 线输水至京津冀地区，管道长度约 170km，线路投资为 204 亿～357 亿元。

二期工程：年输水规模 20 亿～35 亿 m^3，沿 A1（或沿 A2 线）输水至山西、内蒙古境内，管道长度约为 1000km，线路投资为 1200 亿～2100 亿元。

三期工程：年输水规模 30 亿～50 亿 m^3，沿 A1 和 A3 线（或沿 A2、A3 线）输水至陕西、甘肃、宁夏境内，管道长约 1600km，线路投资为 2880 亿～4800 亿元。

4. 配套能源项目

东水西调工程是高能耗项目，能源需求主要是两个方面，一是海水淡化的消耗，每生产1立方米淡化海水大约需要4度电；二是提水的消耗，将1m³水提高1200m大约需要6度电。两者合计为10度电。

如将二期及三期工程预估的50亿~85亿m³水输送到目的地就需要500亿~850亿度电，相当于三峡工程年发电量约850亿度的58.8%或全部。由此可见，工程所需要的电量是沿线现有设施无法承受的，必须配套相应的能源项目；此外，如采用向沿线购电的方式运作，即使按0.5元/度计算，平均到每立方米的输水成本将为5元，将使工程的效益大打折扣。

就我国的地形特点而言，东水西调工程的主要目的是将水从地理第一阶梯提升至第二阶梯，如图5.2所示。

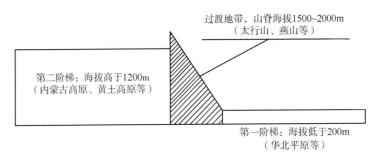

图 5.2　提水阶段情况

我国地理结构的特点对配套能源方式的选择有着重要的影响，根据具体情况分析[10-16]，东水西调工程的能源配套项目宜采用"火电为主，风电为辅"的形式建设，通过采用大规模超超临界机组，将火力发电对环境的影响降低到最低程度，以下就此进行分析。

如采用火力发电作为能源，以目前最先进的超超临界660MW或1000MW发电机组为例，如以全年满负荷发电量（6000h）计算，每年生产10亿m³淡化海水配套2台660MW机组，每年提升10亿m³淡化海水配套2台1000MW机组即可满足需求。

按每千瓦造价4500元计算，则年产10亿m³淡化海水的能源项目投资约为30亿元。年提升10亿m³水的能源项目投资约为45亿元。在工程提水设施分布的地区也是主要的煤炭产地，也为火电配套项目建设提供了必要的条件。如按最低输水规模考虑，则一期工程需要4台660MW机组，二期工程需要660MW机组和1000MW机组各4台，一期工程需要660MW机组和1000MW机组各6台。

如以火电作为主要的能源配套项目，则年产 10 亿 m³ 淡化海水的能源项目投资约为 30 亿元，年提升 10 亿 m³ 水的能源项目投资约为 45 亿元。第一、二、三期工程的总投资为 435 亿～720 亿元，其中：

一期工程：年输水规模为 20 亿～35 亿 m³，淡化海水的能源投资为 60 亿～105 亿元；

二期工程：年输水规模为 20 亿～35 亿 m³，淡化海水的能源投资为 60 亿～105 亿元，提水的能源项目投资为 90 亿～135 亿元；

三期工程：年输水规模为 30 亿～50 亿 m³，淡化海水的能源投资为 90 亿～150 亿元，提水的能源项目投资为 135 亿～225 亿元。

5. 工程管理信息化

在国家"信息化与工业化融合"的整体战略中，工程管理信息化是其中的重要组成部分。随着现代计算技术、网络技术和通信技术的快速发展及其在工程管理领域中的广泛应用，与大型工程配套的信息系统建设是必不可少的。

工程管理信息化的实现涵盖了工程从论证、设计、施工、使用直至报废的全生命周期过程。信息化的有效实现降低工程管理中的协作成本和重复投资，实现资源共享，对工程整个生命周期的设计、建设、运行和维护等各阶段实施的有效控制，以及信息化手段使工程的社会效益得以大幅度的提升。

东水西调工程尚处于论证的前期阶段，在整个论证过程中，需要收集大量的相关案例，以及工程沿线的气象、水文、地质、地震及自然灾害等方面的资料、建立完善的数据库、案例库及专家系统。需要建立协作平台，供参与工程论证的各单位共享和交互信息。这些数据的收集也是工程设计、施工、运行阶段所需要参考和不断扩充的。

此外，国内外尚没有如此大型的同类工程建设的先例，在工程的论证及设计期间还需要建立完善的仿真系统以验证工程方案的可行性。在工程的整个生命周期之中，不同阶段的参与方不同，所面对的主要矛盾也有所区别；在工程设计与建设期间，由于工程技术涉及面广，参与的协作单位多，信息沟通复杂，社会影响面广，因而需要多层次的系统综合集成，信息系统需要支持跨组织、跨地域、跨时间段的协作。在工程运行和维护期间，通过信息化的途径对能源及人力物力方面的投入进行合理控制，可以提高运行效率、降低使用成本、延长使用寿命，以使工程产生更大的经济效益；此外，还需要对环境及民生等的影响进行综合统筹，以使其发挥最大的社会效益。

参考"八横八纵"大容量光纤通信网建设案例：

呼和浩特—广西北海：工程总长 4000km，投资 8 亿多元；

西宁—拉萨：工程总长 2454km，投资 6 亿多元；

北京—兰州：工程总长 2052km，投资 4 亿多元。

以每公里 20 万元，A 类线路长度 3200km 计算，合计为 6.4 亿元；考虑到光缆除沿管道埋设之外，还需要在不同线路之间建立联络线路等，实际的线路长度将会大幅超过管道长度，因此将线路投资调整为 10 亿元。另外，考虑到还需要建立与之配套的通信基站等设施以及远程控制及监测设备才能构成完整的系统；一般在系统中，线路方面的投资只占较少部分，如按 1/5 考虑，则将信息化建设的投资调整为 50 亿元。

5.3.3　工程投资与运营成本分析

东水西调工程经过中国广袤的北方地区，工程浩大，经济及社会影响广泛。工程建设涉及海水淡化、江口取水、管道运输、水库调蓄、清洁能源等多个领域。本节将对海水淡化和江口取水两套方案的投资规模、单位水价等进行分析比较。

工程分阶段进行，一期供水范围为北京、天津、河北，二期供水范围为山西、内蒙古（鄂尔多斯高原为主），三期工程供水范围为陕西、甘肃、宁夏。

采用海水淡化方案的工程总投资计 6119 亿元，第一、二、三期调整后的水价分别为 5 元/m³、12 元/m³ 和 15 元/m³。

采用江口取水方案的工程总投资计 5385 亿元，第一、二、三期调整后的水价分别为 6 元/m³、11 元/m³ 和 14 元/m³。

1. 海水淡化方案

1）工程投资

工程总投资计 6119 亿元（未计入工程征地费用、调蓄水库投资及银行贷款利息等），其中一期工程的投资为 664 亿元，二期工程投资为 1750 亿元，三期工程投资为 3705 亿元，如表 5.3 所示。

表 5.3　工程投资情况　　　　　　　　（单位：亿元）

项目	海水淡化		输水设施		合计
	淡化设施	配套火电	输水管道	配套火电	
一期工程	400	60	204		664
二期工程	400	60	1200	90	1750
三期工程	600	90	2880	135	3705
合计	1400	210	4284	225	6119

在各投资项目中，淡化设施合计 1400 亿元，输水管道合计 4284 亿元，配套能源投资为 435 亿元。

2）单位水价

单位水价中的运营成本主要考虑海水淡化及输水能源消耗。综合前述分析，按海水淡化成本 3 元/m³ 计；输水电力消耗按每度电 0.25 元计，二期及三期工程输水消耗电力为 6 度/m³，单位水价增加 1.5 元。

管理成本中，因淡化设施及输水设施的投资分摊已分别计入运营成本，则此处主要是管道设施投入按 20 年分摊的费用，以及年度产生的 10% 维护及管理费用。如表 5.4 所示。

表 5.4　输水成本分析　　　　　　　　　（单位：元/m³）

项目	海水淡化	输水电力	运行费用	小计	管道折旧	合计
一期工程	3	0	0.05	3.05	0.5	3.55
二期工程	3	1.5	0.3	4.8	3	7.8
三期工程	3	1.5	0.48	4.98	4.8	9.78

上述仅为干线输水的成本水价，考虑支线供水、输水损耗等因素，以增加 50% 左右成本计算，按四舍五入原则，第一、二、三期的成本水价分别调整为 5 元/m³、12 元/m³ 和 15 元/m³。

2. 江口取水方案

1）工程投资

工程总投资计 5385 亿元（未计入工程征地费用、调蓄水库投资及银行贷款利息等），其中一期工程的投资为 960 亿元，二期工程投资为 1410 亿元，三期工程投资为 3015 亿元，如表 5.5 所示。

表 5.5　工程投资情况　　　　　　　　　　（单位：亿元）

项目	输水设施		合计
	输水管道	配套火电	
一期工程	960		960
二期工程	1320	90	1410
三期工程	2880	135	3015
合计	5160	225	5385

在各投资项目中，输水管道合计 5160 亿元，配套能源投资为 225 亿元。

2）单位水价

单位水价中的运营成本主要考虑 A 类线路输水能源消耗，S 类线路的能源消耗已计入成本。综合前述分析，按江口取水成本 1 元/m³ 计，输水电力消耗按每度电 0.25 元计，二期及三期工程输水消耗电力为 6 度/m³，单位水价增加 1.5 元。

管理成本中主要是管道设施（包括 A 类和 S 类线路）投入按 20 年分摊的费用，以及年度产生的 10% 维护及管理费用。如表 5.6 所示：

表 5.6   输水成本分析   （单位：元/m³）

项目	江口取水	输水电力	运行费用	小计	管道折旧	合计
一期工程	1	0	0.24	1.24	2.4	3.64
二期工程	1	1.5	0.165	2.67	1.65	4.32
三期工程	1	1.5	0.48	2.98	4.8	7.78

上述仅为干线输水的成本水价，考虑支线供水、输水损耗等因素，以增加 50% 左右成本计算，按四舍五入原则，第一、二、三期的成本水价分别调整为 5 元/m³、6 元/m³ 和 12 元/m³。

3. 两方案的数据比较

综合海水淡化方案和江口取水方案的分析结果，将工程投资及干线输水成本水价的有关数据归纳如表 5.7 所示。

表 5.7   两方案数据比较表

项目	工程投资/亿元		成本水价/（元/m³）	
	海水淡化	江口取水	海水淡化	江口取水
一期工程	664	960	3.55	3.64
二期工程	1750	1410	7.8	4.32
三期工程	3705	3015	9.78	7.78
合计	6119	5385		

相比较而言，采用江口取水方案的投资总额减少约 12%。其中，一期工程增加约 45%，二期工程减少约 19%，三期工程减少约 19%。在干线输水的成本水价方面，一期工程增加约 2.5%，二期工程减少约 45%，三期工程减少约 20%。

综合上述分析，在工程总投资和成本水价方面，江口取水方案较海水淡化方案有优势，仅仅是在一期工程时，采用海水淡化方案有优势。

5.3.4   生态影响及对策

东水西调工程的实施是解决长期困扰我国中西部地区干旱缺水问题的重要举

措之一。工程实现可以改善相关地区的用水结构；调节气候，减少沙尘天气的危害。由于工程浩大，影响面广，对相关地区产业结构的调整，提升装备制造水平，新能源开发，盐化工业及海水养殖业的开拓等都有很大的促进作用，但其对生态环境的负面影响也是需要得到重视和有效应对的。

1. 能源消耗与排放

海水淡化虽然可以解决北方地区的水资源匮乏问题，减少对地下水资源的过度依赖，但其对生态环境的影响也是不容忽视的。生态影响既有正面的也有负面的，正面影响体现在可以通过充分利用海水淡化厂排放的高浓度尾液制盐，提高盐产量，通过减少盐田面积置换出滨海土地，可从根本上解决露天晒盐带来的滩涂盐碱化问题；同时，大规模的抽排海水可加速渤海的水体循环。

负面影响还体现为海水淡化产业对海洋与大气的污染。按照目前的海水淡化方法计算，$1m^3$ 海水可以产出 30%～40% 的淡水。如年产 30 亿 m^3 淡水的同时，需要排放大约 60 亿 m^3 浓缩海水。若以 6% 浓度计算，则其中所含的盐分大约为 3.6 亿 t，相当于全国年产原盐 6000 万 t 的 6 倍，年产海盐 1800 万 t 的 20 倍。

由于盐化工产业对原盐的需求有限，海水淡化厂的高浓度尾液中的大部分仍将直接排回海洋之中，这将造成近海海水浓度及温度增加，对海洋生物的生存环境产生较大的影响。此外，在生产过程中加入的处理药剂，也会对海洋造成污染。特别是对于渤海这样的半封闭内海，其影响尤其值得关注。

海水淡化产业对生态的负面影响是较大的，控制海水淡化产业对生态的负面影响主要包括：控制海水淡化产业的规模，做到按需生产，避免盲目重复投资；同时合理分布海水淡化设施，避免在一地过于集中；此外，应尽量减少渤海区域的海水淡化规模，如山东的海水淡化设施以布置在黄海岸边为宜。

由于海水淡化过程中需要消耗大量电能，其对大气造成的污染也是不容忽视的。按照每度电消耗 300g 标准煤的较先进水平计算，生产 70 亿～120 亿 m^3 淡水需要消耗 210 万～360 万 t 标准煤，产生二氧化碳 550 万～943 万 t，二氧化硫 1.79 万～2.97 万 t，氮氧化物 1.56 万～2.69 万 t，以及大量的粉尘、废渣等。

远距离调水，特别是由低处向高处调水的过程也需要消耗大量的能源。由海平面提升至 1200m 高度消耗的能源相当于海水淡化的 1.5 倍。而采用风力发电整个工程需要 $5000km^2$ 以上的有效风场才能满足需求，而且仍然面临着发电有效小时数较低、电力供应不稳定等诸多不确定因素。因此，如何合理规划线路、按需取用、高效利用是东水西调工程需要慎重考虑的首要问题。

2. 采用风力发电的可行性分析

风力发电是新兴的清洁能源产业，但风力发电具有发电时效短（2000h/a）、电力不连续、占地面积大等缺点。火电项目虽然污染较高，但能保证工程运行的连续性，且占地面积较少，东水西调工程所经区域同时也是我国主要的煤炭产区。

在海水淡化方面如采用风力发电，每年生产 10 亿 m³ 淡化海水需要 40 亿度电，理论上需要的风场面积约为 800km²（每平方公里 2.5MW，年有效发电时数 2000h），能源项目投资约 170 亿元（以国电每千瓦造价 8500 元计）。东水西调一、二、三期工程合计的 70 亿～120 亿 m³/a 的输水量就需要 5600～9600km² 的风场及 1190 亿～2040 亿元投资。显然，在沿海地区为单一工程建设如此大规模的风电场是难以实现的，且由于发电时效过低，工程将在一年的大部分时间内无法运作。

在提水方面同样存在类似的问题，对于二期及三期工程而言，需要每年由海平面提水 50 亿～80 亿 m³ 至 1200m 以上，需要 300 亿～510 亿度电。理论上需要的风场面积为 6000～10 200km²，投资为 1200 亿～2380 亿元。如图 5.2 所示，图中的过渡地带是完成提水工作的主要区域，这一过渡地带很窄，要建设大规模的风电场同样存在较大的困难。

如以风电作为主要的能源配套项目，则年产 10 亿 m³ 淡化海水的能源项目投资约为 170 亿元，年提升 10 亿 m³ 水的能源项目投资约为 255 亿元。第一、二、三期工程的总投资为 2465 亿～4207.5 亿元，其中：

一期工程：

年输水规模为 20 亿～35 亿 m³，淡化海水的能源投资为 340 亿～595 亿元。

二期工程：

年输水规模为 20 亿～35 亿 m³，淡化海水的能源投资为 340 亿～595 亿元，提水的能源项目投资为 510 亿～892.5 亿元。

三期工程：

年输水规模为 30 亿～50 亿 m³，淡化海水的能源投资为 510 亿～850 亿元，提水的能源项目投资为 765 亿～1275 亿元。

综合上述分析，由于采用风力发电项目投资较大，需要占用大量土地，配套输电网络的建设也需要大量投入，并且难以找到大规模的风场，且风电场的年发电量较低，受自然因素的影响较大，难以保证工程运行的连续性，同时风力发电投资过大，又将加大供水成本，提高单位水价。因此对于东水西调工程而言，以火力发电为主是比较现实的选择。

如配套能源全采用风电，配套能源的投资将增加 2030 亿元，工程总投资将增加 30%，达到 8145 亿元（未计入征地费用）。

如配套设施全部采用风力发电，则单位电价需调整为每度 0.5 元，则一期工程单位成本水价需增加 1 元，二期及三期单位水价需增加 2.5 元。

需要说明的是，由于风力发电的年有效小时数为 2000，只有火力发电 6000h 的 1/3，因而如全部采用风力发电作为能源一方面会占用大量的土地，另一方面会造成整个工程的使用效率降低。东水西调工程的能源应该如何配套是工程在实际建设过程中需要面对的重要问题。

5.4　东水西调一期工程的可行性分析[*]

本部分通过对京津冀地区 1999～2008 年供用水情况的研究，在分析该地区用水变化趋势的基础上，通过数值分析探讨了在该地区推进海水淡化产业发展的可行性。

5.4.1　工程的目的与意义

京津冀所在的海河流域水资源总量 372 亿 m³，仅占全国的 1.3%，人均水资源占有量仅 305m³，比 2000 年全国人均用水量还少 125m³。人均和耕地亩均水资源量分别为全国平均水平的 1/5 和 1/6。由于长期干旱缺水，过度开发利用地表水、大量超采地下水、不合理占用农业和生态用水以及使用未经处理的污水，海河流域基本处于"有河皆干、有水皆污"和地下水严重超采的严峻局面。水资源严重短缺、环境污染和生态破坏已经成为今后环渤海地区可持续发展的主要制约因素。

自 20 世纪 80 年代以来，国家先后建设了包括引滦入津在内的多个大型水利工程，并多次实施了引晋水入京、引冀水入京、引黄济津、引黄济淀等应急性调水措施。虽然在一定程度上缓解了即时的需求，但仍无法改变当地水资源缺乏的困境。

海河流域平原河道长期干涸，被迫大量超采地下水，已累计超采 1000 亿 m³，造成地下水位大面积持续下降。由于长期超采地下水，华北平原形成了大量的地下漏斗，严重威胁着当地的安全。根据《海河流域水资源公报（2008）》统计，海河流域各行政区 16 个地下漏斗总面积 2.85 万 km²，其中深层漏斗 6 个。水资源的过量开发，导致河湖干涸、河口淤积、湿地减少、土地沙化、地面沉陷以及海水入侵等生态环境问题日趋恶化，严重制约经济社会的可持续发展。

随着南水北调中线及东线工程的建设，水资源匮乏的情况将会有很大的改观。但南水北调工程新增的水量只够用于替换目前超采的地下水量，而长年积累

---

[*]　本节内容是中国工程院课题报告（2009～2012），合作者：孙东川，孙凯，朱丽，刘泽寰。

的近 1000 亿m³ 的超采水量还难以得到有效回补，地下漏斗现象仍将长期持续。因此，要从根本上解决水资源匮乏的问题，开发海水淡化及再生水回用等新型水资源就显得十分必要。

对于京津冀环渤海城市而言，完善合理的供水体系应是多种水资源之间相互配合、系统使用、适时调整的模式。各类水资源按取用先后排序分别是：地表水、外调水、再生水、淡化海水、地下水。其中，地下水从主要的取水源转变为水资源的战略储备和调节供水的手段，用于当发生干旱时本地地表水减少、来自水源地的外调水减少以及海洋污染等特殊情况下的应急水源。

本报告通过分析京津冀地区的历年供用水情况，估算海水淡化作为新型水资源供给的可行性，并对取水成本、供水水价及可能带来的生态影响进行分析。研究对于促进水资源的综合利用，探讨提升海水淡化产业的规模和技术应用的途径都是有益的。

就地理分布而言，京津冀处于同一地区，拥有共同的水资源。但就行政划分而言，三地又分别属于不同的省级区域，具有各自独立的供用水体系。建立由多种水资源构成的完善供水体系，以及地区之间的有效用水协调机制是解决京津冀地区水资源匮乏的根本途径。

随着技术应用的日趋成熟，海水淡化作为新兴的水资源在供水体系中的比例将会不断扩大。与传统水资源的多少受自然因素的制约所不同的是，海水淡化是人类以工程技术方法创造的水资源，其供给规模及生产方式可以完全由人为因素控制，因而可以做到按需取用，成为调节供水结构的重要手段。与远距离调水相比，海水淡化虽然在供水成本方面并不占优势，但因其不会带来取水地环境先期治理、大规模的土地淹没及移民等一系列问题，而且不会发生因上游来水减少而产生的供水不足问题，因而其综合成本效益具有较大的优势。

海水淡化不仅可以作为开发水资源的新途径，同时也可以作为充分挖掘电力行业生成能力的手段。依托滨海电厂建设的海水淡化设施，可以通过调整特定时段的淡水产量，起到调节电网负荷的作用。

在开发海水资源的同时，淡化产业对生态的负面影响也是不容忽视的。海水淡化是高耗能及高污染的行业，在上马相应工程的同时应充分估计其对大气及海洋的影响，并配套相应的环保措施。如何在增加水资源的同时减少对生态环境的破坏，是决策者所需要面对的主要问题。

5.4.2　需求及海水淡化潜力分析

1. 供用水情况分析

以下通过表 5.8～表 5.10 对北京、天津及河北三地的供用水情况进行分析。

表 5.8　北京 1999～2008 年的供用水情况　　（单位：亿m³/a）

年份	供水量				用水量				
	地表水	地下水	其他	合计	农业	工业	生活	生态	合计
1999	14.95	26.76	0.10	41.81	18.50	10.60	12.70	—	41.80
2000	13.30	27.20	0	40.50	16.50	10.50	13.40	—	40.40
2001	11.70	27.20	0	38.90	17.40	9.20	12.40	—	39.00
2002	9.65	24.24	0.73	34.62	15.45	7.54	11.63	—	34.62
2003	8.34	25.42	1.25	35.01	12.92	7.65	13.49	0.95	35.01
2004	5.71	26.80	2.04	34.55	13.50	7.66	12.78	0.61	34.55
2005	7.00	24.90	2.60	34.50	12.67	6.80	13.93	1.10	34.50
2006	6.36	24.34	3.60	34.30	12.05	6.20	14.43	1.62	34.30
2007	5.67	24.19	4.95	34.81	11.73	5.75	14.60	2.72	34.80
2008	5.81	22.97	6.30	35.08	11.35	5.20	15.33	3.20	35.08
平均	8.85	25.40	2.16	36.41	14.21	7.71	13.47	1.02	36.41

表 5.9　天津 1999～2008 年的供用水情况　　（单位：亿m³/a）

年份	供水量				用水量				
	地表水	地下水	其他	合计	农业	工业	生活	生态	合计
1999	18.44	7.07	0	25.51	13.00	7.00	5.60	—	25.60
2000	14.40	8.20	0	22.60	12.10	5.30	5.20	—	22.60
2001	11.20	8.00	0	19.20	10.00	4.50	4.70	—	19.20
2002	11.74	8.20	0	19.94	10.71	4.50	4.75	—	19.96
2003	13.37	7.14	0.02	20.53	11.17	4.86	4.20	0.30	20.53
2004	14.89	7.07	0.10	22.06	12.18	5.20	4.20	0.48	22.06
2005	16.02	6.98	0.10	23.10	13.59	4.51	4.54	0.45	23.09
2006	16.10	6.76	0.10	22.96	13.43	4.43	4.61	0.49	22.96
2007	16.49	6.81	0.07	23.37	13.84	4.20	4.82	0.52	23.38
2008	15.96	6.25	0.12	22.33	12.99	3.81	4.88	0.65	22.33
平均	14.86	7.25	0.05	22.16	12.30	4.83	4.75	0.29	22.17

表 5.10　河北 1999～2008 年的供用水情况　　（单位：亿m³/a）

年份	供水量				用水量				
	地表水	地下水	其他	合计	农业	工业	生活	生态	合计
1999	50.16	172.05	0.80	223.01	173.30	27.30	22.40		223.00

续表

年份	供水量				用水量				
	地表水	地下水	其他	合计	农业	工业	生活	生态	合计
2000	44.80	164.90	0.90	210.60	160.30	27.30	22.80		210.40
2001	39.00	169.80	0.80	209.60	159.90	27.10	22.60		209.60
2002	38.83	170.04	0.88	209.75	160.02	26.75	22.97		209.74
2003	33.35	164.32	0.49	198.16	148.21	26.21	23.41	0.32	198.15
2004	36.06	157.80	0.50	194.36	151.04	25.17	17.70	0.45	194.36
2005	36.96	160.68	0.51	198.15	148.28	25.61	23.32	0.95	198.16
2006	38.45	162.30	0.66	201.41	150.36	26.09	23.79	1.17	201.41
2007	38.97	159.54	0.54	199.05	149.27	24.99	23.59	1.21	199.06
2008	37.53	153.56	1.08	192.17	140.85	25.07	23.07	3.19	192.18
合计	39.41	163.50	0.72	203.63	154.15	26.16	22.57	0.73	203.61

三地 1999～2008 年的供用水量变化情况如图 5.3 和图 5.4 所示。

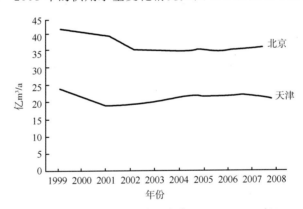

图 5.3　京津年度供用水量变化（1999～2008 年）

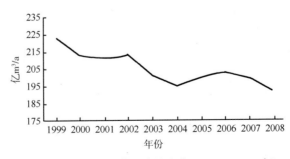

图 5.4　河北省年度供用水量变化（1999～2008 年）

由图表可以看出，在 1999～2008 年的 10 年间，三地的供用水总量呈逐年下降趋势, 其中京津的供用水量已逐渐趋于平稳, 河北省还有一定的下降空间。这一趋势的产生主要得益于近年产业结构的调整及节水措施的推行。但是, 地下水供用过多应引起关注。

三地在 2003～2008 年万元 GDP 用水量及变化趋势如表 5.11 和图 5.5、图 5.6 所示。

表 5.11 京津冀万元 GDP 用水量（2003～2008 年）（单位: m³/万元）

年份	北京	天津	河北
2003	96	86	279
2004	76	75	234
2005	51	63	199
2006	44	53	165
2007	34	45	144
2008	30	34	119

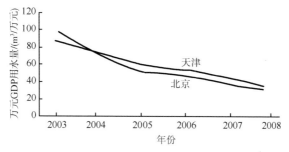

图 5.5 京津万元 GDP 用水量（2003～2008 年）

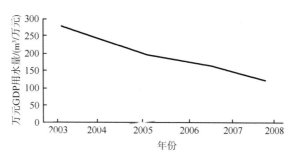

图 5.6 河北省万元 GDP 用水量（2003～2008 年）

由图 5.5 和图 5.6 可知, 三地的万元 GDP 用水量呈逐年下降趋势。2008 年, 北京市及天津市的数据分别为 34m³/万元和 30m³/万元, 已接近万元 GDP 用水量 28m³ 的先进水平。河北省由于农业用水占比为 75% 以上, 万元 GDP 用水量远高于京津, 以其 2008 年的数据 119m³/万元为例, 在各省份中仍处于极高的水平。随着地区产业结构调整的深化，三地的工业及农业用水呈逐年下降趋势，其减少量远高于生活及生态用水的增加量，其用水结构变化情况如图 5.7 所示。

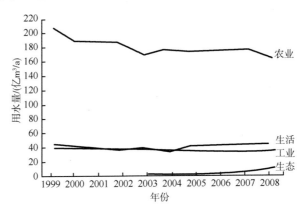

图 5.7　京津冀用水结构变化情况（1999～2008 年）

由上述分析可知，京津冀三地近 10 年来的供用水总量呈逐年下降趋势，近年的总用水情况已趋于平衡。随着产业结构的调整及节水措施的推行，各地 GDP 增长并未增加新的用水量。据此，本报告假设在未来 10 年乃至较长的时期，上述地区总的用水量将保持在相对稳定的水平，不会有较大的增长；因而，可以以 1999～2008 年的平均值作为确定供水需求的标准。

相比于传统的地表和地下水资源而言，新兴的水资源包括外地调水、海水淡化及再生水回用等。由于其处理成本较高，供水量相对有限，并不适用于农业大规模、低成本用水的需要；此外，由于农村地区缺乏管网设施，也无法有效使用此类水源；因而在整个供用水体系中，此类水源主要应用于增补当前的工业及生活用水。通过调整用水结构，解决工业及生活用水挤占农业用水的问题，同时提高地表水在农业用水中的比重，使其降低对地下水资源的依赖，从而使得地下水资源逐渐得到自然回补。

2. 南水北调工程增补供水情况分析

南水北调中线及东线工程是有效缓解京津冀地区水资源匮乏的重要举措。随着南水北调东线及中线工程分别于 2013 年及 2014 年正式通水，受水地区水资源短缺的现象将会有所缓解。根据有关资料的说明，在南水北调供水前，受水区地下水开采量基本维持可开采量，但河北省、天津市仍需要继续超采；南水北调通水后，地下水总开采量将有所减少，地下水超采现象将逐步被禁止。

南水北调工程将成为京津冀地区未来的主要水源之一，在供水需求方面，《南水北调城市水资源规划》中的有关数据如下：

　　北京市根据供需分析各水平年的缺水量和远期以南水北调为主要水源的水厂建设规划,确定多年平均需调入境水量为 12 亿 m³。遇枯水年需加大调水量。

　　天津市在采取开源和节水措施后,2010 年和 2030 年分别缺水 12 亿 m³ 和 18 亿 m³ 左右,相应需调净水量分别为 12 亿 m³ 和 18 亿 m³。

　　河北省提出 2010 年和 2030 年的需调水量均为 45 亿 m³,在调水初期,除满足城市用水外,尚有少量余水用于缓解地下水超采,改善地下水环境。随着城市用水量的增加,南水北调水量将逐步全都用于城市。

　　……

　　在可供水量方面,《南水北调工程中线规划 (2001 年修订)》及《南水北调工程东线规划 (2001 年修订)》中的有关数据如下:

　　汉江流域地表水资源总量为 566 亿 m³,现状总耗水量为 49 亿 m³,其中丹江口水库大坝以上,地表水资源量为 388 亿 m³,预计 2010 年上游耗水量约为 23 亿 m³,中下游需水库下泄补充 162 亿 m³,在剩余的 203 亿 m³ 水中规划可调走 97 亿 m³。

　　……

　　将丹江口水库、汉江中下游及受水区作为一个整体进行供水调度及调节计算,在近期可调水量 97 亿 m³ 中,有效调水量为 95 亿 m³。

　　……

　　近期有效调水量分配如下:北京 12 亿 m³,天津 10 亿 m³,河北 35 亿 m³,河南 38 亿 m³(含刁河灌区现状引水)。

　　……

　　根据东线工程供水范围内江苏省、山东省、河北省、天津市城市水资源规划成果和《海河流域水资源规划》、淮河流域有关规划,在考虑各项节水措施后,预测 2010 年水平,供水范围需调水量为 45.57 亿 m³,其中江苏 25.01 亿 m³,安徽 3.57 亿 m³,山东 16.99 亿 m³;2030 年水平需调水量 93.18 亿 m³,其中江苏 30.42 亿 m³,安徽 5.42 亿 m³,山东 37.34 亿 m³,河北 10.00 亿 m³。天津 10.00 亿 m³。

　　……

　　根据上述资料,归纳南水北调中线及东线工程分配水量如表 5.12 所示。

表 5.12　南水北调中线及东线工程分配水量　　（单位：亿 m³/a）

地区	中线		东线		
	一期（在建）	二期	一期（在建）	二期	三期
北京	12				
天津	10	8		5	5
河北	35	13		7	3

地区	中线		东线		
	一期（在建）	二期	一期（在建）	二期	三期
河南	38	14			
山东			16.81	0.05	20.41
安徽			3.29	0.14	1.82
江苏			19.22	2.9	6.08

　　上述资料显示，南水北调中线一期工程总调水量 95 亿 m³ 即使在枯水年份也是可以得到保证的，在汉江水量较丰时，还可以增加调水量。二期工程将供水总量将增加到 130 亿 m³，但由于汉江水量的限制、移民搬迁及工程投资等问题，实施的难度较大。此外，目前已建成的中线京石段及天津干线工程是按照年输水规模 10 亿 m³ 和 8 亿 m³ 建设的，即使调水总量增加，也无法再增加京津两地的供水量。

　　东线工程自长江下游提水，终点是天津市。目前在建的东线一期工程只向江苏和山东供水，规划的二期及三期工程将分别向天津和河北各供水 10 亿 m³。相比于中线而言，东线的水源较为丰富，供水线路利用现成河湖，工程规划的输水规模是有保障的，但是由于东线工程确定的是先治污后供水的原则，正式向津冀两地供水还需要数年时间。

　　综合分析，在扣除实际供水过程中 20% 的输水损失后，南水北调工程对京津冀三地的实际供水规模为：北京 9.6 亿 m³/a、天津 16 亿 m³/a（中线 8 亿 m³/a、东线 8 亿 m³/a）、河北 35 亿 m³/a（中线 27 亿 m³/a、东线 8 亿 m³/a）。

3. 海水淡化需求分析

　　此处的供水需求是指在各地水资源需求总体变化较小的情况下，用于调节不合理供水结构的替代性水资源需求。新增的水资源主要用于工业及居民生活用水，置换出相应数量的农业用水，以解决地下水超采的问题，并在水资源富余的情况下，逐年回补地下水资源。

　　在前述各项分析的基础上，将各地用水情况及南水北调可供水情况的各项数据综合如表 5.13 所示。

表 5.13　京津冀用水和南水北调增补情况　　　（单位：亿 m³/a）

项目		北京	天津	河北	合计
1999～2008 年供用水量平均数	工业	7.71	4.83	26.16	38.7
	生活	13.47	4.75	22.57	40.79
	生态	1.02	0.29	0.73	2.04

续表

项目		北京	天津	河北	合计
减：南水北调中线	中线供水量	9.60	8	27	44.6
（扣除输水损失 20%）	需求值（高）	12.60	1.87	22.46	36.93
减：南水北调东线	东线供水量		8	8	16
（扣除输水损失 20%）	需求值（低）	12.60	−6.13	14.46	20.93

根据表 5.13，考虑各地再生水等利用水平的提高及节水措施的进一步推广等因素，京津冀三地潜在的海水淡化量估算为每年 20 亿～35 亿 m³。其中，北京市为 10 亿～15 亿 m³/a。在南水北调工程所调水量中，北京从中线得到约 10 亿 m³/a 水量分配，东线则不向北京供水。从多年平均的供水数据中可以看出，北京市对地下水的依赖程度达到 70%，每年超过 20 亿 m³。综合分析，北京市对淡化海水的潜在需求约为 15 亿 m³/a。考虑管道建设的成本效益，先期建设以 10 亿 m³/a 规模为宜。

天津市为 5 亿～10 亿 m³/a。从表 5.13 数据分析，如南水北调中线及东线工程全部完成，天津市的缺水情况将大为改善。但考虑到天津市本地水资源缺乏，目前的水源主要依赖引滦入津工程及不定期的引黄济津调水的实现，多年平均值约为 6 亿 m³/a，如表 5.14 所示。天津市有滨海的地域优势，上马海水淡化工程可增加本地的水资源供给。此外，由于南水北调工程并不对河北省的滦河流域供水，而滦河流域由于首钢迁入及曹妃甸新区的建设，用水需求扩大。若天津市能减少引滦水量，将对整个地区的水资源平衡有很大的益处。以引滦多年平均水量作为参考，天津市对淡化海水的潜在需求为 5 亿～10 亿 m³/a。

表 5.14 天津市外调水量（2004～2008 年） （单位：亿 m³/a）

年份	引滦入津	引黄济津	合计
2004	3.89	3.87	7.76
2005	4.21	0.61	4.82
2006	7.01		7.01
2007	6.13		6.13
2008	4.41		4.41
平均			6.026

河北省为 10 亿～15 亿 m³/a。南水北调一期工程分配给河北省的水量与该省每年超采地下水的水量相当。除了南水北调中线及东线工程分配给河北省的水量以外，京津地区通过南水北调工程及海水淡化产业得到的水量增加可以使其减少对河北省水资源的依赖，进而也就增加了河北省的水资源总量。综合分析表

5.14 数据，河北省滨海地区对淡化海水的需求为 10 亿～15 亿m³/a。

4. 滨海电厂的海水淡化潜力分析

除新建机组专门用于海水淡化的方式之外，还可以通过充分挖掘现有机组的潜力来实现海水淡化的能源供应。由于近年火电建设的大规模投入，大型机组往往处于开工不足的情况，如表 5.15 所示。

表 5.15　全国电力行业年发电小时数（2002～2009 年）　　（单位：h）

年份	水电	火电	核电	风电	行业平均
2002	3289	5272			4860
2003	3229	5767			5245
2004	3462	5911			5455
2005	3642	5876			5411
2006	3434	5633	7774		5221
2007	3532	5316	7737		5011
2008	3621	4911	7731	2046	4677
2009	3264	4839	7914	1861	4527
多年平均	3434	5441	7789	1954	5051

根据中电联的统计数据分析，2002～2009 年，全国火电机组（600MW 以上）利用小时数多年平均约为 5400h，且波动较大，其中 2004 年接近 6000h，而 2008 年及 2009 年均低于 5000h，相差 20%，近年的下降趋势明显，如图 5.8 所示。

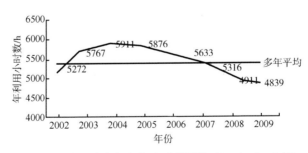

图 5.8　全国火电机组年小时利用数（2002～2009 年）

滨海电厂可以将未上网的多余电量用于海水淡化。通过增加配套的海水淡化设施，根据用电需求和用电负荷，动态调节上网电量，可实现错峰供电。将用电负荷较低时段的发电量用于海水淡化，高峰用电时段则向电网供电，这样可以使发电机组处于较高的使用水平，同时也可有效减少电网负荷。根据相关资料收集整理，河北及天津两地滨海电厂的装机情况如表 5.16 所示。

表 5.16　河北省和天津市滨海电场装机情况　　　　（单位：MW）

电厂	已建	在建	拟建	合计
国华沧东电厂（沧州）	600 * 2	660 * 2	1 000 * 4	6 520
大唐王滩电厂（大连）	600 * 2	1 000 * 2	1 000 * 4	7 200
河北曹妃甸电厂（唐山）	300 * 2	1 000 * 2	1 000 * 4	6 600
天津北疆电厂	1 000 * 2	1 000 * 2		4 000
天津大港发电厂	1 314			
秦皇岛热电厂	1 000			
合计	7 314	7 320	12 000	24 520

按目前各电厂已建及在建的总装机容量 14 634MW 计算，如淡化海水每立方米耗电 4 度，则增加机组年利用小时数分别为 300h、600h、900h，可分别生产 10.89 亿 m³、21.96 亿 m³、32.85 亿 m³ 淡水。随着海水淡化设施规模的增加和技术的改进，海水淡化耗电量将会有所降低；当每立方米耗电减少到 3 度时，可分别生产淡水 14.63 亿 m³、29.28 亿 m³、43.91 亿 m³。此外，如上述电厂规划中的机组全部建成，还将增加一倍左右的生产能力。

此外，还可以通过电网的合理调控，挖掘周边地区各电厂的生产能力。通过降低滨海电厂的上网电量，提高其他电厂的上网电量，还可以进一步提高海水淡化的能力。由此可见，充分利用目前河北、天津两地滨海电厂的产能即可满足京津冀三地对海水淡化的需求。

5.4.3　工程投资及水价分析

1. 工程投资

工程投资主要分为两个部分，一是海水淡化装置的投资，为 400 亿～700 亿元；二是远程输水管道的投资，为 204 亿～357 亿元。其中，海水淡化装置的投资可视需要分步建成；远程输水管道的建设则需要一次性完成主要线路。

1）淡化装置投资

淡化装置的投资相当于南水北调的水源地建设投资，但与后者不同的是，建设海水淡化项目不存在水源地环境先期治理、淹没土地及移民搬迁等问题。在资金投入方面，不需国家直接投入，只需要辅以合理的市场调节及产业扶持政策，海水淡化项目的建设都可以通过企业行为实现。

根据预测，到 2015 年，我国反渗透海水淡化装置的吨水投资可下降到 4200

元/（t·d），低温多效蒸馏下降到 5500 元/（t·d）。以目前各大滨海电厂的装机规模计算，每厂都可建设不小于年产 10 亿 m³ 的海水淡化基地。按工程综合造价 5000 元/（t·d）估算，则年产 1 亿 m³ 淡水的装置投资约为 20 亿元（以年运行 6000h 计算），以总规模年产 20 亿～35 亿 m³ 考虑，总造价为 400 亿～700亿元。

　　2）输水管道投资

　　由于海水淡化后的水质已达到直接饮用标准，大大高于自来水的供水标准，因而可以直接进入城市自来水管网或直饮水管网。对于天津市及河北省滨海城市而言，可利用现有管网而无须对管道建设进行大规模投资。对于北京市而言，则需要建立主干管道接入城市管网。

　　考虑到海水淡化尾液排放及渤海污染等问题，海水淡化基地的建设不宜过于集中。由于天津市自身也需要建立大规模的海水淡化设施，因而将对北京供水的海水淡化设施建在河北省境内相对较为合适，就地点而言，唐山或沧州沿海距离北京市均为 250km 左右，且都有新建的大型滨海电厂，是比较合适的备选地点。

　　输水管道工程的单位工程量及投资规模可参考南水北调中线京石段工程及天津干线工程的案例，有关数据如表 5.17 所示。

表 5.17　输水管道工程投资计算分析

名称	总投资/亿元	公里数	每公里造价/万元
南水北调中线京石段工程	200	306	6536
南水北调中线天津干线工程	85	155	5484
每公里造价平均（4m 双管线路）：			6000
双管线路	150	250	6000
单管线路（单位造价增加 20%）	90	250	3600

　　以上述两项工程采用的 4m 管道为例，其年输水能力约为 5 亿 m³，当输水规模为 10 亿 m³ 时，宜采用单线路双管铺设方式，工程投资约为 150 亿元。但输水规模增大为 15 亿 m³ 时，可另增加一条线路，投资约为 90 亿元。

2. 水价分析

　　对于电水联产的滨海电厂而言，增加淡水产量将减少发电收入。从企业经营的角度考虑，需在发电收入减少与投资海水淡化设施收益之间取得平衡。以生产每立方米淡水减少上网电量 4 度，上网电价 0.5 元/度，成本电价 0.25 元/度计算，其中的差价为 1 元，因而淡化海水的出厂价应在 4 元/m³ 左右。

　　对于供水企业而言，由于淡化海水不需再处理可直接进入管网，因而只需考虑输水成本及相应的效益。以增加 1 元/m³ 计算，则淡化海水的水价应在 5 元/m³ 左右。如现有水价为 4 元/m³，结合 50％ 淡化海水，则综合水价应为 4.5 元/m³ 左右。

对于北京市而言，如果管道投资按 15 年折旧及考虑维护费用，则每立方米淡化海水成本增加 1.5 元左右，为 6.5 元。如可改变财务核算方法，延长投资回收期，以管道寿命 30～50 年考虑，则淡化海水水价可降至 5.5～6 元/m³。如现有水价为 4 元/m³，结合 50％ 淡化海水，则综合水价应为 5 元/m³ 左右。

5.5　东水西调工程远期规划探讨[*]

东水西调工程远期规划应着眼于海水的综合利用。工程的作用并不局限于长距离调水和沙漠蓄水，同时具有调整工业布局、优化用水结构及复原特定地区生态系统等一系列功能。

远期工程是指图 5.1 中所表示的 B 类线路。与 A 类线路采取"先淡化、后输送"的调水方式不同，B 类线路采用直接输送海水的方式，按照当地需求直接取用或按需淡化后取用。

作为本项研究的成果，我们建议远期计划分两期进行，每期各调水 50 亿 m³/a，总计调水 100 亿 m³/a，其中，一期工程调水至内蒙古、山西、陕西、甘肃、宁夏 5 省区及河北、河南两省部分地区，二期工程再调水至新疆。

在一期工程的总水量中，其中 35 亿 m³ 用于工程沿线的工业用水，主要以电厂冷取水为主；并结合当地盛产煤炭的优势，以海水发展煤盐化工。另外 15 亿 m³ 用于注入干盐湖，以复原当地的生态，恢复种植业及养殖业，并可进一步发展旅游业。

5.5.1　远期调水工业用途

考虑工程规模、成本效益及技术条件等方面的因素，我们建议东水西调工程主要用于解决工程沿线各省区市的工业及生态用水。一方面由于工程提调的水量有限，必须计划使用，以最经济的方式解决关键性的问题，特别是农业用水的水量巨大，所以工程由于技术条件及用水成本等方面的限制，尚不能全面满足沿线的用水要求。另一方面由于海水未经淡化不能直接用于农业及生活用水，但工业用淡水的减少，就相当于增加了农业及生活用淡水，这样减少了海水淡化的必要环节，也就降低了用水成本。更进一步，海水可以作为盐化工的原料，东水西调

* 本节内容是中国工程院课题报告（2009—2012），合作者：孙东川，孙凯，朱丽，刘泽寰。

工程可以视为盐化工企业原料的管道运输方式，可大幅降低沿线相关企业的用盐成本。海水用于工矿企业，是东水西调工程沿线主要的用水方式。主要有两大领域的利用：一是工业冷却水；二是盐化工原料，特别是煤盐化工。

1. 工业用水

在工业用水中，冷却水占比重最大。我国工业用水量中，冷却水平均占75%以上，化工、冶金部门冷却水占工业用水80%，电力工业中占90%以上。因为冷却水不参加生产过程本身，因而只需对冷却设施稍加改造，就可以将淡水冷却装置改用海水冷却。利用海水直接冷却遇到的主要技术问题是设备防腐。目前，海水冷却的防腐技术已经成熟，投资并不高。主要的防腐措施有涂保护层法、电化学保护和改进管网材质。此外，还可采用二级冷却系统，即以海水冷却装置循环冷却淡水，代替原来以冷却塔空冷循环水的方式。

根据有关资料，仅火电企业的冷却水一项就占到了整个工业用水的45%左右。工业用水用于发电厂冷却水已经有非常成熟的技术方案及实际案例，以2008年为例，用于电厂冷却的海水，广东省为203.8亿m^3，江苏省为156.1亿m^3，浙江省为119亿m^3。这样不仅解决了工业用水紧张的问题，也避免了大规模海水淡化的技术瓶颈及高额成本。经过使用的海水一部分蒸发进入大气，有助于调节当地气候，而余下的海水经过循环使用已经浓缩，可以输送至盐化工企业，作为生产原料，一举多得。

北方地区由于盛产能源，因而近年建设了大量的火电厂，一座1000MW装机容量的大型火力发电厂的耗水量相当于一个中等城市的用水量。由于冷却水的不足，发电机组往往不能满负荷运作。而如果采用空冷机组，虽然可以大幅减少冷却水的消耗，但是其煤耗要远高于湿冷机组，同时需向周边环境释放大量热量，既造成了对周边环境的影响，也使得这部分热量无法被有效利用。根据有关资料显示，截止到2008年7月，我国已投运及已核准的空冷机组总容量已经达到7355.7万kW。假设将其全部改为湿冷机组，则每年将需要约10.81亿m^3的水量，显然，在没有足够水源的情况下是难以实现的。

在确定工业用水总量时以考虑内蒙古、山西、陕西、宁夏、甘肃5省区为主，并兼顾河北、河南两省与之临近的地区。5省区的工业用水合计为每年50.66亿m^3，如按平均75%的冷却水比例计算，则每年需要约38亿m^3。

如单独考虑火电厂冷却水一项，按45%的比例，则每年需要约22.8亿m^3，加上空改湿机组所需的水量则需要33.6亿m^3。

综合上述分析，东水西调工程用于工业用水的水量约为每年35亿m^3。这样各省区就可减少此部分淡水的供应，而将其用于其他方面。扣除海水中3%左右的盐分及损耗，则相当于每年为沿线增加了至少 30 亿m³ 的淡水供应，相当于间接增加了生活用水及农业用水的供应量，也可以视为减少地下水的抽取数量。

以海水用于工业冷却，减少了海水淡化的环节。如果按 5 元/m³ 的淡化成本计算，将这 35 亿m³ 用于海水淡化，一年至少需要 150 亿元。同时，海水用于工业冷却后，其含盐浓度进一步提高，可再将其通过管道输送至盐化工企业作为其生产原料。

2. 盐化工

除了水之外，海水中的另一主要成分就是 3% 左右的盐。按照前面确定的每年 35 亿m³ 工业用水的总量计算，一年就可以提取 1.05 亿t 的原盐，即使以渤海最低含盐量 2.3% 计算也超过 7000 万t，高于目前全国原盐年产量约 6000 万t 的水平。这对大力发展盐化工业，特别是与当地煤炭结合的煤盐化工有着积极的促进作用。

对于制碱、化肥等用盐企业来说，所面临的问题一方面是原料不足，另一方面是运费高居不下。本工程都可以有效解决这两方面的困境，如前所述，原盐供应已可以充分满足需求；而对于运输问题，分析如下：

将调水网络视为原盐管道运输来计算，海拔提升 1200m，每立方米需 6 度电，电费每度 0.5 元，则需 3 元。海水含盐 3%，则 1t 原盐需要 33.33m³，不考虑海水浓缩为卤水的费用。则东水西调工程 1t 盐的运费为 100 元。

而如果采用陆路运输，公路为 0.6 元/（km·t），铁路为 0.4 元/（km·t），不考虑运力不足及仓储等方面的成本，按平均 0.5 元/（km·t），运输 500km 计算，则每吨盐的运费就需要 250 元。

以上分析可解释为，如果某用盐企业处于 1200m 海拔地区，需从 1000km 以外购盐，则其成本每吨可以节省 150 元。

东水西调工程所带动的盐化工产业发展可以有多种模式，一是工业冷却水浓缩后制盐，同时可以得到很大数量的淡水。二是将海水注入沿线的干盐湖，进一步提高海水的含盐量，再抽取高含盐量的卤水制盐。再与当地盛产的煤炭进一步合成多种高附加值的化工制品。

目前全国每年生产 6000 万t 左右的原盐，海盐只有 1800 万t 左右。海盐的生产占用了沿海地区大量的土地资源，且会在一定程度上造成土地的盐碱化。随着沿海地区经济的发展，用地紧张的局面凸显，各地都在大力进行盐田置换，关闭中小规模的盐场。东水西调工程的建设为盐田置换提供了新的方式，为制盐业的产业布局调整创造了条件。

此外，北方是湖盐的主要产地，湖盐开采具有工艺简单、成本低、开采量大的优势。但由于气候干燥,大规模开采盐湖资源会出现卤水水位下降,周边环境日趋沙漠化等问题,因而需要对盐湖进行补水。东水西调工程所输送的海水可以有效解决这一难题,在盐湖综合开发、合理利用,提高盐资源生长量、质量和利用率,改善地区生态环境等方面效果显著。

5.5.2　远期调水生态用途

东水西调远期工程可分两期进行,第一期将海水调入内蒙古等 5 省区,第二期则进一步调入新疆。第一期工程的 50 亿 m^3 水量中有 15 亿 m^3 作为生态用水。第二期工程的 50 亿 m^3 中有 40 亿 m^3 作为生态用水。

将一部分海水注入盐湖或咸水湖的目的是通过长期的适量补水,恢复干涸湖泊原有的生态系统和自然景观,减少风沙的侵蚀,进而可以在一定程度上减少沙尘暴对北方地区的威胁。恢复干涸湖泊是解决问题的最好办法也是最简便的方法,所需做的工作只是注水,有足够的水量,当地就会自行恢复,比任何其他的治沙措施都有效,而且事半功倍。海水的注入一方面有效改善了当地的生态环境,一方面也可在此基础上发展特色农业和进行旅游开发。

1. 海水注入地点

东水西调工程的生态用水主要用于注入工程沿线的干盐湖或咸水湖。与淡水湖相比,盐湖的湖底构造大都十分坚硬,不宜向地底渗漏。而且由于经过了相当长的历史时期,周围的生态已经适应了高盐分的环境,且海水的含盐量并不高于盐湖的含盐量,因而不会对周边的生态产生影响。

海水注入盐湖一方面用于改善当地的环境,一方面也起着调节整个工程水量的作用。根据对相关资料的分析,我们选择了 4 处主要地点作为东水西调远期工程一期调水注入的备选地点,每个地点每年注入 3 亿~5 亿 m^3 海水,加上沿线一些小的地点,合计每年注入 15 m^3,分别说明如下。

1)黄旗海

黄旗海位于乌兰察布盟察哈尔右翼前旗境内,因清代在正黄旗辖境内而得名。北魏时称南池、乞伏袁池,金代称自水泊,明代称集宁海子,清代始称黄旗海。20 世纪 50 年代末黄旗海湖面扩展到 130 多平方公里,60~70 年代黄旗海已收缩到只有 70 多平方公里,但水质较好。湖水补给主要来源于霸王河、泉玉林河、磨子山河等 19 条河沟。湖盆封闭,无泄水路,湖水消耗于蒸发,水呈碱性。水面四周盛产芦苇。近 30 年,由于上游建库蓄水等原因,进湖水量大减,加之集宁市的污水排放,水质变差,鱼类骤减,目前湖面已大为缩减,满眼尽是白色的碱滩,抑或零星的水域。

2）鄂尔多斯盐湖群

鄂尔多斯高原的库布齐沙地和毛乌素沙地是内蒙古现代盐湖的主要分布区，盐湖成群成组出现，境内有大小不同规模的盐碱硝湖 100 多处；多数盐湖盐、碱、硝在一个湖内共生。鄂尔多斯地区近代产盐池就有十几处，较著名者有杭锦旗盐海子（蒙古名哈口芒乃淖尔），即汉时所称青盐泽；昌汉淖（杭锦旗霍洛柴登苏木境内），即汉时所称金莲盐泽，现仍在生产芒硝。但鄂尔多斯高原的盐湖面积都比较小，可选择多个小盐湖分别注入适量海水。

3）民勤以北盐湖群

位于甘肃省民勤县北、内蒙古阿拉善左旗及阿拉善右旗交界处是巴丹吉林沙漠与腾格里沙漠交界处，分布有一系列的盐湖，可选择合适地点注入适量海水，对避免民勤成为第二个罗布泊，以及防止两大沙漠合拢都有较大的作用。可选的地点如雅布赖盐湖、和屯池，以及稍北的吉兰泰盐湖等。

4）居延海

居延海也是东水西调一期工程的终点，位于内蒙古自治区阿拉善盟额济纳旗北部，形状狭长弯曲，犹如新月，额济纳河汇入湖中，是居延海最主要的补给水源。西居延海原有水面近 $3000km^2$，自 1961 年干涸以来，长期被白茫茫的碱漠和荒沙覆盖着，成为飞扬沙尘的发源地。东居延海共干涸过 6 次，1992 年更是遭遇到长达 10 年的彻底干涸。西居延海的干涸是由额济纳河水量逐年减少所致，由此引发居延海绿洲萎缩、地区生态环境急剧恶化。

2. 生态改善

所谓"风起西伯利亚，沙起额济纳"，每年覆盖北方地区的沙尘暴的来源即内蒙古高原的各大沙漠。东水西调工程的四个主要注水点中有三个都位于这些沙漠之中。分别是：位于巴丹吉林沙漠之中的居延海，即"沙起额济纳"的源头。位于民勤线与阿拉善盟交界处的盐湖群处于巴丹吉林沙漠与腾格里沙漠交汇处，对于防止民勤成为"第二个罗布泊"、防止两大沙漠的合拢具有重要的作用。位于鄂尔多斯高原、库布齐沙漠与毛乌素沙地的盐湖群对于减少沙尘暴的威胁、防止沙漠的扩大也具有积极意义。

注入盐对湖当地的生态影响是正面的，因为盐湖周围的生态是千百年形成的，已经适应了高盐的环境，如西居延海在历史上就被称为"苦海"，其矿化度为 88.0～103.0g/L，是海水的 30 倍。黄旗海含盐量从 1972 年的 7.79‰上升到 1973 年的 9.040‰、1974 年的 11.68‰、1977 年的 18‰，即使按 1977 年的数据也是海水的 6 倍。注入海水可将湖底沉积的盐分稀释，可以降低盐碱化的程度。

东水西调工程注入的水量可以使得湖面得以长期保持，可以形成湿地及沼泽，促进植物的生长，稳固沙地，形成小块绿洲。同时水汽蒸发量的增加也会提高大气的湿度，减少风沙的形成。当某一处湖面注入到一定面积时，可考虑将水引到周围的其他盐湖。

湖泊周围的生态是极易恢复的。1996 年，黄旗海上游水库冲垮，大发洪水，大量的水和鱼类流入黄旗海，湖面陡升，出现了大量的鱼；但这只是昙花一现，此后的黄旗海仍然逃脱不了枯竭的命运，但如果补水充足，黄旗海将有可能恢复原状。东居延海也是类似的例子，由于国家统一调度，黑河连续 6 年来第 15 次调水进入东居延海，累计达 2.48 亿 m^3，湖面面积最大达 38.6 km^2，如今湖区周边的植被呈现良性演替趋势，还能在此见到天鹅、灰雁、黄鸭等珍稀鸟类出没，一度消失的黑河特有鱼类大头鱼也重新畅游东居延海。

3. 特色农业

20 世纪 60 年代初，东居延海曾盛产各种鱼类，并栖居有天鹅、鹳、鸥和野鸭。旗政府曾经在这里设有渔场和野鸭饲养场，每年盛产鲜鱼 5 万多公斤；捕捉野鸭 3000～5000 只。每年还能收割芦苇牧草 150 万～200 万 kg，能满足驻地牧民牲畜过冬补饲需要。同样，黄旗海在干涸之前曾以盛产体肥肉美的"官村鲫鱼"闻名京津一带，并运往北京作为国宴佳肴。

20 世纪 40 年代，东居延海被描述为："水色碧绿鲜明，水中富鱼族，大者及斤；鸟类亦多，千百成群，飞鸣嬉水，堪成奇观：湖滨密生芦苇，粗如笔杆，高者及丈，能没驼上之人：时见马饮水边，鹅翔空际，鸭浮绿波，碧水青天，马嘶雁鸣，缀以芦苇风声，真不知为天上人间。"[17] 20 世纪 60 年代以来，下游生态环境严重恶化，黑河尾闾西居延海、东居延海水面面积 50 年代分别为 267 km^2 和 35 km^2，于 1961 年和 1992 年相继干涸。

只要干涸的湖泊能得到有效恢复，长期保持足够水量注入，原有的生态系统就可以得以复原，本地区原来的农业就可以得到很好的恢复。在此基础上，可适时引入新的、适合当地发展的项目。利用湖面可以发展海水养殖业，如南美对虾已经经过试验，在内蒙古地区养殖成功；利用滩涂和沼泽，可以发展经济作物的种植等。

此外，高含盐量的盐湖大都盛产卤虫，可以作为优质饲料，大力发展养殖业。卤虫进一步深加工后，可以成为食品或药品，卤虫含有丰富的蛋白质，氨基酸组成齐全，粗脂肪含量比较高，其中不饱和脂肪酸高于饱和脂肪酸，带壳卵的不饱和脂肪酸为 48.15%，脱壳卵的为 54.82%。带壳卵的饱和脂肪酸是脱壳卵的 1.5 倍。从营养分析上可以确定卤虫含有丰富的蛋白质、氨基酸、不饱和脂肪酸和无机元素，可明显提高肝中 Fe^{2+} 的含量，Fe^{2+} 是血红素的主要成分，因此卤虫可作为一种补血剂，食卤虫卵还可提高脑蛋白含量。

4. 旅游开发

东水西调工程所达到的沙漠地区存在着大量的古代文明遗迹，以一期工程的终点居延海为例，居延海相传是老子成仙处，《水经注》中将"居延"二字译为弱水流沙，《尚书·禹贡》："导弱水丁合黎，余波入于流沙。""东渐于海，西被于流沙，朔南暨，声教讫于四海。"其中"流沙"即是此地。《红楼梦》："任凭弱水三千，我只取一瓢饮"，"弱水"即为注入居延海的额济纳河，其孕育的居延文化和黑城文化遗迹具有很高的旅游开发价值。

居延地区在汉代称"西海郡"，西夏称"黑水镇燕军司"，元灭西夏后，置"亦集乃路总管府"。古弱水三角洲上的文化遗产，底蕴厚重，遗址遗存颇多。与敦煌藏经卷齐名的开创了简牍学的居延汉简，奠定了西夏学基础的黑城西夏经卷，还有汉唐遗址、元代纸币等，则充分展现了辽、宋、夏、金，尤其是西夏时期的文化资源。

鄂尔多斯历史悠久，是人类文明的发祥地之一，萨拉乌苏文化、青铜文化源远流长。35 000 年前，古"河套人"就在这块广袤的土地上繁衍生息，并创造了著名的"河套文化"十二世纪，一代天骄成吉思汗亲征西夏，途经鄂尔多斯，被这里的美丽景色所打动，选为长眠之所。历史上的鄂尔多斯，曾经是一个水草丰美、"风吹草低见牛羊"的富庶之地。

类似这样的地点，具有优美的自然景观及文化底蕴，具有极高的旅游开发价值。如果通过东水西调工程的实施能基本或部分恢复其湖面，将成为人所向往的游览之地，可以使得当地目前零散开发的旅游设施得以整合，使得旅游资源的开发更具深度，更加系统化。

参 考 文 献

[1] 刘人怀. 关于改善我国北方水资源缺乏的一个建议（2004 年 12 月 2 日）. 参事建言（2004—2005）. 香港：中国评论学术出版社，2006：229.

[2] 国家水利部，北京、天津、河北、内蒙古、山西、陕西、甘肃、宁夏及新疆各省区市水利厅（局）历年水资源公报.

[3] 潘焰平，李青. 海水淡化技术及其应用. 华北电力技术，2003，(10)：49-52.

[4] 刘金生，庞胜林. 华能玉环电厂海水淡化工程设计概述. 水处理技术，2005，(11)：73-75，83.

[5] 王仁雷，刘克成，孙小军. 滨海电厂万吨级低温多效蒸馏海水淡化工程. 水处理技术，2009，(10)：111-114.

［6］ 阮国岭. 海水淡化及其在电厂中的应用. 电力设备，2006，（9）：1-5.

［7］ 陈玉春，欧阳越，徐忠辉，等. PCCP 管道在南水北调中线京石段应急供水工程（北京段）中的应用. 水利水电技术，2008，（5）：51-55.

［8］ 熊和金. 南水北调的管道输送方案研究. 综合运输，2000，（12）：23-24.

［9］ 兰才有，仪修堂. 南水北调工程部分线段应采用管道输水. 南水北调与水利科技，2004，（1）：22-24.

［10］ 陈湧城. 长距离输水工程的管材选用. 中国给水排水，1999，（8）：176-177.

［11］ 王建彦，贾义. 超超临界机组选型分析. 锅炉技术，2011，（1）：14-15，35.

［12］ 龙辉，严舒，王盾. 超超临界机组设计技术集成化发展探讨. 电力建设，2011，（2）：71-75.

［13］ 张静媛，刘明福. 关于超临界超超临界发电机组的发展. 山西科技，2006，（4）：7-8，10.

［14］ 李建锋等. 海水西调用于火力发电的研究. 现代化工，2009，（11）：85-88.

［15］ 于建辉，周浩. 我国风电开发的现状及展望. 风机技术，2006，（6）：46-50.

［16］ 刘春鸽，陈戈. 我国风力发电的现状与发展思考. 农业工程技术（新能源产业），2009，（2）：10-12.

［17］ 阿拉善盟政府. 古居延-黑城绿洲文化史浅译. http：//www. als. gov. cn/main/tour/whals/alsws/cb60d2e4-3e09-4943-9569-d2a3fe19cd13/［来自 139 邮箱］.

第6章　垃圾治理工程

6.1　关于治理垃圾的建议 *

世界经济的迅速发展，加之人口的迅速增加，使资源消耗和环境污染日益加剧，因此可再生资源开发利用与环境保护就成为 21 世纪各国政府及科学家和经济界共同关注的焦点问题。

我们居住的地球已诞生了 45.67 亿年，多年以来，仅仅是地球科学家、天文学家将它作为行星关注。20 世纪后期，地球日益成为热门话题。这是由于人类活动对自然系统的影响迅速增大，经济增长，人口膨胀，需求扩大，使人类与其赖以生存的自然环境之间的矛盾日益尖锐。1804 年，全球人口为 10 亿。1927 年，全球人口增加到 20 亿。1960 年，全球人口为 30 亿。1975 年，全球人口为 40 亿。1987 年 7 月 11 日，全球人口达到 50 亿。1999 年，全球人口为 60 亿。2007 年，全球人口达到 67 亿。1910 年，我国人口已达 4 亿。2007 年，我国人口已增至 13.8 亿，占世界 1/5。

在地球上，我们赖以生存的生物圈有多大？薄薄几公尺厚的土壤，几公里厚的大气层，几公里深的海洋。目前，无论土壤、大气，还是水资源、能源资源（石油、煤），以及其他许多资源，都在恶化中。

目前，石油、天然气仅有 50 年用量，煤炭仅有 200 年用量。

地球表面只有 11% 的土地适于耕种，其中大部分已使用。而且土壤流失严重。世界沙漠化的扩展速度，每年在 5 万～7 万 km^2。每年全球土壤损失量高达 254 亿 t，其中中国 43 亿 t，占世界 1/6。研究表明，在自然力作用下，每生成 $1cm^3$ 原土壤，需 100～400 年的漫长岁月。因此，每年全球的土壤损失量已超过新土壤的形成量。尤其我国近 10 多年的城市化和经济发展，引起耕地大幅度减少，我们更应爱惜耕地。

清洁的大气已成为城市居民的奢侈品。目前世界约 1/4 的人口居住在空气烟尘超标的地区。过量的城市烟尘及其夹带的氮、硫氧化物，造成呼吸疾患、癌症和男女不育。冰箱、空调机中的氯氟烃类制冷剂的大量使用和排放，造成大气臭氧层减薄，特别是出现了南极上空的臭氧空洞，地球的保护罩没有了，紫外线辐

---

　　* 本节内容是在广东省产学研结合高端论坛暨院士专家云浮行活动开幕式上的专题报告摘要，广东省云浮市，2008 年 8 月 19 日。

射加大，更威胁了人类和生物的生命！工业发展、燃爆增加、森林和植被减少，使大气中二氧化碳浓度增大，造成温室效应，使全球气候变暖。100 年来，全球气温已升高 1℃，且升温速度在加剧。全球的降雨量分布发生变化，从而引发水、旱灾情的概率加大。地球水资源总量为 15 亿 km³，其中 97％是海洋，淡水仅有 3％。人类淡水用量激增和水资源污染对工农业发展、生活质量改善造成严重制约。

我国人均淡水占有量仅为世界平均值的 1/4，其中西北、华北等地区尤其严峻，人均水量只有世界人口的 1/20，北方已有 80％城市供水不足。我国是世界升温最为严重的国家之一，100 年来，升温 1.1℃，比世界平均值高。

滥用资源、破坏资源、扩大生态赤字，无异于自我毁灭。"生态文明"、"绿色科技"、"绿色制造"、"清洁能源"、"低碳社会"正为社会接受[1-6]。

在资源、能源、环境方面，世界科技发展很快。

在开发可再生资源方面，工业垃圾和餐厨垃圾处理和开发可再生资源问题，刻不容缓，应引起政府和民众注意。这是一项系统工程，对人类社会至关重要，值得大家去认真解决。

6.2　提高废旧塑料资源的利用水平[*]

为促进我省循环经济的发展，加快可再生资源的开发与利用，推动资源节约和环境保护工作提高到新的水平，广东省政府参事室经济组最近就我省废旧塑料再生资源回收利用的情况进行调研，调研组先后走访了省经贸委、省环境保护局和湛江市、茂名市、惠州市、汕头市等有关政府管理部门，并对部分典型的、有代表性的废旧塑料资源化企业的生产状况进行调查。现形成调研报告如下。

6.2.1　我省废旧塑料资源的利用现状

1. 广东省废旧塑料回收利用行业基本情况

广东省作为一个资源贫乏又高速发展的大省，有回收处置废旧塑料的传统，并逐渐形成一些区域性的废旧物资集散地，如佛山南海，湛江吴川、粤东揭阳、汕尾等地。目前，广东省从事再生资源回收利用，特别是废旧塑料回收利用的基地主要有：汕头市贵屿镇废旧电器拆解中心、清远再生资源集散市场、惠州市再生资源回收利用产业基地等，其中汕头市贵屿镇、清远再生资源集散市场于

＊ 本节内容原载《参事建言（2008 年）》，香港：中国评论学术出版社，2009：119-125，合作者：余庆安，周裕新，何问陶，吴厚德，毛蕴诗，于正林，陈婉玲，蔡明招，莫羡春，黄莹莹。

2005 年被国家发展改革委等六部门确定为国家第一批再生资源回收体系建设试点。

为了控制进口废旧塑料加工利用行业的污染，2007 年省环保局制定实施了《广东省进口废旧塑料加工利用企业污染控制规范》。该规范的贯彻实施，提高了进口废旧塑料加工利用企业的准入门槛，对于进口废旧塑料加工利用行业的污染防治工作起到了积极的作用。

广东省经贸委对我省废旧塑料资源化利用努力从管理上采取积极的引导措施，主要是开展全省范围的《清洁生产企业》评审和奖励，建立减排降耗和资源再利用的循环经济基地或中心等，目前已出现一批资源化技术水平比较高、经济效益好与环境质量标准合格的废旧塑料加工优良企业，有力地推进了我省废旧塑料加工行业的健康发展。

2. 进口废旧塑料和引进国外先进加工技术的情况

我省废旧塑料的市场需求量大，除自身的废旧塑料存量外，我省每年还要从境外进口一定数量的废旧塑料，实际上已成为我国进口废塑料加工利用的大省。据统计，2007 年国家环保总局批准广东省进出口废旧塑料为 383 万 t，比 2006 年（375 万 t）略有增加，与 2006 年的实际进口量（389 万 t）基本持平；进口的企业数为 593 家，主要分布在揭阳、汕尾、肇庆、清远、梅州等地。由于国际原油价格飙升，废旧塑料进口呈现上升的趋势。例如，2004 年广东省实际进口废旧塑料 279 万 t。据海关提供的资料，2008 年 1 月广东省进口废旧塑料 39 万 t，比去年同期增长 15%。进口废旧塑料的价格也出现上涨，比去年同期增长 15%。

目前我省已引进一批先进的废旧塑料加工装置并取得良好的经济和社会效益。例如，惠州市成达胶管制品有限公司从德国等国家进口了 20 多套挤管生产线和注塑机组，同时配置 3 条国内专利设备 HDPE 缠绕管生产线和 6 条国内设计制造的硅芯生产线，利用废旧塑料每年可以生产各类管材、管件约 30 000t，取得了可观的经济效益。

3. 塑木复合材料已成为新兴材料产业

塑木复合材料以回收塑料、纤维粉料（木粉或稻子壳粉）及功能助剂等为原料，经过混合改性、高压挤出成型，生产型材、片材等。壳作为木材、塑材、水泥的代用品，广泛用于生产托盘、室内外装修、园林美化等建筑用材。目前，惠州市耐迪塑木有限公司、中山市森朗环保装饰建材有限公司、茂名众和化塑有限公司等企业已经具备产品开发、型材生产以及机械磨具加工等系统化工业生产能力，有的单套生产装置达到千吨级水平。

6.2.2　初步改变了废旧塑料回收、进口和加工的落后局面

（1）汕头市在执行现有六项监管制度的基础上，加强行业统一规划，建立产业集群，重点扶持潮阳区贵屿镇和澄海区莲上街道的废旧塑料加工业。尤其是对贵屿镇的塑料加工业初步整顿后，计划在该镇建设 140 亩①的专业园区，对具有明显毒害的废旧塑料加工实行园区内的监管。该市正在筹备成立"汕头市塑胶商会再生塑料专业委员会"，以加强行业内部的互助和监督。

（2）惠州市"两手硬"的管理手段成效明显。该市组织到山东、浙江考察学习先进的废旧塑料加工企业的经验，对本市废旧塑料经营者进行严格登记备案，并通过该市广播电台和报纸宣传报道有关废旧塑料回收利用新闻近千次，同时着手建设国家级（又是省级）"进口塑料加工示范园区"。

（3）湛江市下大力气整治已列入广东省环境保护十大挂牌督办问题的吴川市废旧塑料加工业。在湛江市政府的领导监督下，吴川市制定《吴川市废旧塑料加工业专项整治方案》和《吴川市废旧塑料加工企业污染整治计划》，并印发了《关于加强废旧塑料加工业污染整治的通告》，要求全市废旧塑料加工业，在规划或暂时允许经营区域内从事废旧塑料加工的，必须在 2007 年 8 月底前，配套建设废水、废气、废渣治理设施，"三废"治理设施经环保部门验收合格，企业环境管理规范，并依法办理有关审批手续和证照，才能正式投入生产经营。对不能按时完成"三废"治理设施配套建设任务的，一律依法实施关停。目前，吴川市已计划将废旧塑料加工企业搬迁入工业园区内经营。工业园区选址大山江街道金钱岭，用地面积 50 万 m²，总投资 2.8 亿元，命名为吴川市惠迪塑料工业园。当前，工业园区"三通一平"工作已基本完成。

湛江市为了把好废旧塑料进口这一关，除认真执行国家《固废防治法》、《废物进口环境保护管理暂行规定》以及《广东省进口废塑料加工利用企业污染控制规范》等法规外，特别要求企业注册资金不少于 100 万元，税务登记必须是一般纳税人；厂区面积大于 4000m²，厂房面积大于 2000m²；厂界距离居民文教区等敏感地区大于 200m；产生废气须经具有资质的单位设计处理达标，并经县级以上环保部门验收；工商、税务、消防、环保、社保证件齐全等。较大幅度提高废旧塑料加工企业的准入门槛。同时，还要求加工利用单位委托有资质的环评单位进行风险评价，对污染防治措施不符合要求、加工能力不达规模的加工利用单位，坚决不予受理其进口废物的申请。

（4）茂名市因地制宜，以茂名石化为依托，大力开展综合利用、回收废旧塑

---

①　1 亩≈666.7m²。

料，发展循环经济。茂名市政府综合管理部门研究制定废旧塑料回收利用和污染防治产业政策，建立废旧塑料回收网络。为了便于收集废旧塑料，由城建、工商统一规划定点，鼓励个体创办收购站。目前工商注册登记的有 418 个收购点，有效地保障了废旧塑料的收集。茂名市正在努力进行申办废旧塑料加工园区的工作。

6.2.3　影响我省废旧塑料资源利用的主要问题

1. 缺少先进的废旧塑料专业管理体系

目前国家和省只制定了工业废旧塑料、进口废旧塑料和电子废旧塑料等方面的管理规定和文件，但对废旧电子塑料和生活废旧塑料等尚无管理条例和监管办法，职能部门进行管理无法可依。更为突出的缺失是，目前我省的废旧塑料的回收、储运、交易、加工和再生产品的经营等并没有建立起专业许可体系，无法从根本上扭转废旧塑料管理的混乱状况。

2. 环保意识比较薄弱

缺少废旧塑料收集、储存、转移、加工过程所产生的重金属和剧毒有机物等化学品对生态环境、水土资源、人类和动植物生命安全可能引发的危险所必要的防控知识和技术措施，尤其是对生产工人在极端恶劣的劳动环境条件下工作所受到的损害还未能引起高度的关注。

3. 没有建立废旧塑料加工产业化制度

较大部分回收利用废塑料的加工企业属自发开业，规模小、分布散，且工艺简单、设备落后，防治二次污染措施极其不足。

4. 缺少大型危险物质检测中心和环境安全防控及处理设施

例如，贵屿镇的废旧塑料加工基地，目前主要是在从事废旧电子电器产品的再利用加工，但并没有解决好来料识别和产品成分检测问题。尤其是存在家庭作坊式的住家与作坊混合、废旧塑料乱堆放等不合理的危险现象，还有的工厂（作坊）工人生产环境恶劣，对环境安全防控及处理设施的建设投入仍主要依靠国家和省财政支持，缺乏正确、合理的大型公共设施投资模式。

6.2.4　几点建议

我省废旧塑料资源的利用有较长的历史，参与人口多，尤其是在一些专业村镇，从事废旧塑料回收利用工作的人占当地人口的 60%～70%（吴川），此项劳动已成为群众的生计和生活改善的来源。目前我省年进口废旧塑料约 383 万 t，加上自产 100 万 t 余，总量近 500 万 t。按一般 3 吨石油生产 1 吨塑料计算，每年我省仅在这一项就省下了 1500 万 t 石油。因此，废旧塑料的回收利用大有文章可做，为此有以下四点建议。

（1）进一步强化我省废旧塑料资源化利用行业的管理。①从全国的废旧塑料资源化利用管理的状况来说，我省各级政府对废旧塑料的资源化利用的认识已经先行了一步，在行业的规划发展、技术开发、环保和园区基地建设等方面均有较大的作为。今后，我省应当进一步加大加快对废旧塑料资源化利用的地方系列立法，确保立法在前，完善行业管理法规。当前，我省已有条件，也应该启动废旧塑料资源化全程的专业许可制度，将我省的废旧塑料资源化利用引入规范、健康、可持续发展的轨道。②针对国际上尚无或未健全对废旧塑料加工利用项目的评价、验收等标准，我省应积极主动争取尽快编制和出台相关标准，抢占此领域的主动权。

（2）制定优惠的经济政策，重点扶持和支持优势企业发展。我省从事废旧塑料回收、加工、商品交易的企业和人员为数众多，但真正操作规范、技术环保、产品质量保证和市场行为合法的并没有成为主体。面对这一局面，单纯地依靠行政手段仍然不可能较快、较大地改变"满地蚂蚁"的状况；政府完全可以通过制定优惠的经济政策，向目前在规模、技术、环保、效益、守法等五方面均有优势的废旧塑料资源化企业倾斜，让他们更好更快地发展，让他们更多更大地占领废旧塑料加工空间和交易领域，以正压邪，以优汰劣。

（3）加大科技投入，依靠科技进步，改变废旧塑料资源化过程的"脏、乱、差"现象，提升废旧塑料"高端高值"开发价值。在废旧塑料资源化过程中存在的"脏、乱、差"现象和废旧塑料加工产品质量不良的情况，原因之一是目前的废旧塑料资源化技术及其装置仍处于比较落后的水平。虽然从境外引进的技术及装备多属近几年新开发的成果，但在系统的技术集成方面仍然存在许多问题。更为明显的事实是，目前我省的废旧塑料的资源化基本上属于技术含量比较低端的物理再生。这就要求我们要加大科技投入，在政府管理、行业构建、技术开发、环境保障、质量保证和市场交易等各个环节上，注入更多的科技含量，只有真正依靠科技进步，才能实现废旧塑料的"高端高值"利用。

（4）创新投资模式，建设合格园区，切实建造废旧塑料资源化所急需的关键公共技术设施。我省各级政府和企业界对建设废旧塑料资源化基地或中心表现出极大的兴趣，但是没有真正解决投资模式问题。如果没有科学、合理的园区建设投资模式，今后的园区同样会存在目前废旧塑料加工过程中所产生的许多严重问题。我们认为，"政府出题目、企业找答案"、"政府出政策、企业得利益"和"政府引导投入、企业参股参与"是合理解决废旧塑料加工园区内重大关键公共技术设施的有效办法。

6.3　推进"垃圾分类，从我做起"科普宣传活动[*]

近年来，我市城市生活垃圾收运网络日趋完善，垃圾处理能力不断提高，城市环境有了较大改善。但由于城镇化快速发展，城市生活垃圾激增，垃圾处理能力相对不足，城市面临着"垃圾围城"的困境，严重影响城市环境和社会稳定。为贯彻落实《国务院批转住房城乡建设部等部门关于进一步加强城市生活垃圾处理工作意见的通知》（国发〔2011〕9号）及《广州市城市生活垃圾分类管理暂行规定》（广州市人民政府令第53号）的精神，切实提高城市生活垃圾处理减量化、资源化和无害化水平，改善城市人居环境，倡导绿色健康生活方式，促进城市可持续发展，广东省科学技术普及志愿者协会（以下简称"省科普志愿者协会"）拟发挥协会组织及人才优势，集中一批科普专家及广大科普志愿者，围绕"垃圾减量，垃圾分类，低碳生活"主题，开发集成一批适合青少年及社区居民喜爱的科普资源包，主要包括："垃圾分类，从我做起"科普漫画宣传挂图、科普漫画宣传折页、科普漫画拼图、科普漫画扑克牌、科普动漫Flash游戏、科普漫画活动手册、垃圾桶分类模型及日常生活垃圾模型等科普资源；同时发起成立垃圾分类科普志愿者宣讲队，推进"垃圾分类，从我做起"科普宣传公益活动进校园，进社区。

实施开展"垃圾分类，从我做起"科普宣传公益活动具有十分的重要意义。它是全面建设小康社会和构建社会主义和谐社会的总体要求，是维护好群众利益的重要工作和城市管理的重要内容，是全民动员、科学引导、倡导节约、低碳消费模式的迫切需求，是综合利用、变废为宝、推进城市可持续发展的迫切需求，是城市文明程度的重要标志，关系着人民群众的切身利益。

本活动旨在倡导绿色健康的生活方式，促进垃圾源头减量和回收利用，将生活垃圾处理知识纳入青少年及社区居民学习知识，引导全民树立"垃圾减量和垃圾管理从我做起、人人有责"的社会意识和责任感。

因此，省科普志愿者协会计划利用两年时间，推进"垃圾分类，从我做起"科普宣传公益活动范围辐射到我市主要社区楼盘、小学及幼儿园等。

2011年主要任务是面向100所小学、幼儿园的儿童、家长及老师，宣讲垃圾分类知识，培养从小做起、从我做起的良好行为习惯。2012年主要任务是在

---

[*] 本节内容是笔者以广东省科学技术普及志愿者协会会长身份递交给广东省委常委、广州市委张广宁书记的报告，2011年7月1日。

全市各区街道建立 100 个垃圾分类科普宣传示范点，引导社区居民自觉做好垃圾分类，从源头减少垃圾。

为做好"垃圾分类，从我做起"科普宣传公益活动，结合"两进"（进校园、进社区）载体，协会一方面成立了活动组委会，另一方面组织开展"六个一"活动。

协会还设立了组委会办公室，具体负责"垃圾分类，从我做起"科普宣传公益活动的策划、执行与宣传。

1. 整合资源，组织开展"六个一"活动

（1）编印"垃圾分类，从我做起"科普拼图、科普折页、科普扑克牌及科普宣传海报。为推动幼儿及儿童认知学习"垃圾分类"知识，结合幼儿儿童喜爱的漫画表现方式，围绕"垃圾减量，垃圾分类，低碳生活"主题，协会组织科普专家开发编印 2 万套科普拼图，拼图内容主要包括垃圾分类及垃圾箱（4 张）、垃圾回收处理与利用（2 张）；20 万张"垃圾分类，从我做起"科普折页，2000 套"垃圾分类，从我做起"科普挂图（8 张/套）及 5 万副"垃圾分类，从我做起"科普扑克牌。拟全部发送给我市主要幼儿园、小学及 100 个街道科普宣传示范点。

（2）开发制作"垃圾分类，从我做起"科普资源包互动器材。为确保"垃圾分类，从我做起"科普宣传公益活动具有持续影响力，结合科普志愿者宣讲队校园行、社区行活动，以及少年儿童喜爱兼可操作性的表现形式，围绕"垃圾减量，垃圾分类，低碳生活"主题，组织开发"垃圾分类，从我做起"科普活动手册 5 万册，设计制作垃圾回收箱模型及垃圾模型 500 套，以及"垃圾分类，从我做起"Flash 互动游戏，在科普志愿者宣讲队校园行、社区行科普活动中配套使用，同时赠送给学校、幼儿园一套器材，供学校（或幼儿园）开展科普宣传使用。

（3）举办"垃圾分类，从我做起"科普拼图及绘画大赛。为培养少年儿童认知垃圾知识，从小养成垃圾分类与低碳生活的行为习惯，围绕"垃圾减量，垃圾分类，低碳生活"主题，引导广大少年儿童、老师及家长积极参与科普拼图大赛、绘画大赛及 Flash 绿色游戏，倡导绿色健康生活方式。同时，建立"垃圾减量，垃圾分类，从我做起"专题宣传网站，宣传垃圾分类宣讲及大赛活动成果。

（4）举办"垃圾分类，从我做起"科普宣讲"两进"活动。一是发起组建垃圾分类科普志愿者宣讲服务队，二是组织宣讲队成员到 100 所幼儿园及小学、100 个街道科普宣传示范点开展"垃圾分类，从我做起"科普宣讲，宣讲队成员携带垃圾分类桶模型、日常生活垃圾模型、有奖抢答等道具配合宣传，进一步培养少年儿童及家长认知垃圾知识，积极参与"垃圾分类，低碳生活"体验活动。

（5）举办"垃圾减量，垃圾分类，低碳生活"科普创意大赛。为发动广州地区高等院校师生参加体验"垃圾分类,低碳生活"绿色健康生活模式,发挥大学生的想象力及创作灵感,组织"垃圾减量,垃圾分类,低碳生活,环境保护"等科普作品创作大赛。进一步提高市民自觉参与"垃圾减量,垃圾分类"行动。

(6) 组织千栏万幅"垃圾分类,从我做起"科普宣传挂图巡展活动。为充分利用好分布在市社区、街道、校园等地 2000 多座科普宣传栏,围绕"垃圾分类,从我做起"主题,组织 2000 套科普宣传挂图在全市科普宣传栏巡展。

2. 时间计划安排

本次活动计划分两年执行,2011 年主要任务一是组织资料开发编印,举办启动仪式;二是宣讲队进幼儿园、小学开展"垃圾分类,从我做起"科学知识宣讲,协助幼儿园、小学开展拼图及绘画大赛。2012 年主要任务是在全市建立 100 个科普宣传示范点,促进"垃圾分类,从我做起"活动取得实效。

2011 年主要时间计划安排:

第一阶段时间安排:2011 年 7 月 1 日~9 月 18 日

(1) 2011 年 7 月 1 日~8 月 31 日,活动宣传资料制作及发行,专题网站建议;

(2) 2011 年 9 月 1 日~9 月 15 日,向全市幼儿园、小学邮寄宣传学习资料;

(3) 2011 年 9 月 17 日,在全国科普日期间,举办"垃圾分类,从我做起"校园行科普宣传启动仪式,启动少年儿童绘画及大学生科普创意大赛。

第二阶段时间安排:2011 年 9 月 18 日~12 月 31 日

(4) 2011 年 9 月 18 日~12 月 31 日,组织科普志愿者宣讲队在百所幼儿园、小学宣讲垃圾分类与低碳生活,引导幼儿、家长及老师积极参与;同时,协助幼儿园及小学开展拼图大赛及绘画大赛。

6.4　开展"垃圾分类,从我做起"科普资源包研发及宣讲活动*

近年来,由于城镇化快速发展,城市生活垃圾激增,垃圾处理能力相对不足,城市已面临着"垃圾围城"的困境,严重影响城市环境和社会稳定。为此,国务院批转住房城乡建设部等部门《关于进一步加强城市生活垃圾处理工作意见的通知》(国发 [2011] 9 号),省政府及时转发了该通知 (粤府 [2011] 63 号)。积极推进垃圾分类工作,已成为当前加强城市建设、构建和谐社会的重要内容。

---

* 本节内容是笔者以广东省科学技术普及志愿者协会会长名义递交给广东省黄华华省长的报告,2011 年 8 月 31 日。

　　为配合做好我省推行垃圾分类各项任务，提高城市生活垃圾减量、分类和再资源化，我们协会整合科普专家力量，拟以广州为试点开展"垃圾分类，从我做起"科普资源包的研发，推进"垃圾分类，从我做起"两进（进学校、进社区）百场科普宣讲活动。力争在五年内，在全省开展千场"垃圾分类，从我做起"科普宣讲活动。

　　前不久，胡锦涛总书记到深圳、广州等地视察，深入企业和社区时，特别提出"鼓励大家养成良好的垃圾投放习惯，减轻城市垃圾处理压力，用实际行动支持城市建设"。总书记的亲切关怀和殷切期望，说明做好垃圾分类工作的极端重要性，也为我们共同建设美好家园提供了强劲动力。汪洋书记在学习贯彻胡锦涛总书记重要讲话精神干部大会上提出"要以国家低碳省试点建设为契机，加快建设资源节约型、环境友好型社会步伐，构筑以珠江水系、沿海重要绿化带和北部连绵山体为主要框架的区域生态安全体系。"

　　但是，目前广大居民依然缺乏对垃圾分类的科学认识。据南方日报记者刘可英在广州部分街道采点调查，不少居民对垃圾分类依然一头雾水，近六成受访者认为垃圾分类成效不大。这与我会科普志愿者在街道的调研结果基本一致。因此，开展"垃圾减量，垃圾分类"的科普宣讲工作显得十分重要。

　　我们协会成立以来，认真贯彻实施《全民科学素质行动计划纲要》，围绕省委省政府中心工作，开拓创新，整合资源，稳步推进我省科普志愿服务事业深入发展，推进我省公民科学素质的提高。目前，协会已拥有包括钟南山等德高望重的院士专家、李楚源等热心公益的企业领导，以及各类专业科普志愿者服务队等15万名会员，他们志愿为社会发展，普及低碳环保、绿色健康、安全文明等科学知识贡献自己的力量。

　　围绕"垃圾减量，垃圾分类，低碳生活"等主题，协会已组织科普专家开展"垃圾分类，从我做起"科普资源包研发工作。该资源包主要包括"垃圾分类，从我做起"科普宣传挂图、科普宣传折页、科普扑克牌、科普益智拼图、Flash动漫科普教育游戏，以及"垃圾分类，从我做起"科普活动手册及配套多媒体光盘（2种，适合幼儿园及小学生使用）、四种垃圾桶模型及各种垃圾模型（科普活动现场互动使用）等科普资源。科普资源包研发后，将在广州试点的基础上，免费赠送给我省各市幼儿园、小学及社区居民使用，普及垃圾分类知识，为协会扎实推进"垃圾分类，从我做起"进校园、进社区千场科普宣讲活动奠定基础。

　　由于协会是公益性社团，研发及印制"垃圾分类，从我做起"科普资源包费用较大，预计需145万元，见表6.1。协会拟通过政府和会员单位支持，进行筹款，以更好地开展垃圾分类宣讲活动，推进城市居民自觉开展垃圾减量与分类，为我省建设幸福广东做出新贡献。

表 6.1　"垃圾分类，从我做起"科普资源包研制经费预算表

序号	项目	项目具体内容	金额/万元
1	"垃圾分类，从我做起"科普资源包研发	科普宣传挂图	3
		科普宣传折页	1.5
		科普益智拼图	3
		科普扑克牌	2
		Flash 动漫科普教育游戏	5
		科普活动手册及配套多媒体光盘（2 种，适合幼儿园及小学生使用）	10
		四种垃圾桶模型	1.5
		各种生活垃圾模型	2
		专题网站建设费	5
2	"垃圾分类，从我做起"科普资源包印制	科普宣传挂图（5000 套）	15
		科普宣传折页（20 万张）	8
		科普益智拼图（1 万套）	25
		科普扑克牌（5 万副）	7
		Flash 动漫科普教育游戏光盘（10 000 张）	4
		科普活动手册及配套多媒体光盘（2 种，各 2 万册）	12
		四种垃圾桶模型（1000 套）	15
		各种生活垃圾模型（1000 套）	6
3	2011 科普宣讲活动	百场"垃圾分类，从我做起"科普志愿者服务队宣讲活动及拼图、绘画大赛	20
		合计（人民币）	145

6.5　开展"垃圾分类"宣讲与培训服务[*]

2012 年 1 月，广东省政府办公厅印发了《关于进一步加强我省城乡生活垃圾处理工作实施意见的通知》（粤府办 ［2012］2 号），标志着城乡生活垃圾处理工作正式列入省政府的重大工作部署，为全省城乡生活垃圾的分类处理及再资源化提出了明确的目标和要求。

解决"垃圾围城困局"有赖于各级政府的高度重视和强有力的政策措施，同

---

* 本节内容是笔者以广东省科学技术普及志愿者协会会长名义递交给广东省朱小丹省长的报告，2012 年 6 月 28 日。

时，也离不开广大群众的积极参与。2011 年 5 月，省科普志愿者协会（以下简称"协会"）针对广州城市生活垃圾分类的情况进行专门调查，发现近 6 成的市民对垃圾分类的相关知识和方法一无所知。为此，2011 年 7 月，笔者以广东省科普志愿者协会会长的名义向时任广东省委常委广州市委书记张广宁同志提交"推进'垃圾分类，从我做起'科普宣传活动"的建议，得到张广宁同志赞同。2011 年 8 月，我向时任省长黄华华同志提交了"开展'垃圾分类，从我做起'科普资源包研发及科普宣讲活动"的建议，得到了黄华华同志和时任副省长宋海同志的高度重视，批示省财政安排专项资金 80 万元支持省科普志愿者协会开展科普资源包研发及 100 场公益宣讲活动。

省领导的批示和支持，使全省 15 万名科普志愿者深受鼓舞。协会专门成立了活动组委会，成立了四支科普志愿者队伍，包括垃圾分类科普资源包研发队、垃圾分类科普志愿者宣讲队、科普艺术团志愿者服务队及绿色家园科普志愿者服务队，研发了"垃圾分类，从我做起"有声图书等 25 种科普资源包，制订了"垃圾分类，从我做起"进社区、进学校的活动方案，先后在广州空军机关幼儿园、荔湾康有为纪念小学、越秀登峰街等地开展了 100 多场公益科普宣讲活动，宣传生活垃圾分类的重要意义，普及相关科学知识，积极引导市民自觉开展生活垃圾分类减量和再资源化，促进市民参与家园绿化及低碳环保生活。取得了良好效果，得到广大市民的积极响应，省内外新闻媒体进行广泛报道。同时，协会还为华南理工大学、华南师范大学等 35 家广州地区的学生环保社团、NGO 组织提供"垃圾分类"科普资源包及宣讲培训服务，指导他们开展生活垃圾分类宣讲活动。

粤府办［2012］2 号文件的颁布，为协会进一步推进垃圾分类的科普宣传指明了方向。今年 5 月，协会召开一届四次理事会议，提出要积极响应省政府的号召，在"十二五"期间，继续在全省城乡广泛开展城市生活垃圾分类的宣讲及推广工作，在全省培训 1000 个高校社团及 NGO 组织，免费为他们提供"垃圾分类"科普资源包，引导广大社团及 NGO 组织积极推动生活垃圾分类宣讲工作。

作为老科技工作者，笔者非常高兴担任省科普志愿者协会会长，愿意继续发挥作用，为全省的科普工作和社会公益事业做出新贡献。协会在各级领导的重视支持下，在全省广大科普志愿者的共同努力下，近几年做了许多科普公益宣传工作，先后被省科协评为学会创新发展试点单位、全省学会改革工作先进集体。为更好地发挥协会在推进生活垃圾处理工作中的独特作用，恳请政府继续关心和支持协会工作：

一是在"十二五"期间，支持协会在全省各市开展生活垃圾分类宣讲服务工作。

二是继续加大公共财政的支持力度，用于开发"垃圾分类"科普资源包、开展群众性宣讲及培训活动，详细内容如下。

1. 科普资源包开发成本预算：383.00 万元，如表 6.2 所示。

表 6.2　"垃圾分类，从我做起"科普资源包开发成本预算

序号	适合群体	具体内容	载体形式	数量	单价/元	总价/万元	备注
1	幼儿2~6岁	幼儿实践有声图书	图书	2 万册	6.00	12.00	
2		环状双面有声益智拼图	拼图	2 万盒	24.00	48.00	每盒 12 张
3		有声互动宣讲挂图	海报	1 万套	36.00	36.00	每套 11 种
4		点读笔	电子笔	3000 支	200.00	60.00	
5	小学生	小学生实践手册（1~3年级）	图书	2 万册	6.00	12.00	内含垃圾分类贴纸及活动规则
6		小学生实践手册（4~6年级）	图书	2 万册	6.00	12.00	
7		科普益智拼图（1~3年级）	拼图	2 万册	15.00	30.00	每盒 6 张
8		爱心笔筒拼装玩具（立体）	玩具	1 万盒	35.00	35.00	用积木拼装出含有四种生活垃圾的笔筒或储钱柜
9	小学生	Flash 动漫科普教育游戏（2种）	软件	免费下载			"垃圾分类，从我做起"及"垃圾再利用，变废为宝"游戏
10		动漫科普宣传教育片（12分钟）	光盘	免费下载			介绍"垃圾分类，从点滴做起"，"垃圾再利用，变废为宝"及"善待地球，人人有责"
11	社区居民	垃圾分类，从点滴做起宣传挂图（4张/套）	海报	1 万套	8.00	8.00	介绍四类生活垃圾如何分类，共 4 张，对开，适合楼盘大堂及宣传栏张贴宣传，以下三种海报同
12		垃圾再利用，变废为宝宣传挂图（4张/套）	海报	1 万套	8.00	8.00	介绍各种生活垃圾经工业化后再利用情况
13		垃圾巧利用，变废为宝宣传挂图（4张/套）	海报	1 万套	8.00	8.00	介绍各种生活垃圾经不同手艺后再利用情况

续表

序号	适合群体	具体内容	载体形式	数量	单价/元	总价/万元	备注
14	社区居民	善待地球，保护环境宣传挂图（4 张/套）	海报	1 万套	8.00	8.00	介绍在日常生活中如何践行低碳环保，促进垃圾减量
15		垃圾分类，从点滴做起宣传折页	折页	20 万张	0.30	6.00	
16		垃圾再利用，变废为宝宣传折页	折页	20 万张	0.30	6.00	活动现场免费派发给居民
17		垃圾巧利用，变废为宝宣传折页	折页	20 万张	0.30	6.00	
18		漫画扑克牌	扑克	10 万	2.00	20.00	以漫画方式展示各种生活垃圾，寓教于乐
19		宣讲展板（40 张/套）	展板	50 套	6000.0	30.00	介绍"垃圾分类，从我做起"（10 张）, "垃圾再利用及巧利用，变废为宝"（20 张）"善待地球，低碳环保"（10 张）三部分，规格 1.2m×0.9m
20	社区居民	厨余堆肥与家园绿化实践手册	图书	2 万册	6.00	12.00	介绍如何厨余垃圾堆肥与家园绿化
21	机关（企事业）单位	垃圾分类，从点滴做起宣传挂图（4 张/套）	海报	1 万套	8.00	8.00	主要介绍四类生活垃圾如何分类
22		垃圾分类，从点滴做起宣传折页	折页	20 万张	0.30	6.00	
23	科普宣传栏	垃圾分类，从点滴做起宣传挂图（10 张/套）	挂图	2000 套	20.00	4.00	
24		垃圾再利用，变废为宝宣传挂图（10 张/套）	挂图	2000 套	20.00	4.00	
25		垃圾巧利用，变废为宝宣传挂图（10 张/套）	挂图	2000 套	20.00	4.00	适合社区宣传栏张贴宣传

费用合计 383.00 万元

2. 垃圾分类公益宣讲培训计划经费预算：100.00 万元。

为动员更多高校环保社团及 NGO 组织参与城市生活垃圾分类宣讲活动，促进城市生活垃圾分类减量与再资源化，为我省各市破解"垃圾围城"困局尽微薄之力，协会拟与南方日报合作，为环保社团及 NGO 组织免费提供"垃圾分类"资源包及宣讲培训服务。具体计划如下。

（一）培训时间

星期一～星期五：晚上 7：30～9：00

星期六～星期日：上午 9：30～12：00，下午 2：30～5：00

（二）课程安排

（1）生活垃圾分类与减量；

（2）厨余垃圾堆肥与家园绿化；

（3）垃圾再利用（或巧利用），变废为宝；

（4）环保低碳，善待地球。

同时考虑针对不同的用户群，如何结合科普资源包进行宣讲，以达到最佳宣传效果。

（三）培训地点

广东科学馆。

（四）培训老师

每门课程由 5 位科普专家及 10 位助理负责，每天轮流担任培训宣讲老师。

（五）公益培训及宣讲经费预算

主要用于支付专家培训费、场地费及 NGO 组织公益宣讲培训费补助，每年预计上课 35 周，动员培训 200 家 NGO 组织开展公益宣讲活动，项目预计需经费：100 万元。公益培训及宣讲经费明细如下：

（1）35 周×5 位/周×300 元/位=52500 元（星期一～星期五专家培训劳务费）；

（2）35 周×10 位/周×100 元/位=35000 元（星期一～星期五助手劳务费）；

（3）35 周×2 位/周×1000 元/位=70000 元（星期六～星期日专家培训劳务费）；

（4）35 周×4 位/周×300 元/位=42000 元（星期六～星期日助手劳务费）；

（5）场地费：按 100 平方米计算，10 万元/年；

（6）支持 NGO 社会组织开展 1000 场公益宣讲活动补助费：1000 场×600 元/场=60 万元；

（7）媒体宣传服务费：10 万元。

6.6　推进"餐厨废弃物变废为宝"的建议*

　　近年来，由于城镇化快速发展，城市已面临"生活垃圾围城"的困境。为此，2012 年 1 月，广东省政府办公厅印发了《关于进一步加强我省城乡生活垃圾处理工作实施意见的通知》（粤府办［2012］2 号），明确了生活垃圾的分类处理及再资源化的目标和要求。

　　解决"垃圾围城"的困境，有利于各级政府的高度重视和强有力的政策措施实施，同时，也离不开再资源化的科技创新手段和广大群众的积极参与。事实上，在日常生活中，大部分垃圾都是可回收再利用的，特别是社会和家庭生活垃圾中，除报纸等可回收物及电池等少量有害垃圾外，最常见的就是餐厨废弃物，约占生活垃圾比例的 40%～60%，但由于餐厨废弃物具有高含水量、高有机质、高油盐含量、低热值等特点，简易的填埋和焚烧存在一定的安全隐患，一直都遭到群众的强烈反对，而合理地实现餐厨废弃物减量化和再资源化是解决"垃圾围城"最有效的手段。

　　早在 2011 年 5 月起，省科普志愿者协会就开始了城乡生活垃圾分类调研及公益科普宣讲活动。2011 年 8 月，笔者以省科普志愿者协会会长的名义向时任省长黄华华同志提交了"开展'垃圾分类，从我做起'科普资源包研发及科普宣讲活动"的建议，得到了黄华华同志、时任常务副省长朱小丹同志和时任副省长宋海同志的高度重视，批示省财政安排专项资金 80 万元支持省科普志愿者协会开展科普资源包研发及 100 场公益宣讲活动。

　　省领导的批示和支持，使全省 15 万名科普志愿者深受鼓舞。协会积极开展工作，普及相关科学知识，引导市民自觉开展生活垃圾分类减量和再资源化，促进市民参与餐厨废弃物变废为宝试点及家园绿化工程。目前，协会已在广州、深圳等地发展了 100 名家庭科普志愿者利用厌氧发酵桶开展餐厨废弃物厌氧发酵堆肥及家园绿化工程试点，试点情况证明，家庭仅需较少的支出（平均每个厌氧发酵桶及酵母约 120 元，家庭备两个发酵桶即可），餐厨废弃物从源头上减量率就达 90% 左右，转换成的有机肥料，成为阳台绿化、种盆菜的重要肥料来源，多余的有机肥料还可为社区绿化提供服务，既美化了家园，又节约了肥料，也减少了污染。

　　同时，协会还与暨南大学分子生物研究中心联合开展餐厨废弃物转换燃料乙醇的科技攻关工作，取得了可喜的自主技术突破，即开发出了能直接降解利

　　＊　本节内容是笔者以广东省科学技术普及志愿者协会会长名义递交给中共中央政治局委员、广东省委汪洋书记的报告，2012 年 9 月 1 日。

用餐厨废弃物成为乙醇的转基因"嗜污酵母",并在此"超级"酵母的基础上建立了"餐厨废弃物—燃料乙醇一步转化法"工艺技术,可一步到位地将餐厨废弃物变为燃料乙醇、酒糟营养饲料等一系列高附加值产品,真正实现餐厨废弃物的无害化、资源化、能源化、低碳化利用。据最新的试验结果统计显示,若利用该套新技术建立年处理 1500t 餐厨废弃物的中试示范线,则能产燃料乙醇 300 多 t、高蛋白酒糟营养饲料 700 多 t、废油脂 100t 左右,价值 500 多万元,并且排污极少、转化率高;若使用国内传统的处理方法如填埋、焚烧等,非但产生不了什么经济效益,反而带来很大的环境污染;若使用近年来引进和发展起来的一些制造"简单加工饲料"或制造"沼气+堆肥"的工艺来处理,也只能产生具有同源性污染等潜在威胁的"简单加工饲料"或占地广、转化率低的沼气和堆肥等产品,同样经济效益不高,仅能达到该项新技术的 1/5 左右。由此可见,该项新技术远优于当前国内主流工艺技术,也丝毫不逊色于国际前沿技术,更完全符合我国新能源政策。在世界发达国家如美国等正在大力推动以玉米等粮食生产燃料乙醇作为石油替代品的"新能源"时代,该项新技术充分利用餐厨废弃物替代"粮食"生产燃料乙醇,既能大为减少粮食损失和石油消耗,也将从源头有效阻断地沟油、潲水猪等威胁广大人民群众健康的生产链,具有极高的推广价值。

为更好地发挥协会在推进生活垃圾处理工作的独特作用,恳请政府在百忙之中关心和支持协会工作:

一是在"十二五"期间,支持协会在全省各市开展生活垃圾分类宣讲及培训服务工作。

二是继续加大财政的支持力度,支持协会在广州萝岗区(或增城市)、惠州市、东莞市、中山市等地发展 1 万户家庭试点餐厨废弃物转换有机肥料工作,并初步建立家庭有机肥料与堆肥厂、有机蔬菜基地对接模式,预计需财政扶持 350 万元(详见表 6.3)。

三是支持协会与暨南大学分子生物研究中心在珠三角地区择地建立餐厨废弃物转化燃料乙醇的新技术中试示范线,定点收集处理当地餐馆、酒店产生的餐厨废弃物,建立起餐厨废弃物无害化、资源化、能源化、低碳化的示范性处理模式,预计需财政扶持 1000 万元(详见表 6.4)。

表 6.3　家庭餐厨废弃物转化成有机肥料项目经费预算

序号	项目主要内容	数量	经费/万元
1	厌氧发酵桶	2 万个	240
2	厨余堆肥与家园绿化实践手册	2 万册	12
3	场地、培训及指导服务	200 场	20

续表

序号	项目主要内容	数量	经费/万元
4	办公及通信服务费		8
5	科普志愿者服务补贴	3000 人次	15
6	公益宣讲活动物料费	200 场	15
7	科普志愿者住宿餐饮费	100 天	20
8	车辆租赁服务费	100 天	20
	合计		350

表 6.4　餐厨废弃物转化为燃料乙醇中试示范线项目经费预算

序号	项目主要内容	经费/万元
1	搭建和调试中试生产线费用	500
2	场地租赁、建设、装修等费用	100
3	员工工资等	200
4	水、电、蒸汽、交通等费用	40
5	知识产权、委托检测、信息检索等费用	20
6	调研、差旅、会议费	20
7	接待专家、领导参观访问等费用	10
8	日常办公设备、耗材费用	10
9	需要的原料、辅料、实验试剂、耗材等费用	100
	合计	1000

6.7　开展美丽广东科普教育示范户工作[*]

　　2013 年 1 月，省长朱小丹同志在广东省第十二届人民代表大会第一次会议上做政府工作报告时指出"积极推进生态文明建设。建设生态文明关系人民福祉、关乎广东未来。要坚持节约优先，加强节能减排，推进绿色、循环、低碳发展，建设美丽广东"。

　　近两年来，广东省科普志愿者协会紧紧围绕省政府有关"环保低碳、生活垃圾分类处理及再资源化"等文件内容，在省财政专项资金支持下，研制了包括垃圾分类、低碳生活等 30 多种科普资源，制订了"环保低碳，垃圾分类"进社区、

---

　　* 本节内容是笔者以广东省科学技术普及志愿者协会会长名义递交给广东省常务副省长徐少华的报告，2013 年 2 月 4 日。

进学校的活动方案，先后在广州荔湾康有为纪念小学、越秀登峰街社区等地开展了 100 多场公益科普宣讲活动，宣传低碳环保及生活垃圾分类的重要意义，普及相关科学知识，积极引导市民自觉开展生活垃圾分类减量和再资源化，促进市民参与绿色家园及低碳环保生活，为加快建设美丽广东做出了积极贡献。

省政府工作报告为协会进一步开展美丽广东科普教育示范户的培训与推广指明了方向。2013 年 2 月 1 日，协会召开一届五次常务理事会议，提出要积极响应省政府的号召，在"十二五"期间，在全省城乡广泛开展美丽广东科普教育示范户的培训宣讲及推广工作，免费为城乡居民提供"环保低碳、垃圾分类、绿色家园"等科普资源包，培养他们成为争当"环保低碳达人、绿色家园达人、垃圾分类达人"等公益科普教育示范户。

为更好地发挥协会在开展美丽广东科普教育的独特作用，恳请政府在百忙之中关心和支持协会工作：

一是在"十二五"期间，支持协会在全省各市开展美丽广东科普示范户的培训宣讲及推广工作。

二是继续加大公共财政的支持力度。期盼省财政拨款支持 300 万元，用于开发"环保低碳、垃圾分类、绿色家园"等科普资源包、开展示范户培训宣讲及推广活动。

6.8　早日实现"美丽广东梦"[*]

今天，我们在这里举办"美丽城市，从垃圾分类做起"公益科普宣传活动启动仪式，首先请允许我代表广东省科普志愿者协会对支持、参与本次活动的广东省住建厅、惠州市政府、惠州学院、惠州市容环卫局、惠州科协、惠城区政府及广大科普志愿者表示衷心的感谢和崇高的敬意。

党的十八大提出"生态文明，美丽中国"战略部署，就是希望我们的生活环境更加美丽，举办"美丽城市，从垃圾分类做起"公益科普宣传活动，既是省委省政府落实党的十八人精神的一项举措，也是一项功德无量的民生工程。

据《2012 年广东统计年鉴》数据，全省城市人口约 5238 万人，若按人日均排放生活垃圾 1kg 计算，则全省城市每天产生生活垃圾约 52 万 t，每年产生近 1.89 亿 t。这么多的生活垃圾对我们的生活环境造成相当大的影响，"垃圾围城"困境及垃圾导致的环境污染已相当紧迫，需要我们增强"节约资源，保护环境"的忧患意识。近两年来，我通过院士直通车制度，先后向中共中央政治局委员、

---

* 本节内容是在广东省"美丽城市，从垃圾分类做起"公益科普活动启动仪式上的讲话，惠州市，2013 年 5 月 18 日。

时任广东省委书记汪洋同志、时任省长黄华华同志、省长朱小丹同志等中央及省级领导建议，要从源头上抓好生活垃圾分类、回收及再资源化等公益性科普宣传工作，并得到各位领导的大力支持。

其实，垃圾是放错地方的资源，实现垃圾分类与再资源化是人类可持续发展的必经之路，也是建设美丽家园的重要内容之一。例如，回收 1t 废纸，可造好纸 850kg，相当于少砍 17 棵大树，节约 100t 水，节电 600 度，也相当于节约木材 4m³，节省化工原料 300kg，减少 75％空气污染，35％的水污染。

因此，"建设美丽城市，从垃圾分类做起"公益科普宣传活动，实现生活垃圾减量化、无害化及资源化，是利国利民的大好事，也是今天举办宣讲活动的主要目的。

我相信，只要大家一起来，践行垃圾分类，低碳生活，从点滴做起，从身边做起，我们一定能早日实现省委省政府提出的"美丽广东梦"。

参 考 文 献

[1] 刘人怀. 坚持人类与环境和谐共生、走可持续发展的工业化道路. 发展中国家的工业化道路，世界工程师大会专题论坛汇编，2004：11-13.

[2] 刘人怀. 关于"发展中国家的工业化道路"论坛的讨论. 世界工程师大会分组会议主题报告，上海，2004-11-5.

[3] 刘人怀. 绿色制造与学科会聚. 学科会聚与创新平台——高新技术高峰论坛. 杭州：浙江大学出版社，2006：15-18.

[4] 联合国环境规划署. 全球环境展望. 北京：中国环境科学出版社，2000.

[5] 陈宜瑜，陈泮勤，张雪芹，等. 全球变化研究进展与展望. 地学前缘，2002，9（1）：11-18.

[6] 王毅. 环境、发展与治理结构：如何应对新世纪的环境挑战. 环境工作通讯，2003，（8）：36-39.